Disruptive Technologies

4차 산업혁명의 **혁신 기술 활용법**

4차 산업혁명의
혁신 기술 활용법

발 행 일	2018년 6월 15일 초판 1쇄 발행
지 은 이	폴 암스트롱(Paul Armstrong)
옮 긴 이	최미람
발 행 인	권기수
발 행 처	한국표준협회미디어
출판등록	2004년 12월 23일(제2009-26호)
주 소	서울시 금천구 가산디지털1로 145, 에이스하이엔드 3차 11층
전 화	02-2624-0361
팩 스	02-2624-0369
홈페이지	www.ksamedia.co.kr

ISBN 979-11-6010-024-2   03320

값 17,000원

Disruptive Technologies

디스럽티브
테크놀로지

4차 산업혁명의 **혁신 기술 활용법**

폴 암스트롱 지음 **최미람** 옮김

한국표준협회미디어

이 책에 쏟아지는 찬사

아이디어를 제시하는 책이 있는가하면 비전을 제시하거나 실질적인 조언을 담고 있는 책도 있다. 이 책은 이 세 가지를 모두 아우르는 드문 책이다. 그저 기술 변화에 대해 말하기보다 실제로 기술 변화에 대응하여 행동하고 싶은 사람에게 좋은 읽을거리이다. **마르코 리미니**Marco Rimini, **Mindshare 대표 및 Worldwide Central Team 소속**

현장에서 와해성 기술을 더 잘 이해하고 번창하고 싶은 모든 전문가를 위한 완벽한 가이드 **마이클 빌라세노르**Michael Villasenor, **뉴욕타임즈 광고 크리에이티브 디렉터**

비즈니스의 미래를 안내하는 필수 가이드북. 시장을 와해하고 싶거나 혹은 와해를 피하고 싶다면, 당신에겐 이 책이 필요하다. **크리스 드월프**Chris DeWolfe, **잼 시티 게임즈**Jam City Games **대표**

빠르게 다가오고 있는 기술 쓰나미에 대한 포괄적인 시야로 당신의 비즈니스 변화를 보장한다. 이 책은 불확실한 세상에서 결정을 내리는 데 통찰력과 더불어 실용적인 안내서이다. **니르 에얄**Nir Eyal, 『Hooked: How to Build Habit-Forming Technology, 국내 미출간』**의 저자**

변화의 피해자가 되기보다 변화를 끌어안고 싶다면, 이 책을 읽어라. 매우 추천 **리처드 왓슨**Richard Watson, 『**인공지능 시대가 두려운 사람들에게 Digital vs Human**』의 저자

이 책은 풍요의 시대에 변화와 와해에 대처하기 위한 실질적인 청사진을 선사한다. 와해에 대한 사고방식을 선택하는 것부터 브레인스토밍 조직하기에 이르기까지, 오늘날의 야심찬 기업가를 위한 원 스톱 숍One Stop Shop이다. **러스 쇼**Russ Shaw, **Global Tech Advocates 설립자**

전 세계의 기업들은 앞으로 어떻게 더 혁신적일 수 있을지 혹은 더 혁신적인 기업들로 인한 혼란을 어떻게 감당할 수 있을지 나에게 조언을 구하곤 한다. 폴이 여러분들에게 이 책을 통해 비법을 알려 주고 있다. **로버트 스코블**Robert Scoble, **트랜스포메이션 그룹**Transformation Group **파트너**

이 책은 이제 코 앞에 와 있는 와해성 기술에 대해 자세히 들여다보고 있다. 폴의 책은 앞으로 일어날 일을 어떻게 파악하고 이해하고 준비할지, 또 미래가 어떤 모습일지에 대해 올바른 질문을 하도록 꽉 찬 정보를 우리에게 제공해준다. **마이크 머피**Mike Murphy, **쿼츠**Quartz **테크놀로지 리포터**

폴의 경험과 에너지, 정직함, 그리고 그의 통찰력이 이 책을 필독서로 만든다. **레슈마 소호니**Reshma Sohoni, **시드캠프**Seedcamp **공동창업자**

정보에 입각하여 간결하고, 무엇보다 실질적인 매뉴얼로 와해에서 당신의 성공적인 항해를 도울 책 **손 골드**Shawn Gold, TechStyle **마케팅최고경영자**

혁신이 많은 기업의 성패를 좌우하는 이 때에, 기술에 대한 폴의 지식과 주제를 다루는 법은 많은 도움이 된다. **윌리엄 하이엄**William Higham, **넥스트 빅 씽**Next Big Thing **설립자 및 대표**

혼란은 당신에게 발생하거나 당신 때문에 일어난다. 선택의 몫이다. 폴은 정확하게 와해 곡선에 앞서있는 방법을 알려준다. 그저 할 일을 주어지기를 기다린다면, 당신은 혁신의 길에서 잘못 서 있는 것이다. **브라이언 솔리스**Brian Solis, **미래학자 및 디지털 인류학자,** 『X: the experience When Business Meets Design, **국내 미출간』의 저자**

술술 책장이 넘어가고 실천 가능한 포맷의 이 책에서 말하는 많은 부분과 씨름 중에 있다. 당신도 읽어봐야 한다. 파고 들어라! **크리스 브로건**Chris Brogan, **미디어 그룹 CEO 및 오너, 뉴욕타임즈 베스트셀러** 『The Freaks Shall Inherit The Earth, **국내 미출간』의 저자**

미래는 이미 여기에 와 있다. 우리가 아직 알아채지 못했을 뿐이다. 폴의 책은 가까운 장래, 와해 이후, 그리고 핵심적인 기회로 당신의 관심을 강력하게 이끄는 중요한 가이드 북이다. 반드시 읽어야 할 책. **게르트 레온하르트**Gerd Leonhard, **미래학자, 저자 및** The futures agency **대표**

핵심 와해성 기술에 대한 매우 흥미로운 분석. 와해성 기술이 당신에게 미치는 영향과 와해성 기술을 활용하기 위해 무엇을 해야 할지를 알려줄 책. **사이먼 버켄헤드**Simon Birkenhead, **L2 inc 상무이사**Managing Director

와해성 기술에 관한 말이 많아질수록, 잡음에서 신호를 구별하기가 어려워졌다. 폴 암스트롱의 방식은 접근 가능하고 실용적이라 우리 같은 많은 사람들이 와해에 대응하는 방법에 대해 잘 납득할 수 있다. 내일의 세계를 어떻게 찾아 가야 할지 알려 줄 입문서를 기다린 사람에게 훌륭한 책. **헨리 메이슨**Henry Mason, **트렌드워칭**TrendWatching **상무이사**Managing Director

목
차
—

감사의 글

우선 가족들에게 감사의 말을 전하고 싶습니다. 공감과 진정성의 중요성을 가르쳐 주신 어머니, 옳고 그른 것을 가르치시며 대담해지도록 격려해주신 아버지, 그리고 같이 자라면서 다정한 오빠가 아니었는데도 가장 큰 응원을 해주는 여동생에게 고마움을 전합니다. 다른 '가족'들에게도 감사 인사를 하고 싶습니다. 친구라는 이름의 이 가족은 끊임없이 영감, 힘, 그리고 좋은 시간의 원천이 되어 주었습니다. 대학교에서 만난 가족도 있습니다. 아니타Anita, 콜레트Colette, 딜런Dylan, 엠마Emma, 제니Jennie, 제스Jess, 조앤Joanne, 니컬라Nicola, 페기Peggy 모두 고맙습니다. 로스앤젤레스 가족도 빼 놓을 수 없습니다. 에이미Aimee, 카를라Carla, 조반나Giovanna, 마이크Mike, 제스Jess, 마크Mark, 제이Jay, 빈스Vince, 코리Corey, 마라Marla, 젠Jen 그리고 필Phil 고맙습니다. 지난 세월 동안 나를 응원하고 지지해 준 마음에 감사드리며 헌신적인 사랑에 깊은 감사를 전합니다.

와해성 혁신 기술은 다리카 아런스Darika Ahrens의 조언과 도움, 격려가 없었다면 집필하기 훨씬 어려웠을 것입니다. 당신이야말로 끊임없는 영감의 원천이며 내 생각의 많은 부분을 확고하게 하고 밀어부칠 수 있는 힘이 되었습니다.

집필 과정에서 힘이 되어 준 코간 페이지Kogan Page를 비롯하여 저에게 제안을 하고 책을 집필하는 동안 도움을 주었으며 각자의 자리에서 하나 하나 반짝이는 별들인 훌륭한 스승이자 친구, 그리고 영감의 원천이 되어 준 롭 베이츠Rob Bates, 리사 베커Lisa Becker, 조시 브룩스Josh Brooks, 조날린 모리스 부삼Jonalyn Morris Busam, 로빈 부렐Robinne Burelle, 브렌다 시콘Brenda Ciccone, 크리스티안 커센Cristian Cussen, 로비 도Robbie Daw, 캐럴린 딜리Carolyn Dealey, 제임스 덴먼James Denman, 엠마 디스킨Emma Diskin, 리사 필즈Lisa Fields, 조지나 구드Georgina Goode, 에밀리 홀포드Emily Hallford, 데이브 할페린Dave Halperin, 에밀리 킬리Emily Kealey, 제이슨 커크Jason Kirk, 마이클 러빈Michael Levine, 지아 나무야Zia Namooya, 맷 파크스Matt Parkes, 데보라 피터스Deborah Peters, 브리앤 핀스Brianne Pins, 니콜 랜들Nicole Randall, 사이먼 스펠러Simon Speller 그리고 그들이 누군지 아는 다른 많은 사람들에게 모두 감사의 말을 전합니다.

마지막으로 독자분들께 감사드립니다. 와해성, 미래, 그리고 다르게 일하는 분야에 대한 관심을 둔 여러분들이 없었다면, 세상은 훨씬 많은 문제에 처해 있을 것입니다.

모두 고맙습니다.

들어가기

잠시 멈춰 이런 세상을 상상해보자. 페이스북Facebook은 존재하지 않고 비트코인Bitcoin은 씹으면 이가 상하게 될 동전에 불과하며, 우버Uber는 독일어로 '위에'라는 의미의 단어이고, 알리바바Alibaba는 그저 운이 나쁜 나무꾼 이름이다. 사람들은 통화를 하는 일 외에 지금처럼 휴대전화를 많이 사용할 수 없으며 상업 우주 여행은 공상 과학 만화에나 나오고, 아무도 아이폰을 모르며 9/11 테러는 일어나지 않았고 금융 위기라고는 역사 책에서나 찾아볼 수 있고 에드워드 스노든Edward Joseph Snowden[1]이 누구인지 모르며, 또 백인 미국 대통령만 있는 세상을.

이 모든 일은 불과 20년 전의 세상이다.

오늘로 빨리 감기를 해보자. 그러면 이 모든 일들이 오래된 일처럼 느껴지거나 우리 삶에 평생 동안 함께 한 기분이 든다. 이러한 변화와 발전을 생각해 볼 때, 이런 일들은 역사에서 볼 수 있었던 정치적 이유나, 인구 이동, 혹은 자연 선택으로 일어나지 않았다는 것이 분명하다. 이러한 변화와 발전은 실제로 드러난 문제나 사람들이 문제라고 생각하는 여러 가지 것들을 해결해 보려고 고안되었으나 다수의 발전은 물리적 요소가 없었다. 인터넷이든 협업을 늘리든 아니면 새로운 '니즈needs'가 등장하든

---

[1] 편집자 주. 중앙정보국CIA과 미국 국가안보국NSA에서 일했던 미국의 컴퓨터 기술자다. 2013년 스노든은 가디언지를 통해 미국 내 통화감찰 기록과 PRISM 감시 프로그램 등 NSA의 다양한 기밀문서를 공개했다. 위키백과 참조 https://ko.wikipedia.org/wiki/%EC%97%90%EB%93%9C%EC%9B%8C%EB%93%9C_%EC%8A%A4%EB%85%B8%EB%93%A0

간에, 기술은 훌륭한 변화 장치transformer였다. 기술은 변화의 원동력이었고 앞으로 다가올 수십 년 동안에도 그럴 것이다. 기술은 우리 일상 생활 속으로 확산되고 있으며 더 중요한 것은 변화가 막후에서 일어나고 있다는 사실이다. 어쩌면 앞선 세대들에게는 현재의 상황이 20~30년 후의 사람들에게는 우습게 보일 수도 있다고 말하는 게 과장되게 들릴 수도 있다. 하지만 우리가 지난 20년 전이 오늘날과 같다고 주장할 사람은 거의 없을 것이다. 현재 세대가 목격하고 있는 변화의 속도는 유례가 없다. 이전 수십 년은 전에 볼 수 없었던 전쟁이 다반사였으나 이 세대와 그 이후 세대가 치룰 전쟁은 지속적이고 정기적으로 발생하는 고화질 방송을 모바일 기기로 곧장 전송하는 일이 될 것이다. 현대 삶의 슬픈 자화상이 아닐 수 없다.

기술은 어떻게 이토록 빠르게 발전하는가?

· · · · · · 이 질문은 기술이 어디로 가고 있고 또 얼마나 더 멀리 변화해갈지 이해하는 데 중추적인 역할을 한다. 향상된 커뮤니케이션을 통해 오늘날 우리가 보고 있는 혁신과 기술 변화의 상당 부분이 제공 가능해졌다. 지난 수십 년 동안 이전 세대는 이토록 자유롭게 또 광범위하게 협력할 수단이 없었다. 그러나 원활한 커뮤니케이션만이 오늘날 우리가 보는 급속한 변화를 야기한 유일한 요소는 아니다.

● 프로세서 성능의 진보

일반 스마트폰의 프로세서 성능은 최초의 컴퓨터였던, 연구실을 꽉 채우며 전체 배치된 여러 대의 컴퓨터가 선보였던 기능을 무색하게 만든다.

우리는 엄청나게 많은 전선이 있어야 겨우 처리할 수 있었던 일을, 손바닥 안에 있는 이 기기로는 더 많이 할 수 있게 되었다. 그렇지만 확실히 해두자. 그 복잡한 선들이 없었고 학습 성과가 없었다면, 스마트폰이나 PC 그리고 다른 관련 산업들은 지금과는 매우 다른 상태일 것이다. 2년마다 컴퓨터의 성능이 두배로 증가한다는 무어의 법칙Moore's Law이 한때 생각했던 것처럼 무한하지 않다는 가정 하에 우리는 새로운 영역으로 도약하려는 순간에 있는지도 모른다. 무어의 법칙이 수십 년간 변함없었고Intel, 2015, 향후 10년간은 유지될 것 같으나 무어의 법칙의 미래와 그 뒤에 발생할 일은 여전히 논의가 진행형이다.

● 자재의 소형화

자재의 소형화를 통해 더 작은 부품을 만들 수 있었고 훨씬 적은 자재를 사용하여 더 많은 일을 할 수 있게 되었다. 덕분에 재료비와 특히 전자기기와 같은 제품의 생산비는 점점 더 낮아지고 있다. 자재의 소형화는 제조사들의 비용 절감뿐 아니라 훨씬 적은 에너지로 제품을 생산하는 방식으로의 변화도 의미했다. 그린 이니셔티브green initiatives로 불리는 기술은 극히 드물지만, 자재의 소형화는 한때 세계의 거대한 환경 오염의 주범이었던 과거에 비해 지금은 훨씬 덜 해롭다는 것을 의미한다. 환경에 아무 영향을 주지 않는 것과는 다소 거리가 있지만 말이다.

● 신속한 시제품화prototyping

실물 크기의 제품을 신속하고 저렴하게 개발할 수 있는 능력은 1980년대에 탄생한 컴퓨터 지원 디자인 기술을 사용하였고 이는 기술의 새로운 시대를 예고했다. 이전에는 완전한 배치batches를 먼저 생산해야 했지만 이제는 부품과 전체 제품 생산 후 테스트가 가능하다. 신속한 시제품화와 초기 결함 수리는 제품의 성공 가능성을 높일 수 있었다.

● 연결성 증가

알맞은 사람들에게 더 많이 연결되고 지식을 공유하고 증진할 인프라의 연결성 증가로 인터넷은 다양한 기술 분야에서 중요한 도약을 할 수 있었다. 이로 인해 단순한 컴퓨터의 사용을 넘어 교육, 사업, 그리고 교통 분야로 확대되었다. 모범 사례와 관행 방법을 지속적으로 개선하기 위해 관찰하고 질문하는 능력을 통해 기업과 국가는 근본적으로 완전히 새로운 수준으로 전진했다. 단순히 동료의 지식을 활용하는 대신에, 방대한 양의 정보와 관점에 접근할 수 있게 되어 시간, 돈 또는 다른 자원 낭비같은 리스크를 줄이고 더 빠르게 더 큰 관점으로의 접근이 가능해졌다.

● 저장storage 비용 절감

물리적인 저장 비용이 대폭 감소하면서 공공의 영역에서 클라우드 스토리지cloud storage를 포함한 새로운 선택이 가능해졌다. 클라우드라고 하는 분산 네트워크에서 파일을 저장하고 관리하면서 근본적으로 물리적 자재 비용을 절감하고 추가적인 작업 과정을 없앴다.

기술은 어디로 가는가?

기술은 점점 더 비정형화非定型化되고 있다. 한때 이해하기 쉬운 영역이었던 기술은 이제 싸우기 어려운 야수가 되어 버렸다. 고객들은 종종 물고기 떼 비유가 적절하다는 것을 확인한다. 물고기는 포식자를 놀래켜 쫓아내기 위해 함께 모여 자신들보다 더 큰 덩치의 공격을 막아낸다. 기술을 살펴보면 이처럼 여러 작은 개체가 많이 모여 각각 비슷한 경로를 따라 하나의 큰 개체를 이루지만 압력이 너무 심해지면 변화가 일어나고 형태는 바뀐다.

변화는 풍선을 단단히 잡고 있는 것과 같다. 풍선 한 쪽 끝을 너무 세게 누르면 다른 쪽이 터지듯 지금 일어나고 있는 파열 일부는 예측 가능하지만 일부는 예측할 수 없다. 예측이 가능한 변화는 다양한 기준, 지식, 상황 및 주로 굉장히 많은 데이터를 신중하게 분석하는 능력을 통해 이루어진다. 예견할 수 없는 다른 변화는 다양한 분야에서 예견 가능한 변화보다 훨씬 더 상황을 어지럽힌다.

몇 년 전만 해도 기술은 훨씬 더 단순했다. 시스템이 연결되어 있지 않았고 컴퓨터와 가젯gadget은 훨씬 기초적인 작업만 수행할 수 있었기 때문이다. 그 시절은 우리 삶에서 먼 뒤안길에 있다. 종국에는 우리 삶을 더 편하게 만들기 위해 만들어진 '멍청한' 기술은 완전히 사라질 것 같지는 않다. 그러나 더 나은 것을 만들 수 있는 가능성을 지닌 연결 시스템이 있는 미래는 흥미진진할 것이다. 동일하게 심각한 잠재적인 단점은 있지만 다른 장에서 다루겠다.

시스템을 연결하는 것은 흥미진진한 분야이다. 특히나 클라우드 컴퓨팅Cloud Computing과 같은 진보로 인해 새로운 미래인 사물인터넷Internet of Things, IoT이 부상하고 있다. 1999년 프록터 앤 갬블Procter & Gamble의 케빈 애스터Kevin Aster가 처음 사용한 용어로, IoT는 존 매시John Mashey가 처음으로 제시한 '빅 데이터'Diebold, 2012를 수집하고 분석하는 시스템이 적용되는 토스트기에서부터 기차 선로까지 기본적으로 저렴한 센서가 배치된 모든 사물의 세계이다. 스마트 도시에서 예측 모델링에 이르기까지 빅 데이터는 지구상에 있는 모든 사람들의 미래에 커다란 부분을 차지한다. 사물에 센서가 장착되어 있는 것은 새롭지 않지만 많은 사람들은 연결된 시스템이 더 큰 문제를 신속하고 저렴하게 해결할 수 있는 역량을 활용하는 방식으로 앞으로 다가올 수십년이 형성될 것이라고 생각한다.

세상은 훨씬 더 복잡해 질 것이다

・・・・・・ 인터넷데이터센터IDC 자료에 의하면 전세계 사물인터넷IoT 시장은 2014년에 6,560억 달러에 불과했다. 그러나 연결된 기기에 필요한 부분과 이로인해 생성된 새로운 생태계와 함께 더 많은 기능을 수행하는 기기에 대한 소비자 수요가 점점 증가하여 2020년에는 1조 7,000억 달러까지 성장할 것으로 예측된다. 관련 제품의 성장과 더불어 2014년 노튼Norton, 2015은 자동차, 세탁기, 주전자, 의자, 화분, 도어락 그리고 엔드포인트endpoint, 네트워크에 최종적으로 연결된 IT장치라고 알려진 그 밖의 많은 제품군이 103억 개에서 295억 개 이상으로 증가했다고 말한다.

IoT 이면의 핵심은 앞서 언급한 빅 데이터 요소이다. 이전에는 비교적 많은 데이터를 수집할 수 있었지만 시각화나 분석은 어려웠다. 컴퓨터 처리 능력이 기하급수적으로 증가하면서 데이터 세트data set의 통계 및 전산 분석이 개선되었다는 것은 앞에서 말한 것과 같은 족쇄가 풀렸다는 것을 의미한다. 데이터 사이언티스트data scientist라고 알려진 데이터 연구자Data investigator는 수요에 따라 특정 시간에 생산을 제한하거나 비용을 절약하는 일에 구애받지 않고, 교통체증을 원활하게 하기 위해 교통정체를 전환하거나, 염색체 패턴에 기반하여 정신질환 진단을 돕는 등 어느정도 자유롭게 새로운 패턴과 다른 목표를 달성하기 위한 영역을 찾기 시작했다. 결과를 기반으로 한 변화는 주로 설명하는 것보다 더 복잡하지만 빅 데이터가 세상을 변화시킬 가능성은 분명하다.

빅 데이터로 혜택을 보는 것은 대규모 기업뿐만은 아니다. 사실 이 영역에서 가치를 극대화할 수 있는 영역은 시간을 들여 변화를 진행하거나 여러 시스템을 자유롭게 활용할 수 있는 정부나 도시 관리 부서일 수 있으므로 변화는 빠르게 일어날 수 있다. 빅 데이터는 기업이 경쟁 업체보다 앞서는 데에도 도움이 될 수 있지만 가장 큰 이점은 데이터, 시각화 그리고 분석 기능의 결합이다. 빅 데이터가 할 수 있는 일은 자주 당황스러울 정도로 여전히 성장하는 분야이다. 2015년 11월 현재, 구글에 '데이터 사이언스 분야의 학위'라고 검색하면 2,600만 개 이상의 검색 결과가 나온다. 빅 데이터는 쉽지 않으며 적어도 지금은 특정 기술을 필요로 하지만 우선 올바른 질문을 해야한다. 그렇지 않으면 잘못된 답을 얻게 된다. 데이터는 그것에서 도출되는 분석과 통찰력에 버금간다. 이 외에도 빅 데이터에는 여러 문제가 발견되는데 바로 속도와 정확성이다. 빅 데이터는 많은 양의 데이터, 어떤 때에는 십억 개의 많은 데이터를 다루기에 빅 데이터라는 이름이 붙었는데 다루기가 번거롭다는 점 외에도 크기 때문에 이 복잡성에서 진정한 가치를 찾는 것이 어려울 수 있다. 데이터 양이 많아서 올바르게 처리되지 않으면 오탐지false positives가 발생하여 원하는 결과물의 정반대를 얻을 수도 있다. 사업의 성공과 비용 회수를 염두에 두고 빅 데이터로 단기적인 성취와 목표를 좇는 기업들도 있지만 빅 데이터는 조심스럽게 시간과 관심을 들여야 성취하고자 하는 최고의 가치를 얻을 수 있다.

빅 데이터는 실행은 물론, 이해도 쉽지 않다. SAP 소프트웨어 전문가이자 수석 부사장 및 최고학습경영자 제니 디어본Jenny Dearborn은 이에 대해 다음과 같이 간결하게 말했다.

데이터 기반이 되는 심층 과정을 이해하게 되면기술 분석, 왜 이런 현상이 일어나는지 이유를 파악하고진단 분석, 미래에 대해 전망하고처방 분석, 당신의 지식에 따라 행동하는 것은 그 다음 단계다.

당연히 미래를 전망하는 능력은 대단히 바람직하다. 이 책의 목적은 미래를 예측하는 것이 아니라 기업과 개인이 미래를 계획하는 것을 돕는 데에 있다. 계획을 세우려면, 세 가지를 해야 한다. 하나, 이해하라이것은 무엇인가. 둘, 평가하라나에게 얼마나 중요한 것인가. 셋, 아무것도 하지 않는 것이 선택해야 할 반응이더라도 당신은 대응하고자 노력해야 한다내가 어떻게 해야 하는가. 각 단계는 매우 중요하다. 이 책은 각 단계를 차례로 하나씩 다루면서 당신이 그 단계를 이해할 뿐만 아니라 평가하고 그에 맞춰 대응할 수 있게 하려고 한다.

미래를 예측하는 것은 어렵지만, 당신이 멈춰선 안 된다

· · · · · · 비즈니스 리더들은 예측이란 변화하는 때에 발맞춰 적응 능력을 향상시킬 필요가 있는 비즈니스의 일부라는 사실과 기술은 그렇게

말하는 것보다 실행하는 것이 훨씬 어렵다는 것을 이해하고 있다. 입력하는 데이터 값에 따라 간단하거나 복잡하게 어느 정도 예측을 할 수도 있다. 다른 시간대 교통 상황이나 우체부가 언제 올 것인지 등 일상적인 예측은 이전의 패턴을 토대로 상당히 정확하게 할 수 있다. 하지만 어떤 나라가 다른 나라를 10년 안에 침략할지 여부, 또 15년 안에 제 3세계 국가의 철광석 산업이 세계에 미칠 경제적 영향의 결과는 어떻게 예측할 것인가? 이런 경우의 예측은 쉽지 않다. 역사적인 데이터나 이전의 경험, 또는 직감만으로는 충분하지 않은데 이 자료들이 실제 의사 결정을 내리기 위한 기반 데이터로써는 부족하기 때문이다.

사람들과 업계는 정확한 유효 데이터나 '진리의 데이터베이스database of truth'가 없는 상황에서 개인이나 싱크탱크, 또 추세 분석 기관에서 내놓는 예측 자료집에 의존하고 있다. 미지의 변수와 다수의 움직이는 부품으로 구성된 미래를 예측하기 불가능하다는 것을 깨닫기 전까지는 어쩔 수 없다. 테틀록Tetlock 교수는 2015년 발표한 연구에서 지난 20년간 학자, 전문가, 컨설턴트 및 전문의와 같이 '최고 전문가'들의 예측 정확성은 다트를 던지는 침팬지보다도 부정확할 수 있다고 말했다. 테틀록 교수의 연구 결과를 보면 일부 전문가들은 3~4년 정도의 단기간에 관해서는 다른 이들에 비해 상당히 잘 예측했지만 5년 이상 이후의 미래를 예측해 달라는 요구에는 대부분의 실험 참가자들이 몹시 당황하거나 예측 정확성이 현저히 떨어졌다. 이 책을 집필하고 초점을 맞추고 구조화한 이유도 바로 이 연구 결과에 있다. 질문에 답을 하는 것이 소용이 없다거나 어려운 일을 시도하지 말아야 한다는 말이 아니라 이런 문제를 해결하기 위해서는 우리에게 새로운 도구와 시스템, 그리고 사고방식이 필요하다는 의미이다. 이전의 비즈니스는 융통성은 없으나 목적에는 잘 맞는 정적모델을 활용했다. 그러나 오늘날의 변화무쌍한 세계와 기술 생태계에서 그러한 모델은 더 이상 적합하지 않다. 유연한 프레임워크가 필요해지고 TBDTechnology, Behaviour, Data가 만들어진 이유가 이 때문이다. TBD테크놀로지, 행동 및 데이터 프레임워크는 오늘, 내일, 그리고 미래에 내려야 할 의사결정 핵심에 중점을 두고 있다. 예측은 어렵지만 선택할 수 있게 돕는 실행가능한 시스템이 있고 강요하는 사람에게 끌려가지 않는 상황이라면 잘 감당할 수도 있다.

좋은 기술이라면 그 중심에 사람이 있다

· · · · · · 기술은 언제나 세상에서 힘이었다. 성경을 배포하는 일이건 철광석을 운반하는 일이건 기술은 일을 수월하고 더 스마트하고 더 신속하게 만들기 위해 존재해 왔다. 오늘날과 미래에 있어 로봇 기기가 인간의 물리적 업무를 완료하고 역학적 과정이 일상에서 사라지면서 기술은 다시 다른 역할을 맡고 있다. 대신에, 우리는 물리적 욕구를 점점 덜 다루기 위해 진화하는 기술의 기능을, 1943년 매슬로Maslow가 제시한 욕구 위계 이론에 어느 정도 부합하는 것으로 보고 있다. 이 이론은 인간 동기부여의 다섯 가지 주요 단계를 주장하고 있다. 공기, 물, 음식, 난방 등의 생리적인 욕구와 사회 안전망, 신체적 안전, 법 등에 관련된 안전의 욕구, 친밀감, 사랑, 애정 등의 사회적 욕구, 성취감, 독립, 명성, 자아 존중 등의 존중의 욕구, 그리고 개인의 잠재력, 자기실현 등에 대한 자아실현의 욕구로 구성되어 있다. 매슬로가 이 이론을 발표하고 다른 버전도 내놓았으나 비판을 받아왔는데 정작 사람들 머리에 남은 것은 이 이론을 이용한 유머였

다. 예를 들어 매슬로의 피라미드 하단에 '와이파이WiFi'라는 이름의 층을 추가하는 것이다. 우습지만 이런 단순한 추가는 기술이 우리 일상에서 얼마나 깊숙하게 들어와 있는지를 보여주며 또 기술은 우리 삶에 조력자만큼이나 방해자가 될 수 있는 이유가 되기도 한다.

그러므로 어떤 전략이나 프레임워크가 인간과 상호작용하는 방법과 기술적 변화에 영향을 받는 것에 대응하는 요소를 갖추는 것은 매우 중요하다. 새로운 시스템이 그것의 영향을 받는 사람들로부터 행위를 유발할 것이다. 그러므로 올바르게 선택했는지, 최소한의 부작용으로 원하는 성과를 냈는지 확인하기 위해서 어떤 변화가 일어나기 전과 일어나는 도중, 그 이후의 기존 행동을 살펴보는 것은 중요하다. 어떤 변화라도 다양한 이유로 신중히 처리해야 하므로 이 책에서는 이런 영향에 대해 이해하는 것에 가장 중점을 두었다. 하지만 무엇보다 인간이 변화를 다루는 데 취약하고 많은 산업 분야에서 기술은 인간에 대한 필요를 대체하거나 감소시키는 역할을 하고 있기 때문이기도 하다. 대표적인 예가 광학 문자 인식Optical Character Recognition, OCR으로 인간이 감시하지 않아도 컴퓨터가 메일을 분류하는 기능이다. 메일은 작은 기술적 변화로 완전히 일대 혁명을 일으킨 간단한 시스템이었다. 그 이후 50년이 빠르게 지났고 페이스북은 이제 다른 장에서 자세히 살펴볼 '페이스북M'을 출시할 예정이다. 독자적인 인공지능 도우미가 세계 최대 메신저에서 사람의 기운을 북돋는 방법을 권하는 기능과 더불어 호텔 예약, 항공권이나 영화 예매 등의 기능은 이미 가능하다. 우편 시스템에서도 변화의 반전이 현재 일어나고 있다. 단순한 시스템에 지대한 변화가 적용될 것이고 거대하고 잠재적인 결과가 나타날 것이다. 의심의 여지 없이 'M'은 페이스북의 놀라운 기술이지만 잠재적으로 와해시킬 수 있는 산업들에 대해 생각할 때 이를 둘러싼 문제는 상당하다. 하지만, 페이스북의 'M'을 넘어서, 그리고 더 나아가 새로운 종류의 기술들이 다가오고 있다. 이 기술들은 언젠가 우리가 다른 세계를 개척한다면 인간의 마음과 시장뿐 아니라 어쩌면 우리의 미래도 움직일 잠재력이 있는 분명하고 결정적인 기술이다. 이러한 기술을 이머징 기술emerging technologies이라고 한다. 좀 더 자세히 탐색하면서 이머징 기술을 사용할 사람들에 대해 생각할 필요가 있다. 아서 C. 클라크Arthur C. Clarke가 "충분히 발전한 기술은 마법과 구별할 수 없다"라고 말했다. 이 말은 이 장에서 다룰 많은 이머징 기술을 표현할 수 있다. 대체로 대중들은 신기술이 도래하면 조심스럽고 또 낙관적으로 생각한다. 이런 기술이 우리 삶에 유입되거나 도입되는 방식이 그 기술의 출발이나 쇠퇴에 지대한 영향을 끼쳤다. 따라서 어떤 기술이나 변화에서 사람이나 그 행동의 측면을 살펴보는 것은 몹시 중요하다. 일자리나 자유가 위협 받을 때, 기술에 대한 반감은 엄청나다. 이런 '결과'는 〈마이너리티 리포트Minority Report〉, 〈에이 아이A.I.〉, 〈아이 로봇I, Robot〉과 그 이상의 기술을 다룬 할리우드 영화의 묘사로 확인할 수 있다. 그렇기는 해도 때로는 허락도 구하지 않고 이 안전 지대우리가 사는 세계를 밀어붙이는 것이 당신과 나의 일이다. 어디서 언제 이런 말을 했는지 확실하게 참조할 자료는 없지만, 미국의 자동차 왕 헨리 포드Henry Ford의 유명한 말은 우리가 해야 할 일에 대한 이유를 요약하고 있다. "당시 사람들에게 원하는 게 무엇이냐고 물었다면 아마 더 빠르게 달리는 말을 만들어 달라고 했을 것이다."

승리를 위한 적응력

· · · · · · 미국의 DVD 대여업체 블록버스터Blockbuster, 미국의 에너지 회사 엔론Enron, 오스트레일리아의 대형 소매업체 울워스리미티드 Woolworths Limited, 미국의 대형 서점 보더스Borders, 영국 대형 유통업체 코 멧Comet, 카메라 소매점인 제솝스Jessops, 영국 와인 도소매 유통업체 오 드빈Oddbins. 모두 한때는 괜찮은 사업이었으나 지금은 역사의 뒤안길로 사라져 위키피디아에서나 찾아볼 수 있다. 10년 전만 해도 이 기업들은 계 속해서 건재할거라 생각했으나 오늘날 모두 영업을 중단했다. 세미나에 서는 다음 차례라 쓰고 앞으로 실패할 기업의 이름이 되지 않고 살아남 을 수 있는 방법을 논의한다. 이러한 실패는 어쩌다 우연히 일어난 사건이 나 슬픈 상황의 피해로 야기된 것이 아니다. 대개 변화의 얼굴이나 그 속 도에 허둥댄 기업들의 표본이다. 상업 우주 여행 탄생을 위해 1,000만 달 러를 내건 안사리 엑스프라이즈Ansari XPRIZE로 유명한 엑스프라이즈 재단 XPRIZE Foundation의 회장이자 CEO인 피터 디아만디스Peter Diamandis는 〈포 천Fortune〉 선정 500대 기업의 40%가 향후 10년 내에 사라질 것이라는 워 싱턴 대학교Washington University 연구의 유명한 통계Ioannou, 2014를 인용한 바 있다. 이 통계는 이 책의 배경이 된 바탕이기도 하다. 달리 말해서, 만 일 그 통계가 사실이라면, 그렇지 않을 것이라고 제시할 근거가 없고 심지 어 속도를 내기 시작하면 매 3,650일 동안 전 세계 주요 기업의 40%가 떨 어져 나가게 된다. 어떤 기업이 그럴까? 당신의 사업은 어떻게 될까? 새로 운 기업은 어떻게 생겨날까? 신생 기업은 당신 사업과 삶에 어떤 영향을 미칠까? 신문에서 표제나 관련된 통계 기사를 읽어보면 이러한 변화는 기

업 상품이 형편없고 리더십을 발휘하지 못했거나 꽤 어려운 경제 상황 때문에 발생했을 것이라고 생각한다. 그러나 진실은 이보다 더 깊은 곳에서 흐른다. 이러한 기업들은 기술적T 변화, 행동적B 변화 또는 데이터D와 관련된 변화, 데이터 활용 방식에 관계 없이 미래를 내다보고 변화하는 시대에 적응할 의지가 부족하다. 기술 그 자체와, 기술과 변화로 인해 필요해지고, 생성되고, 변화하는 데이터와 그 데이터를 사용하거나 영향을 받는 사람에 관한 내용이 이 책 전반에 걸쳐 이야기 할 핵심이다. 이 모든 질문의 이면에 있는 이유를 이해하는 것은 필수적이다. 우리가 표면적 의미를 뛰어넘어 행동을 하는 이유는 궁극적으로 모든 변화가 인간에게 직·간접적으로 영향을 미치기 때문이다.

비즈니스는 앞으로 지금보다 쉬워지지는 않을 것이다. 그 어느 때보다 사업을 시작하는 게 쉽다는 것과 이전 세대는 상상만 하던 새로운 도구에 접근할 기회가 있다는 사실에도 불구하고 많은 사람들은 떠오르는 '신세계'에서 고군분투하고 있다. 확신할 수 있는 것은 모두가 살아남지는 못할 것이라는 사실이다. 많은 기업들이 이 책에서 핵심으로 다루는 기술적인 요소 외에 정치적, 사회적, 경제적 요소로 인한 한 번의 '타격'을 겪고 생존할 수도 있다. 그러나 여러 다양한 힘이 충돌하기 때문에 많은 사람들이 하룻밤 사이에 또는 아마도 시간이 지남에 따라 상황이 더 나빠지면서 자신들의 배가 전복되는 것을 보게 될 수도 있다. 고대 그리스 철학자 헤라클레이토스Heraclitus는 영원한 것은 오로지 변화뿐이라고 말했다. 요즈음 시장에 대응하는 역량과 경쟁사의 움직임이 훨씬 더 강력하게 일어나고 있지만 주변에서 일어나는 변화에 적응할 수 있는 기업들은 외부 요인으로부터 야기되는 주요 업무 중단 위험을 신속하게 최소화하면서 동시에 미래에 대한 최상의 기회와 지속적인 성공을 유지할 수 있다.

시스템을 갖추는 것이 핵심이다

・・・・・・ 기업과 개인이 변화하는 세계를 이해하기 위해 더 나은 시스템이 필요하다. 첫 번째 단계에서는 당신이 다루고 있는 일이 무엇인지 이해하고, 두 번째 단계에서는 영향을 미칠 것으로 보이는 부분을 평가하는 것이며 마지막으로는 당신의 목표와 목적을 토대로 한 적절한 반응으로 앞선 두 가지 요소에 따라 행동을 취하는 것이다. 그 다음에 변화를 향한 첫 번째 실용적인 단계를 만드는 핵심은 '단순화Simplicity'이다.

1장에서 이머징 기술과, 진정으로 기업과 간혹 인류를 변화시킬 기하급수적인 잠재력이 있는 숙련된 기술의 부분 집합에 대해 소개한다. 1장은 엄선된 기술 그룹 각자가 사업에 어떤 영향을 미치는가에 대해 살펴보고 이 부분이 새로운 기술과 당신의 사업 기회에 반영되고 성장해가는 것을 어떻게 생각해야 할지를 다룬다. 2장에서는 이러한 기술을 둘러싼 혼란과, 기술과 기타 다른 분야에 대한 가치 평가가 완전히 이뤄지기 전에 어떤 오해를 받는지를 논하고자 한다. 또한 이 장에서는 기술을 제대로 적용하지 못하면 고객 관계가 어떻게 손상되는지도 둘러본다. 이어서 3장에서는 '혁신 기대치 격차innovation expectation gap'를 살펴보고 기술 혁신이 발생하는 방식과 그 중요성에 대해 기술한다. 4장부터 7장까지는 유연한 'TBD 프레임워크'와 변경 평가 시스템을 상세히 알아보고 장기적인 성공을 위해 시스템의 유연성이 필요한 이유를 살펴본다. 8장은 TBD 시스템 응용 방법과 단계별 가이드를 통해 사업을 결정할 때 TBD를 활용하는 방법을 알아본다. 8장까지 다 읽고 나면 변화에 투자할지 아니면 이를 무시할 것인지 결정할 수 있을 것이고 앞으로 TBD 프레임워크 구현에 관한 실용적인 조언으로 무장하게 될 것이다. 9장에서는 '반 혁신dis-innovation'을 살펴보고 다른 방식으로 사고하는 것이 문제를 해결하지 못하는 이유와 올바른 변화를 일구는 방법을 살펴봄으로써 2020년과 그 이후를 대비할 수 있게 한다. 10장에서는 밀레니얼 세대가 미래에 왜 그렇게 중요한지, 즉 밀레노베이션millenovation, 밀레니얼과 이노베이션의 합성어이 기업 미래의 다음 단계인 이유와 밀레니얼 세대에 떠밀려 사라지기보다 밀레니얼 자원을 활용하는 방법에 대해 알아본다. 마지막 장에서는 TBD의 미래, 이머징 기술의 미래, 그리고 이후에 다가올 일에 당신이 압도당하지 않는 법을 살펴보도록 한다.

변화는 어렵다. 그 누구도 변화가 쉽다고 말하게 내버려 두지 마라. 말은 쉬워도 결승선이 없는 기업 환경에서 특히 행동은 분명 쉬운 일이 아니다. 이 책은, 정확히 말하면 TBD 프레임워크는 당신에게 자신감을 불어넣어주고 비슷한 여정을 여러 번 시도할 수 있도록 준비시켜 줄 것이다.

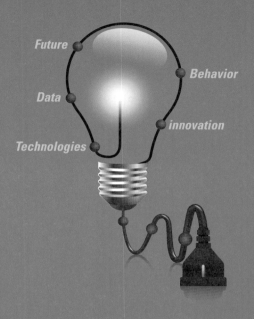

Future
Behavior
Data
innovation
Technologies

01 이머징 기술
Emerging Technologies

01

|

이머징 기술 Emerging Technologies

세상은 디지털 혁명으로 확실히 더 작고, 더욱 복잡하게 연결되었다. 게다가 세상은 기술이 계속해서 서로 충돌하며, 새로운 것을 만들어 내는 여전히 유동적인 곳이다. 최근에 챗봇chatbots을 만들기 위해 머신 러닝 machine learning 및 인스턴트 메시지인터넷상으로 서로 즉시 메시지 교환이 가능한 시스템를 사용한 것이 이러한 예가 된다. 기본적으로 인스턴트 메시지를 사용하는 '질문과 답변' 메커니즘뿐만 아니라 현재는 검색 결과를 전달하고, 티켓을 예약하고, 사회와 직장 환경에서 다른 기능들을 수행하기 위해 사용되고 있다. 많은 기업과 기술은 압력 하에 움직이는 풍선처럼 때로는 터지거나, 위치 혹은 작용하는 힘에 따라 모양이 새로운 형태로 바뀌듯 움직이고 있다. 데이터가 이러한 변화를 주도하고 있다. 데이터는 입력이 필요하고, 입력은 센서가 필요한 상황을 기록하는 데서 비롯된다. 향후 5년 동안 스마트 워치, 휴대폰, 자동차, 가정용품 등과 같은 흔히 '사물 인터넷'이라고 알려진 기기를 통해 수십억 개의 센서가 시장에 넘쳐나게 될 것으로 예상된다. 우리는 완전히 새로운 기술과 경제가 생겨나서 이미 존재하고 있는 기술과 경제를 변화시키는 것을 보게 될 것이다. 이러한 새로운 기술 일부는 산업을 변화시킬 것이고 다른 기술은 기존의 경제에 더해지겠지만 모두가 와해되지는 않을 것이다.

이머징 기술인가? 와해성 혁신 기술인가?

· · · · · · 이머징 기술과 와해성 혁신 기술이하 와해성 기술이 가끔은 혼동될 수 있다. 이머징 기술은 아직 완전히 형태를 갖추지 않았고 대개 완전한 최종 단계로 개발하지 않는 새로운 기술을 말한다. 사회과학자 로톨로Rotolo, 힉스Hicks와 마틴Martin은 2014년에 출판한 책에서 아래와 같이 지적했다.

이머징 기술은 근본적으로 기발하며 비교적 빠르게 성장하면서도 시간이 지남에 따라 일정한 일관성을 유지한다는 특징을 지녔다. 또한 이 기술은 관련 지식 생산 과정과 더불어 해당 행위자, 정부 기관 및 상호작용 패턴 구성의 관점에서 관찰된 사회경제적 영역에 상당한 영향을 미칠 잠재력이 있다. 그러나 이 기술의 가장 주목할만한 영향력은 미래에 있다. 그래서 출현 단계에서의 그 영향은 여전히 다소 불확실하고 모호하다.

와해성 기술은 여러 비평가들과 논쟁의 여지가 있는 이론이다. 주요 논쟁은 이 용어가 언제 적용되어야 하는가에 관한 것으로, 점점 더 많은 기술이 와해를 일으키는 것처럼 보이지만 분명한 것은 속도와 전체성이라는 두 요소가 진정한 와해를 일으키는 핵심이라는 점이다.

와해 속도, 더 정확히 말하면 와해가 예상되는 경우는 많은 이들에게 중요하다. 가령, 전기차는 획기적이지만 실제로 와해를 일으키지 않았다. 정유 회사나 다른 관련 기업들이 전기차의 발전을 늦추어 왔기 때문이다. 다시 말해서, 구식으로 일하는 방식을 신속하게 우회하거나 업그레이드하거나 대체할 요소가 반드시 있어야 한다. 개인적으로 속도와는 무관하게 와해는 와해로 여긴다. 하지만 그 기준에는 장점이 있으니 괴짜들은 기준으로 삼으라고 하자.

두 번째 논점은 기술의 변형 역량으로 구식 기술이 얼마나 새 기술로 바뀔지 여부와 그에 따른 가치 창출에 관한 것이다. '와해성 혁신 기술'의 대부로 간주되는 크리스텐슨Christensen이 다음과 같이 말했듯, 필자에게는 속도보다는 두 번째 논점이 와해성 기술에 대한 주요 기준이 될 것 같다.

기존 기업에 피해를 주는 기술적 변화는 기술적 관점에서 볼 때 근본적으로 새롭거나 어렵지 않다. 그러나 중요한 두 가지 특징을 지닌다. 첫째, 일반적으로 처음에는 기존 고객들이 가치를 부여하지 않는 다른 성능 속성performance attribute을 보여준다. 둘째, 기존 소비자들이 가치를 두는 성능 속성이 빠른 속도로 향상되어 신기술이 기존 시장을 침략할 수 있다Bower and Christensen, 1995.

다시 말해서, 와해성 혁신 기술이나 적어도 기존 시장과 회사에서 반복하는 기술로 인해 소비자들이 싫어하는 것은 사라지는 반면 돈과 시간을 절약하고, 더 행복하게 하고, 더 나은 선택을 하고, 호화롭게 지내는 것

등 소비자들이 좋아하는 것에 해당하는 리스트는 증가한다. 게다가 와해성 혁신 기술을 생산하는 기업은 최종 사용자들에게 더 많은 가치를 부여하기 위해 바람직한 요소를 추가할 수도 있다.

하바스 미디어Havas Media의 탐 굿윈Tom Goodwin 부사장이 인용한 유명한 문장은 와해성이 기존 사업에 어떤 여파와 영향을 미치는지 잘 보여준다.

세계 최대 규모의 택시 회사인 우버는 차량을 한 대도 소유하고 있지 않다. 세계에서 가장 인기있는 미디어 소유자인 페이스북은 어떤 콘텐츠도 만들어 내지 않는다. 소매업체 절대 강자인 알리바바는 재고가 없다. 그리고 세계 최대 숙박 서비스를 제공하는 에어비앤비Airbnb는 소유한 부동산이 없다. 뭔가 재미있는 일이 일어나고 있다Goodwin, 2015.

완벽한 사례 연구는 물론 우버의 경우다. 하지만 자세히 보면 또 그렇지도 않다. 전 세계 기존 택시 서비스를 대체했지만 새로운 것을 만들어 낸 것은 아니다. 기존 시스템의 규칙을 바꿨을 뿐이다. 우버는 현재 네트워크를 구축하고 소포, 식재료, 선물 등을 배달하는 새로운 분야에 진출해 가는 중인데 이 영역은 전형적으로 다른 거대한 기업들이 소유하던 분야다. 크게 저항을 받지 않던 우버의 시대는 우버의 사업 모델에 영향을 미치는 다양하고 새로운 법의 등장과 기존법의 해석으로 곧 막을 내릴지도 모른다. 우버 같은 새로운 서비스는 와해성 기준을 적용하는 데 더 많은 타당성을 제공할지도 모르지만 현재의 우버는 그저 많은 학자들 눈에 잘못 낙인 찍혔다.

와해성 혁신의 더 좋은 예는 넷플릭스Netflix다. 처음에는 DVDDVD를 기억하는가 우편 배달로 시작한 넷플릭스가 미국 최대 DVD 대여 업체인 블록버스터를 밀어내고 비디오 대여 사업을 완전히 바꿔 놓았다. 넷플릭스는 물리적 제품을 기반으로 하는 '블록버스터'라는 회사가 제대로 처리하지 못하는 한계를 찾아냈다. 서비스에 많은 시간이 걸렸고 DVD 보유 수량 문제로 대여 및 선택이라는 면에서 제한된 서비스를 제공했다. 몇 년 후 넥플릭스는 블록버스터가 제공 가능했던 것보다 더 많은 고객에게 온라인 서비스를 통해 접속이 빠르고 저렴하고 선택의 폭이 넓은 서비스를 제공하기 시작했다.

넷플릭스의 성공 사례를 토대로 다른 기업들도 유사하거나 다른 모델을 창안함으로써 넷플릭스를 와해시키려 하고 있기 때문에 넥플릭스 측의 모든 일이 순항 중인 것은 아니다. 이러한 상황은 남의 눈에 있는 티끌은 잘 보고 빼면서 내 눈의 들보는 보고 빼내지 못한다는 옛말과 같은데, 이는 많은 기업에 귀중한 통찰력을 제공하며 이 책을 읽고 있는 독자들에게도 의심의 여지가 없다. 다른 사람의 사업을 보고 사람들이 원하는 새로운 것을 만들기 위해 '수정하는fixing' 역량은 미래 경제의 핵심 기술이다. 단순히 새로운 사업이나 제품 생산을 넘어 이 책의 후반부에서 설명할 TBD 프레임워크는 와해성 혁신이 당신의 사업에 부정적인 영향을 미치기 전에 사업의 어떤 부분에 개선이 필요한지 인지하는 데 도움이 될 것이다.

와해성 혁신 기술은 반드시 오래되거나 '나쁜bad' 사업을 제거하지 않는다. 앞서 보았듯, 블록버스터는 나쁜 사업이 아니었다. 그저 사업을 침해하는 시대와 기술에서 벗어나 이동하지 못했을 뿐이다. 조셉 바우어Joseph Bower, 2002는 기업들이 어떻게 이런 사태를 피하지 못하는지를 설명한다.

산업 혁명을 가능하게 하는 기술이 나타나면, 기존 기업들은 주요 소비자의 니즈가 아니고, 예상되는 수익률만으로는 대기업 비용 구조를 감당하기에 충분하지 않기 때문에 대개 매력적으로 여기지 않는다. 결과적으로 신기술은 최고의 소비자가 선호하는 현재 제품에 밀려 무시되는 경향이 있다. 이때 다른 기업이 새로운 시장에 혁신을 불러오기 위해 개입한다. 일단 와해성 혁신 기술이 구축되고 나면 소규모 혁신은 주요 고객들이 가치를 두는 속성에 대한 기술 성능을 빠르게 향상시킨다.

와해성 혁신 기술은 어떻게 발생하는가?

· · · · · · 우리는 와해성 혁신 기술이 어떻게 빛을 발하는지 보았지만 창의성과 신기술이 탄생하는 방법을 살펴보면 이 문제에 대답할 다른 대안을 발견할 수 있다. 기본적으로 신기술을 탄생시키는 3가지 방법은 이렇다. 원하는 것을 모방하고, 여러 가지를 결합하거나, 원하는 방향으로 변형시키는 것이다. 그런 다음 다른 기법을 여러 번 적용할 수 있다. 커비 퍼거슨Kirby Ferguson은 '모든 것은 리믹스다Everything is a Remix, 2015'시리즈에서 다음과 같이 말했다.

리믹스하라. 기존 자료를 결합하거나 편집하여 새로움을 창조하라. 자료의 수집과 결합, 변형하는 기술은 어느 수준의 창조에서나 같다. 모든 것이 리믹스라고 할 수 있다.

와해성 혁신 기술은 지나치게 복잡해질 수 있고 많은 세부사항을 다듬어야 한다. 하지만 이 기술을 통해 근본적으로 스마트하고 효과적인 방법으로 이해하고 전진할 수도 있다. 이러한 환원주의reductionist philosophy[2] 철학은 적극적으로 적용될 수 있고 단순함을 통한 명료함이라는 주제는 이 책 전반에 걸쳐 있는 것이다.

어떤 와해성 혁신 기술이 거물Big Deal이 될 것인가?

•••••• 가능하면 '와해적인' 기술에 대해 서술하는 것은 기업가에게 현실적이지도 않고 꼭 도움이 되는 것도 아니다. 대신, 이 책은 다음 두 가지에 도움을 줄 것이다. 큰 영역에 대해 더 많이 알고 미래를 대비해 전략적 승부수를 더 많이 던질 수 있는 기술과 변화를 평가하는 데 도움이 될 프레임워크를 발견할 수 있도록 돕는다. 한편, 모든 기업주와 부서 책임자들이 표면 지식을 넘어 이해해야 할 중요한 와해성 혁신 기술은 다섯 가지가 있다. 인공지능과 나노 기술은 유아기 단계에 있고 블록체인blockchain 기술은 여전히 주류 문화 주변으로 밀려나 있다. 3D 프린팅과 같은 기술은 오해를 받기도 하고 홀로그래피holography 같은 큰 각광을 받는 기술은 거대한 도약을 할 준비가 미흡하다.

이러한 기술이 선택된 이유는 무엇일까? 이 기술 중 일부는 소프트웨어 기반이거나 재료 혹은 가상 기반 기술이다. 이 중에 분명히 친숙한 기술이 있는가 하면 그렇지 않은 기술도 있을 것이다. 그러나 기본 요소를 줄이면 어떤 기술이라도 이해하기 힘든 것은 하나도 없다. 각 기술은 대체

---

2) 편집자 주. 복잡하고 추상적인 사상事象이나 개념을 단일 레벨의 더 기본적인 요소로부터 설명하려는 입장. 네이버 백과사전 참조 https://terms.naver.com/entry.nhn?docId=1155462&cid=40942&categoryId=31519

로 사업이나 문화에 미칠 잠재적 영향을 기준으로 선택되었다. 더구나 비용 절감, 생산 혁신 및 미래를 대비하는 비즈니스 기능이라는 점에서 커다란 사업 잠재력을 제공하는 기술이다.

각 이머징 기술은 정보의 이해와 활용을 위해 다음과 같은 특징을 가지고 있다.

- 명료하고 간단한 설명
- 기술이 다른 사업에 영향을 끼치는 이유에 대한 간략한 논의
- 다른 사업에 영향을 줄 예측 타임라인timeline
- 장단점
- 주류 문화나 삶에 미칠 영향의 정도에 관한 영향력 점수10점 만점

살펴볼 기술은 다음과 같다.
- 블록체인비트코인 계산법과 비트코인
- 인공지능과 머신 러닝
- 홀로그래피가상현실과 증강현실 포함
- 3D 프린팅
- 나노 기술그래핀 포함

영향력 점수는 발생가능성, 와해 시기, 영향의 잠재적 심각성 및 와해 지속성을 포함한 여러 요인을 기반으로 모든 기술에 배정되었다.

영향을 미칠 타임라인은 기업이 생존과 번창에 필요한 변화를 만들기 위한 표시로 사용할 수 있는 지침이다. 소비자는 일반 소비자가 기술의 표

면 지식을 더 잘 알고 어떤 형태로든 일상에서 기술을 활용할 때를 의미한다. '기업'은 반대편 끝에서 그 기술을 사용하거나 큰 이득을 이끌어낼 때를 말한다.

블록체인과 비트코인 Blockchain and Bitcoin

비트코인으로 잘못 짚기도 하지만, 블록체인은 마치 공공 거래 장부 같은 개념이자 비트코인과 같은 가상 화폐 기술을 뒷받침하는 기본 요소이다. '암호 화폐'나 '분산 디지털 통화'로 일컬어지는 비트코인은 실제 제품을 구입할 때 사용할 수 있지만 주로 웹의 밝은 영역과 어두운 영역 모두에서 온라인 거래를 위해 사용된다. 블록체인 기술의 잠재력이 가상 화폐에만 국한되는 것은 아니지만 가상 화폐 아이디어를 이끌어 가는 것으로 유명하고 우리가 집중해야 하는 것도 이 부분이다.

블록체인의 가장 단순한 요소는 '블록block'이다. 블록은 기본적으로 디지털 거래에 대한 데이터를 보관하는 파일의 영구적인 기록이다. 블록이 '꽉 찬' 경우 블록체인의 다음 블록으로 넘어간다. 기술이 보호해주는 덕에 아무도 블록의 내용을 변경할 수 없고 모든 블록마다 상당히 복잡한 수학 문제를 가지고 있다. 채굴mining이라 부르는 방정식과 계산 과정을 끝내면 개인 컴퓨터나 네트워크로 연결된 컴퓨터의 처리 능력으로 채굴자는 자기 지갑에 비트코인을 적립한다은행 계좌를 떠올리면 된다. 작업이 완료될 때마다 새 비트코인이 유통되기 시작한다. 수학 문제가 어려울수록 문제를 푸는 시간이 오래 걸리고 새로운 비트코인의 발생은 다소 규제가 되지만 현실에서 통화를 규제하는 것과는 다른 방식이다.

블록체인은 인터넷 전반에 걸친 분산 노드node 네크워크에 저장된다.

각 노드마다 블록체인 전체 복사본이 있고 새로운 노드가 생성되고 사라짐에 따라 이 체인은 연결 불량, 하드웨어 장애 및 프로세스 중단을 예상하는 외부 힘과 같은 문제로부터 체인을 보호한다. 다시 말해, 한 사람이 소유한 중앙집중적인 은행 시스템과 달리 블록체인은 단일 취약점이 없어서 공격이 쉽지 않기 때문에 실패할 가능성이 낮다.

비트코인의 과거는 파란만장했다. 많은 기술과 마찬가지로 비트코인은 특히 웹에서 색인이 되지 않는 콘텐츠를 다루는 딥 웹Deep Web에서 마약이나 총기류, 기타 불법 행위 등을 거래하는 불미스러운 일에 사용되며 빛을 보기 전에 어두움을 봤다. 이미 뉴욕에는 비트코인 ATM 기계가 있는 피자 가게가 등장했고 지불 수단으로 비트코인을 받는 커피 가게가 있지만 블록체인은 매우 기술적인 부분이라 많은 사람들과 기업들은 비트코인으로 인한 문제를 일으키고 싶어하지 않는다.

훑어보기 *Quick snapshot*

블록체인

개요   인터넷을 통해 컴퓨터로 수학 문제를 풀어서 블록을 사용하여 체인을 형성하는 가상 화폐 기반 기술

장점

- **유연성** – 디지털 특성 덕분에 돈이나 비트코인을 언제 어디서나 배포하고 전송할 수 있다.

- **글로벌** – 돈을 송금할 때 국경을 넘거나 은행 휴일에 맞춰 일정을 조정해야 하는 등의 제약에 대해 걱정할 필요가 없다.

- **통제** – 비트코인을 통제하는 중앙 정부 기관이 없으므로 개인이 전적으로 통제할 수 있다.

- **보안** – 개인정보를 비밀로 유지하기 위해 생성된 블록체인 기술 활동은 신원 도용을 방지한다.

- **수수료 없음** – 장점이자 단점으로 수수료가 없거나 매우 낮은 반면 추가 요금을 부과하기 위해 새로운 서비스ex. 빠른 처리를 개발할 수 있다.

- **판매자 위험 부담 적음** – 비트코인 거래는 취소할 수 없으며 개인정보를 포함하지 않기 때문에 사기 행위를 방지한다.

- **논란 지대에 있는 사업 영역** – 블록체인이 구축된 방법 때문에 비트코인은 사람들을 호도하기 쉬운 위험한 분야까지 확장이 가능하다. 이러한 문제 때문에, 비트코인은 기존 화폐에 대한 의존성이 낮아져서 금융에서 소매업까지 산업 전체를 변형시킬 잠재력이 있다고 말할 수 있다.

단점

- **소비자 이해 수준이 낮음** – 많은 고객의 주요 관심 영역이고 교육에 더 많은 돈을 투자하는 것이 모두에게 도움이 되는 반면 아무도 다른 기업의 고객을 교육하는 데 자사의 예산을 쓰고 싶어하지 않는다.

- **소비자 신뢰 수준이 낮음** – 사용자와 개발자 모두에게 주요한 관심사로 기업이 소비자의 요구를 조기에 충족하지 못할 경우 중요한 자원이 낭비될 수 있다.

- **규모** – 대규모 조직에서 택하지 않는 한 성장이 느리고 어려울 것 같다.

- **해결책 제시** – 완벽한 시스템은 없지만 소유자가 없으므로 문제가 발생하면 누가 책임질 것인가? 누가 그 문제를 해결할 것인가? 주요 고려 사항은 고객 서비스, 교육 및 브랜드 평판 관리 등이다.

- **변동성** – 블록체인 기술은 안전하긴 하지만 코인이 생성되는 방법 때문에 코인의 양이 제한되어 있다. 이러한 변동성은 파동과 불확실성을 발생시키고 시간이 지남에 따라 기업들은 그 여파를 처리해야 한다.

- **유일무이함** – 일부 기술과 달리, 블록체인과 비트코인은 통화와 관련이 있음에도 불구하고 다루기가 힘들기 때문에 비접촉식 지불 방식과 인앱 구매 같은 더 높은

기준을 가지고 있다.

왜 중요한가? 블록체인과 이를 가능케 한 기술이 전 국가를 뒤흔들 잠재력이 있다해도 과언이 아니다. 대형 은행과 기업은 금융 시스템의 현재 상태를 유지하는 데 수십억 달러를 투자하고 있지만 비트코인과 다른 기술을 사용하는 것에 대한 마찰로 인해 소비자 선택과 그로 인한 더 큰 혼란을 보게 될 것이다.

영향력 점수: 가능성 7점, 잠재력 10점

참고: 이 점수는 주류 생활과 평균 사업을 위한 것으로 위에서 언급한 바와 같이 당연히 어떤 기업은 다른 기업보다 더 영향을 받을 수 있다.

영향력 타임라인: 소비자 측면에서는 5년, 사업가 측면에서는 2~4년 필요한 교육 수준, 가치근접성사람들은 비용 낭비를 무척 싫어한다., 그리고 마지막으로 현재의 시스템이 여러 강력하고 상호 연결된 개체로부터 보호하려고 하기 때문에 채택 속도가 느려질 수 있다.

인공지능과 머신 러닝

〈채피Chappie, 2015〉, 〈그녀Her, 2013〉, 〈아이, 로봇I, Robot, 2004〉, 〈에이 아이A.I., 2001〉, 〈매트릭스The Matrix, 1999〉, 〈트랜센던스Transcendence, 2014〉, 〈블레이드 러너Blade Runner, 1982〉, 〈엑스 마키나Ex Machina, 2015〉, 그리고 〈2001 스페이스 오디세이2001, A Space Odyssey〉에 나오는 무서운 할HAL에 이르기까지 할리우드 영화 역사를 훑어보면, 인공지능은 인간에게 좋게 끝나지 않을 것처럼 보인다. 인공지능의 현실을 완전히 이해하려면 반드시 한 가지를 해야 한다. 할리우드 영화가 당신에게 가르쳐 준 모든 것과 인공지능에 대해 당신이 읽은 전부를 지워버려야 한다. 이 책을 통해 차차 알게 될 인공지능의 현실은 뉴스나 영화 스튜디오에서 보여준 것과는 달리 훨씬 진전이 느리다.

가장 간단한 단계에서 인공지능은 로봇 공학뿐만 아니라 복잡한 콘텐츠를 이해하는 듯 하고 자연스럽게 인간의 대화에 개입할 수 있으며, 배우고, '스스로' 판단을 내릴 수 있는 등 지능적인 인간 행동을 모방하는 목표가 있는 기술이다. 이러한 기술의 응용은 자율 주행이 가능한 자동차에서부터 고객 서비스봇의 음성 인식과 위험 탐지 및 판단에 이르기까지 무서울 만큼 광범위하다. 이렇게 유용한 요소 외에도 인간의 뇌가 현재 감당 가능한 정도보다 더 많은 정보를 처리하고 유용한 산출물을 끌어낼 역량도 있다. 처리 요소를 사용하면 시스템에서 수백만 개 또는 수십억 개의 시나리오를 실행할 수 있고 인간이 부여한 규칙을 토대로 최적의 결과를 도출할 수 있다. 그러나 진정한 인공지능은 로봇 노예가 되기 보다, 단순한 시나리오 계획 이상의 인식 향상과 집중에 초점을 두고 있기 때문에 할리우드 감독들이 바로 시스템의 이런 지각 능력을 우려하는 듯 보인다.

종종 인공지능은 외로운 천재가 지하실에서 우연히 감각 지능을 발견하는 데서 기인하거나 어떤 이유에서인지 프로그래밍에 결함이 생긴 로봇이 갑자기 인간과 같은 인식을 하게 되는 것으로 이야기 되곤 한다. 하지만 슬프게도 현실은 몹시 지루하다. NDAnon-disclosure agreements 계약서 즉, 비밀 유지 계약때문에 관련 과학자와 연구자들은 다른 전문가들과 정보나 배움을 공유할 수 없다보니 연구는 더디고, 고도로 기술적이고 경직되어 놀라울 정도로 비밀을 유지하게 된다. 일부 할리우드 영화 기술에 대한 선풍적인 욕구에도 불구하고 인공지능 로봇 세상의 현실은 돌파구 마저 막혀 먼 길을 돌아가고 있다.

하지만 인공지능은 미래에 매우 유용한 기능이 될 것이기 때문에 무시하는 태도는 어리석다. 페이스북은 'M'을 성공적으로 시험 사용하고 있으며 인간의 감독 하에 메신저 보조 서비스로 티켓이나 호텔방을 예약하고 간단한 질문엔 답할 수 있다. 본질적으로 진정한 인공지능이 아니지만 이러한 데이터를 토대로 예측할 수 있는 학습 알고리즘이며 '머신 러닝' 또는 인공지능을 만들기 위한 시도에서 진화했다.

인공지능 영역의 주요 목적은 달성하기 쉬운 목표의 계산 지능과 머신 러닝 같은 하위 필드를 넘어 꽤나 보편적인 장기 목표로 받아들여지는 일반 지능으로 확고하게 남는 것이다.

훑어보기 *Quick snapshot*

인공지능

개요 로봇 공학에 제한되지 않은 과학 분야로 인간 행동 모방을 목표로 하는 기술

장점

- **정확성** – 처리 능력 증가로 더 나은 결정을 가능한 뒤 결정을 내린다.
- **인간 한계성** – 인체와 그 유약함에 대해 생각할 때 스마트한 로봇을 만드는 것은 의미가 있다. 특히 우주 영역과 수중 탐구 영역은 인공지능의 사용으로 얻을 것이 많다.
- **자유** – 지능형 기계로 우리는 지루한 업무를 탈피하고 프로세스를 관리할 수 있다. 이 시나리오는 어떤 사람들을 조금 두렵게 할 수도 있지만 새로운 일자리와 기회가 나타날 때 다른 사람들은 기대감으로 설렐 수도 있다.
- **시간의 현명한 사용** – 시간은 인간인 우리가 절대 되돌릴 수 없다. 그러므로 우리가 좀 더 효율적으로 일할 수 있도록 도와줄 GPS, 예측 텍스트, 애플Apple의 시리Siri 같은 가상 개인 비서 등의 도구 생성과 활용은 우리에게 주어진 시간과 이 땅에서의 영향력을 최대화하기 위한 우선 순위가 되어야 한다.

- **상시 접속 가능** – 로봇과 인공지능은 인간과 달리 수면이 필요하지 않아서 하루 가동 시간을 최대화할 수 있으므로 생산성이 상당히 높다.
- **더 안전함** – 인공지능과 로봇은 감정 없이 일을 완수할 수 있으므로 지루함이나 피곤함 때문에 인간처럼 실수하지 않는다.

단점

- **비용** – 인공지능을 만드는 것은 믿을 수 없을 만큼 많은 비용이 든다. 유지 관리비는 적지만 업데이트와 변경 사항이 빈번하게 발생한다.
- **소유권** – 기계는 프로그램이 가능한 단위다. 로봇은 자각 없이 프로그래밍 된대로 행동한다. 그러므로 누구든지 로봇을 소유할 수 있다면, 로봇을 악용할 수 있지 않을까? 해킹 또한 현실적인 우려다.
- **윤리** – 위에서 간단히 살펴보았듯 생명 부여, 노예 제도 그리고 다수의 '만일' 이라는 시나리오를 둘러싸고 윤리적이고 법적인 문제가 산적해 있다. 인공지능의 어떤 요소에 대해 생각하든 문제의 규모나 강력함을 간과할 수는 없다. 찬반을 두고 책 한 권은 쓸만하고 중요한 결정을 내리기 전에 세부적으로 살펴보는 것이 중요하다. 이 책의 목표는 최대한 단순화하는 것이라 간단하게 열거하는 데 그치겠다.
- **데이터 손실** – 빅 데이터에 크게 의존하기 때문에 인공지능 프로그램과 로봇이 직면하는 많은 문제는 긴 다운타임downtime[3]과 데이터와 파일을 복구하는 데 필요로 하는 값비싼 오프라인 시간을 의미하기도 한다.
- **창의성** – 현재 상황에서 기계는 기계에 불과하다. 하지만 만일 기계가 프로그래밍 된 것 이외에, 가령 상식을 생각하도록 요구받는다면 어떨까?
- **감성 지능** – 로봇은 영혼이 없다. 공감 능력을 프로그래밍 할 수 있을까? 인공

---

3) 편집자 주. 기계나 시스템의 고장으로 운용될 수 없는 시간. 즉, 어떤 기계나 시스템의 고장 시간은 고장이 난 후부터 수리하여 운용되기 전까지의 시간으로 표시할 수 있는데, 이 것을 통계적으로 평균 수리 간격이라고 한다. 네이버 지식백과 참조 https://terms.naver.com/entry.nhn?docId=2752895&cid=50321&categoryId=50321

지능이 부적절할 때 이외에도 많은 질문을 고려해야 한다. 가령, 인공지능 외과 수술의가 기술적으로 더 나은 의사가 될 수 있지만 당신의 인생을 바꾸는 뉴스로 받아들이고 싶은가?

● **퇴보** – 만일 우리가 뇌를 적게 쓴다면 어떻게 될까? 미래 세대에 어떤 영향을 주게 될까?

왜 중요한가? 인공지능은 차세대 컴퓨터 사용의 진화로 인류의 다음 물결이 될 가능성이 높다. 최선의 결과를 위해 최적화 된 모든 결정이 내려지는 세상은 어떨지 상상해보라.

영향력 점수 가능성 10점. 잠재력 10점

영향력 타임라인 소비자 측면에서는 전면 공개까지는 3년 정도로 예측하지만 기능이 제한되거나 수준이 낮을 것으로 예상된다. 사업가 측면에서는 전면 공개까지 2∼4년 정도로 예측하지만 제한된 기능이 예상된다. 이 분야의 기밀성과 경직성 때문에 필요한 투자 수준에 따라 중간 정도의 인공지능은 15년 이상을 예상한다. 게다가 인공지능과 관련하여 주요 윤리 지침과 함께 새로운 법이 필요할 것이며, 법을 만들고 동의하고 서명하는 데 시간이 걸릴 것이다.

홀로그래피Holography

홀로그래피는 단순하게 홀로그램을 연구하거나 제작하는 것이다. 토모그래피tomography, 페퍼의 유령Pepper's Ghost Illusion이나 부피 측정 디스플레이와 혼돈되지만 홀로그램은 물체에서 빛을 읽어 3차원으로 표현하는 기술을 사용하여 창조되었다. 홀로그램은 물체가 정적 혹은 동적 여부와 상관없이 인코딩 된 자료와 결과 이미지 둘 모두를 아우르는 용어라는 점에서 중요하다. 홀로그램으로 보이는 스티커나 보안 기능, 이미지를 본 적이 있을 것 같지만 우리가 스타트렉Star Trek의 홀로데크Holodeck에 가본다거나 스타워즈Star Wars 레아Leia

공주와 대화를 나눠볼 순 없다두 가지를 모두 구현할 수 있는 능력은 최소한 실험실에서는 상당히 비슷하긴 하다.

최근에, 홀로그램은 여러 산업에서 다시 인기를 얻고 있는데 특히 음악 분야에서 그렇다. 하지만 이런 기술은 페퍼의 유령이라고 알려진, 각진 거울을 사용하여 사람들이 갑자기 나타나는 유령을 볼 수 있다고 착각하게 만드는 낡은 속임수에 근거한 기술이다. 이 기술은 최근 마이클 잭슨Michael Jackson, 투팍Tupac, 머라이어 캐리Mariah Carey 공연으로 연출됐다. 그리고 조만간 엘비스 프레슬리Elvis Presley도 연출 가능성이 높다. 비록 3D 홀로그램은 아니지만 이런 예들은 언젠가는 평범하게 접할 홀로그램의 흥미로운 중간 단계다.

홀로그램을 생각해 보면 몇 가지 문제가 있다. 단순한 기술적인 부분을 넘어서 3D 안경을 사용하지 않는 대형 이미지를 법적으로 사용하는 것, 배포권, 사기 및 높은 비용 등을 둘러싼 여러 문제가 있다. 일본의 실험실에서는 현재의 홀로그램이 아직 사람과 상호작용할 수 있는 신체적 경험을 할 수 없기 때문에 홀로그램에 대한 우리의 경험을 더욱 확장시키는 공기의 파동이나 초음파같은 촉각 기술을 사용하면서 이 기술을 더욱 진보시키고 있다.

지금까지 대부분의 3D 홀로그램은 디자인에 있어서 비교적 원시적이었지만, 더 많은 사람들이 이 기술에 접근하고 실험을 시작함에 따라 이 부분은 빠르게 변할 것이다.

홀로그래피

개요 홀로그램과 부피 측정 디스플레이

장점

- 홀로그래피는 지형 모델링, 과학적 시각화, 의료 시각화 및 구조 모델링을 포함하여 통찰력과 기술의 혜택을 받을 수 있는 다양한 분야로 급성장하고 있다.

단점

- **높은 비용** – 현재 홀로그램과 3D 이미지를 만드는 데 필요한 기술 및 인력 배치로 인해 제한적이고 비용이 많이 든다.

- **제한된 필요성** – 홀로그램을 사용하면 좋은 점은 있지만 꼭 그렇기만 한 것은 아니다. 레아 공주풍의 메시지를 원하는 소비자의 소망은 차치하더라도 사용 사례는 필요한 비용이나 노력에 부합하지 못한다.

- **시간이 많이 걸림** – 홀로그래픽 이미지를 생성하는 데는 여러 과정이 필요하고 계획이 세우는 데에도 시간이 많이 소요된다.

- **기술적인 문제** – 물리학적인 이유로 홀로그램은 햇빛에서는 작동하지 않는다.

- **레이저** – 현재 기술은 레이저를 사용하여 홀로그램을 만든다. 부정확한 각도에서 보았을 때 망막을 영구적으로 손상시킬 가능성이 있다.

- **윤리와 권리** – 현재 사람의 초상화를 사용하는 것은 여러 법률과 규제를 받는다. 특히 사망한 사람의 사진을 활용하는 홀로그래피는 개발자와 기술 사용자에게 또다른 법적 골칫거리가 된다.

왜 중요한가? 할리우드의 묘사 때문에 홀로그래피는 신성한 기술의 성배로 간주되어 왔다. 녹화된 자료든 실시간이든 관계 없이 홀로그래피는 모두가 원하는 하나의 기술이지만 일단 기술을 보유하게 되면 어떻게 해야 할지 아마 모를 수도 있다. 진정한 홀로그램은 차양이나 다른 화면의 도움 없이 범죄 현장 시각화나 엔터테인먼트 용도에 매우 도움이 될 기술적으로 도전적인 분야이다. 둘 다 유효하지만 사회에서 동등한 가치를 지니지는 않는다.

3D 프린팅

3D 프린팅은 디지털 파일을 사용하여 3차원의 입체를 만드는 과정이다. 최종 제품을 만들기 위해 여러 겹의 재료를 이어서 추가하기 때문에 종종 적층가공additive manufacturing이라 일컫기도 한다. 현재 대부분의 3D 프린팅 제조는 다소 낮은 수준이고 대부분의 경우 교체 장비 부품이나 연습생들을 위해 새로운 디자인을 시제품으로 제작하는 데 사용된다.

복잡한 과정을 이해하기 쉬운 방법은 가끔 다른 영역에 초점을 맞춰 집중하여 미켈란젤로Michelangelo의 '다비드David 상'을 머리끝에서 발끝까지 만들기 위해 실을 앞뒤로 접는다고 상상해보는 것이다. 과정 자체는 매우 간단하다. 첫째, 강력한 컴퓨터 프로그램으로 프린트하고 싶은 물체의 디자인을 디지털로 렌더링rendering하거나 3D 스캐너로 스캔해서 선택한다. 다음으로 3D 프린터를 사용하여 개체를 인쇄한다. 여러 프로세스를 사용하지만 주로 각 계층이 추가되는 방식을 변경하는 프린터 유형이 몇 가지 있다. 예를 들어, 일부 방법은 용해 프로세스를 이용해서 '스레드thread'를 생성하여 계층을 형성하는 가장 흔한 방법이 있지만 다른 방법은 레이저를 사용하여 재료를 굳히는 방식을 사용하기도 한다. 전 세계의 대학과 실험실에서 한 달에 한 번씩 발표하는 3D 인쇄에 가능한 재료는 유리, 나일론, 왁스, 은, 티타늄, 강철, 플라스틱, 에폭시 수지, 왁스, 포토폴리머 및 폴리카보네이트이다.

3D 프린팅은 간단한 장신구나 교체 부품 활용 외에 몹시 흥미롭고 최첨단이며 거의 과다출혈급으로 많은 영역에서 새로운 재료 및 시공 기술을 실험 중에 있다.

- 그래핀graphene – 그래핀은 강철보다 가볍고 강하기 때문에 철강 산업에 엄청난 골칫거리가 되고 있다.
- 속건 시멘트 – 건설 업체는 재난으로 타격을 입은 지역에 속건 시멘트로 3D 프린팅 주택 건설이 가능하게 되어 지역 사회를 신속하게 복구할 수 있게 된다.
- 생물학적 인쇄라고 불리는 3D 프린팅 기술을 사용하여 인간의 세포로 인간의 장기와 신체 부위를 만드는 데 사용하고 있다.
- 음식 인쇄 – 과일, 팬케이크, 피자, 아이스크림, 햄버거, 와플, 초콜릿 등이 모두 인쇄되어 존재하게 되었다.
- 약품 – 최근 3D 프린팅 할 수 있는 목록에 약품이 추가되었다. 간질 치료제는 이미 유통 중에 있는 상태이다.

3D 프린팅

개요 데이터베이스에 존재하는 디지털 청사진에서 3D 물리적 개체를 만드는 프로세스로 저자가 허가한 경우 언제 어디서나 다운로드 할 수 있다.

장점

- **다재다능** – 위의 소재 및 테스트 대상 목록에서 확인된 바와 같이 3D 프린팅은 의심의 여지 없이 현존하는 가장 다재다능한 와해성 혁신 기술이다.

- **정교함** – 3D 프린팅은 이미 의료 분야에서 기존 제조 방식과 동등한 수준의 표준을 달성했으며 인공 치아 장치 및 치과 부속품을 개발했다.

- **시제품** – 대량 생산 전에 테스트 할 모형을 신속하게 제작하여 비용을 절감하고 시장에 제품을 출시하는 기간을 단축할 수 있다.

- **친환경** – 3D 프린팅에 사용되는 대부분의 구성요소는 적은 무게로 기존에 제조된 구성품이지만 동일한 또는 그보다 우월한 안정성을 제공한다. 항공기에서 금속을 사용할 때는 이제 이 아이디어를 몇 단계 올려보자. 연료 소모량이 적기 때문에 비용 절감과 환경 보호 능력을 갖추게 되면 3D 프린팅이 와해성 혁신 기술인 이유를 알 수 있다.

- **물류** – 로스앤젤레스와 뉴욕에 3D 프린터가 있다면 도시 사이에서 제품을 운반할 필요가 없다. 필요한 곳에서 간단히 인쇄만 하면 되기 때문에 비용과 시간을 절약한다.

- **과잉 생산 억제** – 3D 프린팅은 주문형 인쇄가 핵심으로, 필요한 것만 인쇄하며 자원과 시간 및 낭비를 줄일 수 있다. 또한 수년 동안 교체 부품을 대형 및 고가 창고에 보관하는 대신 필요할 때 작은 배치batch를 인쇄할 수 있다는 것을 의미한다.

- **맞춤화** – 무료 디자인, 쉬운 진입, 높은 수준의 사양 및 정보에 대한 접근 권한이 증가함으로써 변경, 리믹스 및 재해석을 통해 기능이 기하급수적으로 증가하고 있다. 최신 램프를 자신의 사양에 맞게 다시 설계하는 기능은 이제 모든 소비자의 손 안에 있다.

단점

- **기계화** – 로봇이 더 많은 작업에 착수하면 노동 산업에 막대한 영향을 끼친다. 3D 프린팅을 통해 일반 소비자는 전문가, 상점, 배달 직원 등의 도움이 없어도 다양한 용도로 사용이 가능한 물리적 물체를 만들 수 있다. 이외에도 3D 프린팅은 상당히 많은 양의 작업을 재택으로 집행하는 것을 가능하게 만들기 때문에 작업자의 숙련도를 향상시킬 수 있다.

- **저작권** – 지적재산권과 저작권은 3D 프린팅 분야에서 지대한 문제인데 법적 장치 마련이 더디다. 디지털 파일을 보호할 수 없는 경우 설계자와 제조업체는 자사 제품의 가치를 어떻게 유지하겠는가? 자유 디자인이 수정되어 대성공을 거둔다면 원래 제작자는 로열티를 받게 될까?

- **새로운 법 제정 필요** – 3D 프린터로 이미 총기류 제조가 가능해서 미국 내 몇 개의 주에서 신속하게 금지했다. 모든 새로운 기술을 포함해서 인간의 안전을 확보하는 것이 가장 중요하지만 법은 새로운 기술이 등장함으로써 제공되는 잠재적인 가능성과 위협을 따라잡기 위해 나서야 한다.

- **품질** – 일부 재료는 품질이 우수하지만, 모든 설계가 그렇지는 않다. 현재 3D 프린팅은 자유롭고 공개적으로 공유되는 것이 이 기술의 가장 큰 대중적인 혜택이지만 종종 디자인 품질이 떨어진다.

- **책임** – 무언가 고장 나면 어떻게 될까? 누구나 생산자나 제조사가 될 수 있다면 누가 책임을 져야 하는가?

- **속도** – 3D 프린트의 가장 큰 문제는 과정이 더디다는 점으로 물건의 크기가 큰 경우에는 10시간 이상의 시간이 소요된 후에야 대다수의 제작에 필요한 추가 작업을 시작할 수 있다. 특히 큰 구성 단위unit를 포함한 프린터 가격 때문에 대량 생산은 언감생심이다.

- **비용** – 3D 프린팅은 여전히 고가이며 기자재나 기계류의 가격이 낮아지는 중이지만 관련 비용이 기존의 제조 공정과 견줄 수 있게 되기까지는 상당한 시간이 걸릴 것 같다.

- **규제** – 약품과 같은 상품을 3D 프린터로 제작할 수 있으나 이에 대한 감독과

규제는 어떻게 될까? 품목이 더 이상 국경이나 해양을 가로질러 운송되지 않을 때 세관 부서에는 무슨 일이 일어날까?

- **배송** – 장기적으로 3D 프린팅을 도입하면 운송 비용이 절감될 것이라고 예상하는 전문가들도 많지만 프린트 허브hub나 상점에서 운송이 필요하고 가까운 가정으로의 배송이 증가할 것으로도 예상하고 있다.

왜 중요한가? 전 세계 3D 프린팅 산업은 2013년 30억 7천만 달러에서 2018년 까지 128억 달러 규모로 성장할 것으로 예상되며, 2020년까지 전 세계 매출은 210억 달러를 초과할 것으로 전망된다Wohlers, 2015. 비용 절감으로 3D 프린팅 기술은 은행을 제외한 거의 모든 주요 산업을 변화시키고 미래에 우리가 사는 방식을 변화시킬 수 있는 능력을 갖추게 되었다. 가장 가능성이 높은 성과는 3D 프린팅 산업이 기존의 생산 기술을 대체하기 보다는 나란히 자리잡을 것이라는 점이다.

영향력 점수 가능성 10점. 잠재력 10점
3D 프린팅은 이런 종류의 기술이 제조업 기반을 둔 개발도상국을 위협하는 것은 말할 것도 없고 교체 부품을 인쇄하는 대기업에 미칠 파급에 대해 생각해보기 전에는 충분히 무해한 기술이다. 3D 프린팅은 이 분야에서 요구되는 계층 구조와 유통 요소가 없기 때문에 이전 세대가 목격한 여타 기술과는 다르다.

영향력 타임라인 소비자 측면에서는 7년 이상, 사업가 측면에서는 2~5년. 3D 프린팅은 이미 소비자나 기업 모두에게 제한된 형식으로 제공되고 있다. 그러나 이 기술은 관련된 비용과 생산 소요시간, 그리고 현재 이용 가능한 자재의 한계 때문에 아직 대규모 시장을 형성하고 있는 것은 아니다. 따라서 최고조에 달하면 진정한 와해가 시작되리라고 본다.

나노 기술Nanotechnology

나노 기술은 모든 작은 것에 관한 기술로 그 크기가 사실 말도 안 되게 작다. 종종 '나노 공학'이라 부르기도 하는 이 분야는 그 규모에 맞게 이름이 붙었고 새로운 속성 및 응용 프로그램을 창출하기 위한 원자 및 분자 수준에서의 물질 변화에 관한 기술이다. 나노 기술로 직접 작업하는 분야는 이미 다음과 같다.

- 항공우주신소재, 배터리, 경량 소재
- 식품개선된 방부제
- 소비자 가전긁힘 방지 스크린
- 에너지저렴하고 청정한 자원
- 의약더 빠른 흡수율

나노 공학이 일하는 규모는 경이롭다. 직경 1mm의 핀 헤드pin-head에는 종단 간end-to-end에 100만 나노미터nm로 지름이 넓게 분포할 수 있다. 종이 한 장의 두께는 약 10만 나노미터이며, 적혈구 하나는 2,500 나노미터 정도 크기로 그 위에 놓일 수 있다. 다양한 분자와 원자 요소를 분해하고 재구성함으로써 발생하는 바람직한 결과와 특성은 강도새로운 금속, 속도전기 전도율, 중량그래핀, graphene-초경량 금속이다. 이러한 새로운 특성을 따르는 것은 과학 분야나 비즈니스 분야에서와 마찬가지로 군대에서도 바람직하게 사용되고 있는 응용 프로그램이다. 나노 공학은 이미 여러 상업용 제품과 공정에서 사용되는 기술로 제품이 가벼우면서도 튼튼한 소재를 필요로 하거나 특정 특성을 지닌 소재를 필요로 할 때 쓰인다. 흔히 사용하는 자외선 차단제나 스포츠용품, 배의 선체를 생각해 보면 된다.

일단 공상과학 소설 영역에서 나노 기술은 특히나 의료 분야에 혁명을 일으킬 것이다. 외부에 데이터를 전송하는 인체 삽입형 센서와 진단 도구는 미래의 먼 이야기 같지만 최근 필립스Phillips는 환자를 만지지 않고 사람의 주요 장기와 체온을 지속적으로 모니터하는 알약 크기의 장치 '바이탈센스 VitalSense'를 선보였다. 근본적으로 착용 가능한 것이라기보다는 소화가 불가한 기기이다. 치과 의사, 안경사, 약사는 모두 어떤 조건에서는 흡수율을 높이거나, 긁힘 방지 코팅 기술을 만들어 내거나 주변 세포에서 뼈 성장을 촉진하는 등의 방식으로 나노 기술을 사용하여 형태나 관행을 잡아가고 있다.

나노 연구에 관한 한 전 세계가 군비 전쟁 같은 경쟁을 벌이고 있다. 미국은 국가나노 기술개발전략National Nanotechnology Initiative, NNI을 기반으로 37억 달러 이상을 투자하면서 세계 선두 주자로 자리매김하고 있다. 유럽 연합이 이의 3분의 1을 투자하고 일본은 7억 5천만 달러를 투자하며 뒤를 쫓고 있다India Daily Star, 2012. 나노 기술은 2018년까지 4조 4천억 달러에 이르는 세계적인 가치를 가질 것으로 추산된다Lux Research, 2014.

훑어보기 *Quick snapshot*

나노 기술

장점

- **더 나은 속성** – 강하고 가볍고 저렴한 것이 항상 더 좋은 것을 의미하는 것은 아니지만 나노 기술 속성의 유연성은 다양한 분야를 개선시킬 가능성이 있다.

- **영향** – 물품이 오래 지속된다면 더 적게 소비할 수 있을 것이다.

- **재활용** – 첨단 나노 기술은 현재 쓰레기를 '먹어 치워서' 또는 분자를 파괴시켜서 매립지를 정화하고 완전히 새로운 수준으로 재활용하는 방법을 연구하고 있다.

- **건강** – 내과는 나노 기술의 영향을 크게 받을 것이다. 영양에 관한 분야도 잠재적으로는 질병에 맞서 싸우거나 노화를 멈출 수 있는 '스마트한' 음식으로

이 기술의 혜택을 볼 수 있다. 근본적으로 나노 기술은 다양한 질환을 찾아내고 물리치도록 프로그래밍 되었다.

- **선제공격** – 나노봇이 인체 내에서 '살아 있을 수' 있게 되면, 질병을 추적 관찰하고 싸우는 능력은 기하급수적으로 증가한다.

단점

- **무기화** – 나노 기술이 인체로 향하면 치명적일 수 있다. 육안으로 보이지 않는 것과 기술의 프로그래밍 가능성을 둘러싼 문제로 많은 우려를 자아내고 있다.

- **인건비** – 나노 로봇과 자가 복제 기술이 등장하면, 로봇이 열악한 조건에서 더 열심히 더 오래 일할 수 있기 때문에 인간의 일자리는 위험에 처하게 된다.

- **건강 문제** – 페인트에 사용되는 나노 입자는 최근에 페인트 공장 노동자들에게 심각한 폐 질환을 야기하는 것으로 밝혀졌다[Smith, 2009].

- **환경 영향** – 특히 나노봇 하나가 다른 나노봇을 만드는 나노봇 자가복제가 현실화되면 미시적이긴 하지만, 환경 파괴에 대한 잠재성은 과소 평가할 수 없다.

- **경제학** – 나노 기술은 저렴하지 않고 보편적으로 연구가 가능하지 않다. 그러다 보니 지적 재산과 관련 기술이 거시적으로나 시장 차원에서 혼란을 일으킬 수 있는 풍부한 장이 될 수 있다.

- **지배권** – 이 분야에서 선두를 달리는 국가나 기업은 잠재적으로 다른 이들에 비해 상당한 이점을 가질 수 있다.

왜 중요한가? 나노 제품을 만들 때 몹시 복잡한 과정과 비용이 수반됨에도 불구하고, 나노 기술의 미래는 밝다. 건강과 인체 분야에서 선보일 이 기술의 가능성은 믿을 수 없을 정도이고 생명 연장과 삶의 질 개선에 대한 방대한 연구를 계속해서 주도할 것이다. 학계에서는 이 기술이 더 많은 '나노 기기Inanite'를 만들기 위해 필요한 다른 입자를 수집하는 등의 자기 복제 능력을 포함하여 새로운 분야로 발전할 것이라고 전망하고 있다. 이 주제도 이미 할리우드에서 다루고 있다.

영향력 점수 가능성 7.5점. 잠재성 10점. 나노 기술은 기술 중심부에 있는 다재다능함. 사업과 인류에게 제공할 역량 때문에 잠재력이 크고, 인상적이다. 이 기술은 가파른 학습 곡선learning curves, 비용, 영향력을 가지고 있는 반면, 여러 산업에 혁명을 일으킬 잠재력이 있다.

영향력 타임라인 소비자 측면에서 첨단 속성 소비자 나노 기술은 5~10년, 사업가 측면에서는 5년. 3D 프린팅과 마찬가지로 나노 기술도 현재 이용 가능하지만 더 큰 돌파구 역할을 하거나 소비자 환경에 더 많이 적용되는 것의 발목을 잡는 심각한 비용 문제가 있다. 와해는 언제든지 발생할 수 있으므로 자신의 분야에서 일어나는 연구에 주목하도록 하자.

결론

· · · · · · 언급한 각각의 기술은 몇 십년 동안 세상이 보게 될 가장 큰 기회와 주요한 변화의 일부를 보여 주지만, 문제가 없는 것은 아니다. 이제 우리는 각 기술이 무엇인지, 그 기술이 앞으로 무엇이 될 수 있고, 언제 와해가 일어날지에 대해 살펴보았으니 더 큰 관점에서 살펴볼 필요가 있다. 이 기술들은 끊임없이 변화하고 서로 충돌하고 있다. 다음 장에서는 이러한 기술 뒤에 숨겨진 잔인한 진실을 살펴보고 오해하는 이유, 기업 환경에서의 실행 장벽, 잘못된 기술 선택이 고객 관계를 저해하는 이유에 대해 살펴보고자 한다.

기술이 고객 관계에 미치는 영향을 이해하는 것 외에도 2장에서는 이러한 기술과 미래 기술에 대한 유연한 접근과 이해의 필요성을 이야기하겠다. 그 프레임워크를 TBD라고 하는데 확정된 것은 아니고 단지 앞으로 나아갈 경로를 잡는 데 도움이 될 고정편이다. 경로는 변경될 수 있지만 여기서 핵심은 모든 단계에서 앞으로 나아갈 수 있도록 해주는 유연한 시스템을 갖추는 것이다.

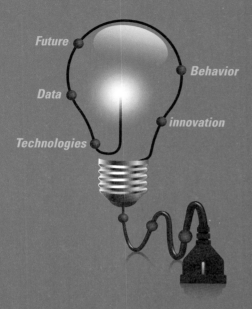

Future

Behavior

Data

innovation

Technologies

02 와해성 혁신 기술과 이머징 기술: 잔인한 진실

02
|

와해성 혁신 기술과 이머징 기술
: 잔인한 진실

무엇이 문제인가?

• • • • • • 현재 진행중인 문제는 고객의 경험과 브랜드에 대한 인식이다. 작동이 안 되거나, 오랫동안 작동하지 않거나 빠르게 처리되고 안전하게 지불되는 등의 원하는 결과를 얻는 데 시간이 걸리는지 여부와 관계없이, 나쁜 기술은 기업과 소비자 모두에게 큰 두통거리가 되고 있다. 우리 대부분은 비접촉식 결제 수단을 이용할 수 없는 것에 답답함을 느껴왔다. '행복한 고민'이라 여겨지기도 하지만 역사상 고객의 관심을 가장 적게 받는 기업 입장에서는 신뢰를 유지하면서 관심을 높이고 싶은 마음 때문에 큰 고민이다. 형편없는 기술을 만들었건 이용을 하는 중이건 궁극적으로는 기업의 수익에 영향을 미친다. 웹 사이트에서 POSpoint-of-sale에 이르기까지 소비자가 접촉하는 모든 것이 당신의 브랜드 인지도와 그 역량 그리고 고객이 기업의 현재와 미래를 신뢰해야 하는지 여부에 영향을 미친다.

그러므로 신기술과 와해성 기술에 대한 투자는 당신의 회사가 22세기까지 생존하기를 원한다면 모든 예산에서 고려해야 할 매우 중요한 부분이다.

이머징 기술과 와해성 기술에 대한 잔인한 진실은 계속 이 기술들이 우리와 함께 할 것이라는 점이다. 어떤 경우엔 속도와 영향력이 증가할 것이고 알려진 기술보다 알려지지 않은 기술이 더 많다. 본질적으로 우리는 우리가 모르는 것이 무엇인지조차도 모른다.

도널드 럼스펠드Donald Rumsfeld 전 미국 국방부 장관은 대량 살상 무기에 관해 언급하면서 이런 상황을 정확히 다음과 같이 요약했다미 국방부. 2002.

나는 무슨 일이 일어나지 않았다는 보도를 늘 흥미롭게 여긴다. 알다시피 우리가 아는 사실이 있다는 것there are known knowns과 우리가 모르는 사실이 있다는 것은there are known unknowns 알고 있지만 우리가 모르는 사실이 또한 존재한다는 것을 모르는there are also unknown unknowns 무지의 상태가 있기 때문이다.

기술과 관련된 불확실성이 몹시 많다는 사실은 이 책을 쓰는 핵심 동력이었다. 일단 이 요소와 익숙해지기만 하면, 위대한 일은 일어날 수 있다. 물론 때로는 그래야겠지만, 당신이 엄청난 위험을 감수해야 한다는 것을 의미하는 것이 아니라 당신이 알고 있는 것과 하지 못하는 것에 대해 최소한의 판단을 내리고 앞으로 계속 나아가야 한다.

들어가기와 1장에서 보았듯, 이머징 기술과 와해성 기술은 완전히 다르다. 계속 뒤죽박죽 섞이고 책임 전가를 주고 받겠지만 당신이 둘의 차이를 이해하고 이로부터 이익을 얻을 수 있기를 바란다. 이 책의 나머지 장을 읽어 나가면서 전체적으로 와해적인 요소에 초점을 맞춰 기술에 대해 살펴보려고 한다.

많은 사람들은 와해성 기술을 잘못 이해하거나 한술 더 떠서 아예 무시하고 있다. 너무 전문적이거나 이해하는 데 시간이 걸리기 때문이다. 대표적인 예가 3D 프린팅이다. 결과는 볼 수 있으나 문제가 배후에 존재하기 때문에 해결하기가 어렵다. 광범위한 고객사의 대규모 및 소규모 기업에서 여러 고위 경영진과 일하면서 한 가지를 배웠다. 바로 기술 이전에 사람을 먼저 이해해야 한다는 것이다. 이 부분은 TBD 행동 섹션에서 나중에 자세히 다루도록 하겠다.

어렵거나 알려지지 않은 부분을 잠시 미뤄 두는 것 외에도 기업의 많은 임원들은 와해성 기술이나 이머징 기술을 업무의 일부로 보는 것이 아니라 뭔가 특별한 일로써 1년에 한 번씩 챙겨야 하는 행사로 생각한다.

이런 접근이 활력이 되고 영감을 줄 수 있는 반면 '불꽃놀이'가 될 수도 있는데, 환하게 불타고 인상적이더라도 쉽게 잊혀지기 때문이다. 기억에 남기 위해서는 반드시 눈에 띄어야 하고, 사람이나 회사가 앞으로 나아가는 것을 가로막아서는 안 된다.

어느 것도 극복할 수 없는 문제는 없다. 어렵거나 규율이 필요한 경우는 있다. 후자의 문제'내 일이 아니다'라는 자세는 신중한 관리가 필요하다. 더 큰 문제의 징후이거나 사원들이 만족하지 않거나 변화에 개방될 수 있는 능력 부족을 의미하기 때문이다. 이 기회로 모두가 나아가도록 하자.

많은 비용이 들지 않는다

••••••• 이머징 기술에 대한 또 다른 오해는 높은 가격과 경쟁우위를 지속적으로 유지하는 비용에 관한 것이다. 일부 기업들은 관심을 가질 기술이기 때문에 사실일 수도 있지만 대부분의 기업은 적절한 목표로 매우 적은 시간과 비용을 들여 스마트 기술 혁신과 이머징 기술 프로그램을 창안할 수 있다. 때로는 이용 가능한 기술을 이해하고 다른 기업이 대중을 교육하기를 기다리는 것이 올바른 전략이다. 그렇지 않을 때에는 당신이 이끌어야 한다. 돈을 투자해야 할 시기와 그렇지 않은 시기를 이해하는 것은 중요하다. 의사결정 매트릭스를 살펴보면서 이 문제를 4장에서 좀 더 다루겠다.

작은 것이 아름답다

••••••• 새로운 기술 전략에 대해 의문을 제기할 때 고위 경영진들이 흔히 하는 대답은 '우리가 먼저 할 필요는 없어'이다. 많은 대기업들이 정해진 목적으로 사용되는 예산과 선두에 서야 한다는 이유가 있기 때문에 그럴듯한 대답이다. 그러나 스타트업 기업의 민첩성agility에서 야기된 변화와 신기술이 이미 구축된 네트워크를 활용하여 점차 더욱 빠르게 출시되는 형태에 따라 이런 시나리오는 바뀔 가능성이 있다. 여러 가지 면에서, 많은 중소기업들이 작은 규모에도 불구하고 산업계나 다른 사업체가 나아갈 길을 닦아가고 있다. 스트라이프Stripe, 스퀘어Square, 아이제틀iZettle과 같은 금융 기술 기업 혹은 핀테크Fin-Tech 기업으로도 알려진 여러 중소기업들

은 전 세계 고객의 결제 방식을 바꾸는 데 중점을 둔 기술로 이 분야에서 그야말로 상전벽해와 같은 변화를 일으킨 좋은 예가 된다. 스퀘어처럼 모든 규모의 기업을 위해 단순하지만 기술적으로 진보된 POSpoint-of-sale 솔루션을 구축하거나 스트라이프처럼 트위터와 페이스북과 같은 소셜 플랫폼을 통해 판매 마찰을 줄이는 방법 등을 통해서 이제 이 세 회사는 디지털 결제를 더 쉽게 할 수 있도록 설계된 원래 제품보다 훨씬 더 규모가 커졌다.

이런 경우에 있어서 핵심적인 주요 인물이 있는 민첩한 운영위원을 구성하는 것이 단기적, 장기적 성과를 거두는 데 결정적이다.

전념이 성공의 열쇠다

······ 이머징 기술이나 와해성 기술에 대해 생각할 때 많은 기업들이 낙심하는 마지막 영역은 단 한마디로 요약된다. 바로 전념이다. 함께 일해본 많은 회사들이 처음에 추진력은 없었지만 분명한 금융 니즈나 소매유통 개발, 다양화되는 생산라인 같은 저마다의 분명한 니즈가 있었다. 최고경영진은 이머징 기술을 그저 현재 진행중인 전략 정도로도 바라보지 않았으며 주변부에 서서히 다가오는 힘에 주목하기 보다는 당장 코 앞에 직면한 단기적인 목표에 집중했다. 이토록 빠르게 움직이는 세상에서 어느 기업이나 저지르기 쉽고 너무 흔한 실수인데, 이는 단기간에는 효과가 있겠으나 궁극적으로는 해가 갈수록 당신의 기업을 같은 자리에 머무르게 하거나 더 퇴보한 지점에 남겨두게 된다. 여기서 할 일은 간단하다. 스스로 자문하라. '아무것도 하지 않을 경우의 위험은 무엇인가'를 생각해보고

모든 단계에서 일을 완료하기 위한 진정한 의지가 있는지도 생각해야 한다. 당신의 기업이 현재 무기력한 상태에 있거나 어느 쪽으로도 움직이지 않는다면 '잘 하고 있는 것인가? 아니면 그저 편안한 상태를 유지하는 것인가?'라고 자문해야 한다. 처음 만나보면 어떤 기업은 대화가 둘 중 하나로 귀결된다. 한 비즈니스 코치가 내게 말했듯, 내 일은 '안일한 기업에 변화를 위한 고통을 주거나 고통 받는 기업을 위로하는 일' 둘 중 하나다.

당신으로부터 비롯된다

· · · · · · 이 책을 읽고 있는 당신, 즉 개인 근로자들은 기존의 기술 변화에 발맞추어 나가는 일, 혹은 와해성 기술이나 이머징 기술을 업무의 필수적인 요소로 여기지 않기 때문에 관련 연구를 우선순위에서 빼거나 그저 '일상적인 비즈니스' 업무를 생각하는 데 더 많은 시간을 할애한다. 이머징 기술에 접근하는 것을 미루는 유형에는 두 가지가 있다. 어떤 사람들은 '이머징 기술은 고사하고 당장 해야 할 일을 할 시간도 없다'라고 말하기도 하고 또 다른 사람들은 이 같은 일이 단순히 자신들의 일이라고 생각하지 않기도 한다. 이런 반응을 보면 이들이 나쁜 직원이라거나 그 일을 할 수 없다는 것을 뜻하지는 않지만 생각을 약간 조정할 필요는 있다. 당신의 프로그램이 성공할 수 있는 최고의 기회를 차지하게 될 것이기 때문이다. 책 후반부에서는 많은 비용을 지불하거나 시간을 많이 소모하지 않으면서 당신과 동료들이 와해성 기술에 대해 개인적으로 최신 정보를 얻을 수 있는 항목에 관한 체크리스트가 있다.

시간과 돈 문제에 대한 답은 간단하다. 즉, 시간과 집중력같은 가용 자원을 재평가하면 된다. 이런 점검을 통해 직원은 업무 약점을 발견할 수 있는 시간을 찾을 수 있고 추가 자원이 필요한 경우에 고위 경영진에게 증거 자료로 제공할 수도 있다. 또한 이러한 확인은 직장 안팎에서 시간이 남용되고 있거나 허투루 쓰이는 영역을 발견하기 좋은 방법이다. 다음은 이 작업을 수행하는 두 가지 방법이다.

방법 01

『시간창조자: 똑같이 주어진 시간 그러나 다르게 사는 사람들168 Hours: You have more time than you think, 2011, 한국어판』의 저자인 로라 밴더캄Laura Vanderkam은 다음과 같이 말했다.

시간이 공백 상태임을 인식하라. 이제 그 168시간은 무엇을 하든 채워진다. 무엇으로 채워질 것인지는 당신에게 달렸다. '시간이 없어'라고 말하는 대신 '그건 우선순위가 아니야'라고 말하라. 매주 한 시간을 선택이라고 생각하라. 물론, 다른 선택을 하면 결과가 엉망이 될 수도 있지만 그렇지 않을 수도 있다. 꿈을 크게 꿔라Vanderkam, 2015.

밴더캄은 여행, 직업, 가족 등 개인적인 목표에 대해 당신이 시간을 가지고 무엇을 하고 싶은지 생각하는 것에 대해 이야기를 풀어내기 시작한다. 밴더캄은 또한 당신의 시간을 무엇으로 채우고 싶은지 확인하기 위해 집중하는 마음과 일, 가족, 개인 생활 공간으로 분리하여 방대한 목록을 작성하는 것의 중요성을 강조한다. 때때로 사람들과 함께 모이는 항목도 있고 사람들의 눈에 띄는 항목도 있을 것이다. 기록하고 계속 그 목록을 점검하면서 당신 스스로 책임감을 갖게 하는 것이 목표다. 좋은 팁은 눈길이 자주 가는 곳에 그 목록을 두는 것이다. 거울 옆이나 지갑 안의 카드 윗면 혹은 아침마다 커피를 내린다면 커피머신 옆도 좋다. 하루 일과 중 목록을 들여다보면서 확인하지 않았다면 놓쳤을지도 모르는 연결과 기회를 발견하고, 목록에 있는 일들을 실현시키기 시작할 것이다.

또 다른 방법은 오래된 방식을 택하는 것인데, 노트를 이용해서 책임 이행을 시도해 볼 수 있다.

1단계: 12개월의 빈 달력을 인쇄하거나 구입한다.

2단계: 달력에 어떻게 표시할지 결정한다. 일부는 간단하게 언제, 무엇을 할지 적고 다른 일부는 색을 칠해 업무, 회의, 새 비즈니스, 연구 등 업무를 구별하여 좀 더 시각적으로 표현해서 시간을 볼 수 있다.

3단계: 달력, 스마트폰, 스마트 워치나 다른 기기에 일정 알림을 설정하여 이상적으로는 2, 3주 간격으로 혹은 최소 1주 단위로 달력을 채워 넣는다.

4단계: 수집한 데이터를 평가할 시간을 확보하라. 주당 168시간 중 회사에서 쓴 시간은 얼마인가? 일하느라 쓴 시간은? 정말로 중요한 일에는 얼마나 썼는가? 회의 참석에는 시간을 얼마나 썼는가? 참석하지 않아도 되는 회의에 쓴 시간은 얼마인가? 가족과 보낸 시간은 얼마나 되는가? 당신을 행복하게 하는 데 쓴 시간은 얼마인가? 자신을 평가하기로 결심하라.

5단계: 변경이 필요한 부분을 파악하라. 밴더캄이 추측하건대 이 일은 쉽지 않다. '우선순위는 무엇인가? 직장과 가정에서 나를 위해 우선적으로 해야 하는 일은 무엇인가? 직장 또는 가정에서 X는 하지 않고 Y를 더 많이 할 수 있는 전략은 무엇인가?'

6단계: 실행하라. 즉, 회사 상사나 가족들과 대화를 나누거나 또는 스스로 책임의식을 가져야 한다는 것을 의미한다. 간단한 전화 알림이나 매 회의가 시작될 때마다 다이어리나 일과에 일정을 적는 방법으로도 가능하다. 계속 전념하고 올바른 행동을 수행해간다면 이 시스템은 효과가 있다. 고수하라!

직원들에게 일을 더 많이 하도록 요구하면 '하달되는 방식'이나 소식이 묘사된 특정한 방법 때문에 갈등과 원성이 일어난다. 전달 사항이 긍정적으로 받아들여지고 무언가 시행하게 만들 수 있도록 검증된 방법이 여기 몇 가지 있다.

권장사항:

- 솔선수범하라. – 당연한 소리지만 초기에 공지를 하고나면 보통 어떤 일에 대한 관심은 멀어진다. 몸소 모범을 보이는 동시에 다른 이들을 격려하며 참여의사를 보이는 것은 매우 중요하다. 모든 기업과 비즈니스는 그 특성이 다르지만 자신보다 아랫사람에게 일을 전가하는 것처럼 보이지 않는 비결은 궂은 일을 도맡아 하는 것이다. 목표를 두고 단순하게 일을 하는 대신, 그 일이 이루어져야 한다고 생각하는지, 어떻게 처리해야 할지를 직원들에게 질문하라. 더 많은 사람들이 정기적으로 꾸준히 참여하면 성공할 가능성이 높아진다.

- 바른 작업을 위한 바른 도구를 택하라. – 회의, 이메일, IMInstant Message 같은 도구는 당연해 보일 수도 있지만, 문제의 한 부분이 될 수도 있다. 문제와 선택지를 놓고 논의할 수 있는 시간을 확보하는 것은 중요하다. 기술에 대해 이야기하면서 인간미를 잃지 않도록 주의한다. 그래서 HERE / FORTH 프레임워크행동에 이 부분을 넣었다. 팀 작업용 전자메일 및 IM을 대체하는 '전자 메일 킬러'인 슬랙Slack은 훌륭한 중간 지대가 되었다. 작업자들이 신속하게 의사결정을 내릴 수 있을 뿐만 아니라 '오프라인으로 전환'할 시기도 결정할 수 있다.

- 운영 그룹을 조직하라. – 부서나 더 큰 조직의 변화를 가져오기 위해서 필요한 핵심 인물로 구성된 그룹이다. 한 명이나 그 이상의 리더를 세워서 직원의 휴가나 병가에 대비해 내부 여분redundancy 인력을 구축해 놓을 수 있다. 대규모 조직에서는 운영 그룹이 변화를 가능케 하는 열쇠로 이에 대해선 이어지는 장에서 자세히 살펴보겠다.

- '우리에게', '우리가', '팀으로서', '우리 모두가', '그래서 우리가', '우리가

그것을 할 때', '우리가 이 일을 올바르게 하면', '이것이 우리의 핵심으로' 등과 같은 표현을 쓴다.

- 좋은 행동에는 공개적으로 보상을 한다. – 주간 우수자를 선정하는 것을 추천하지는 않지만 필요할 가능성이 높다. 점심 시간이 끝날 때 조그만 성의를 보여주는 것을 깜짝 행사로 진행하면 종종 다른 직원들에게는 동기를 부여하는 데 도움이 된다. 일반적인 기프트 카드가 아닌 아래와 같은 사이트 구독 박스가 제공될 수도 있다.
  - birchbox.com주로 여성 대상
  - notanotherbill.com상품군의 훌륭한 다양성
  - bespokepost.com주로 남성 대상
  - escapemonthly.com특정 목적지에서 온 식료품, 선물 등
- 조직 내에 영향력을 행사하는 사람들을 파악하라. – 이런 사람들은 타인을 지지하고 따르고 충성심을 보여주기 때문에 자연스럽게 다른 사람들이 결집하고 따르면서 일을 하게 된다. 이들에게 영향을 주긴 쉽지 않으나 이들의 지지를 얻으면 새로운 계획은 수용될 가능성이 높다.
- 직원 평가 자료로 활용하라. – 때로는 양날의 검이 될 수도 있지만 기업이 갖고 있는 문화 유형에 따라 변형될 수도 있다. 기본적으로 직원이 업무의 일환으로 새로운 기술을 향상시키고 강조하기 위해 개발, 시연 및 집중할 수 있는 권한을 부여한다.

금지사항:

- 분노하지 않는다. – 이해심을 갖도록 한다. 모든 변화는 어렵고 업무 수칙에 연연하기 쉽다. 변화를 조기에 도입하고 직무 기술서를 좀 더 유연하되 초점

을 명확하게 작성하여 자연스럽게 수용할 수 있는 변화 수용 문화를 촉진하라.

- 작은 성취를 기념하는 것을 잊지 않는다. - 변화는 빠르게 일어나고 큰 변화가 일어날 수도 있지만 대부분은 작은 변화가 많을 것이다. 시간을 들여 작은 단계적 목표에 주의를 기울이고, 이 이정표가 왜 중요하고 어떤 역할을 했는지를 직원들이 충분히 이해하게 하라. 축하할만한 작은 이정표의 예를 들자면 X개의 콘텐츠 공유량이나 신제품 출시량, 내부 인지도 인식의 성과, 시간 단축, 지식 시연, 새로운 사업 계획 활용 등이다.

- 직원에게만 맡기지 않는다. - 최대한의 성공할 수 있는 기회를 만들기 위해 직원들에게 선택권 혹은 선호하는 몇 가지 방법을 제시하도록 한다. 간단하게 지식을 넓히고 싶다면 플립보드Flipboard 매거진을 설치하거나 팀이 활용할 수 있도록 영향력 있는 사람들의 트위터 목록을 만들거나, 와이어드Wired 매거진을 구독하거나 매달 PDF로 스캔한 흥미로운 기사를 내놓도록 한다. 직원들에게 다른 직원의 지식을 향상시키고 편집자처럼 행동할 수 있는 권한을 부여하는 방법은 많은 기업들이 놓치고 있는 기술이며 실제 이익이 되는 능력이다.

- 당신이 존재하는 이유를 직원들이 안다고 가정하지 않는다. - 나는 종종 기업의 직급이 낮은 직원들에게 회사의 방침이나 신념이 무엇인지를 물어본다. 이 질문으로 직원들의 참여 수준이나 회사에 대한 이해와 헌신 수준을 알아볼 수 있을뿐 아니라 내부 직원 교육이 얼마나 효과가 있는지도 알아볼 수 있다. 직원들에게 직접 물어보거나 물어봐 달라고 요청하고 이 활동이 회사의 전반적인 목표에 어떻게 중요한지 모든 직원들이 이해할 수 있게 돕는 지점에서부터 훌륭한 시작 기준을 갖게 될 것이다.

나쁜 기술이란 무엇인가?

· · · · · · 좋은 기술과 나쁜 기술을 만드는 요인이 무엇인가를 주제로 한 수많은 에세이가 있다. 그러나 대다수가 오늘날의 기술을 둘러싸고 있는 핵심적인 문제 즉, 기술의 사용이나 응용에 대해 다루지는 못한다. 기술은 본질적으로 나쁘지 않다. 신체적인 움직임이 줄어서 당뇨에 걸리거나 로봇이 노동자를 대체하여 발생하는 일자리 감소, 휴대폰으로 인한 사생활 침해 등 세 가지를 예를 들어 말해 보면 기술 자체의 문제 보다는 기술이 나쁜 영향을 초래하는 방법으로 사용되거나 적용되어서 그런 것으로, 방법론적인 문제이다. 그러나 모든 기술이 동등하게 만들어진 것은 아니다. 어떤 기술은 본질적으로 문제를 일으키거나 여러 당사자들을 불쾌하게 할 가능성이 있다. 와해성 기술은 이 경우에 해당하는데 국가 및 사회의 유산heritage과 보호 시스템에 도전하는 등 통제된 영역을 무너뜨리려는 기술의 본성 때문이다.

나쁜 기술은 부정적인 결과를 가져오는 제품에 포함되는 다음과 같은 요소라고 할 수 있다.

- 계획적 노후화obsolescence – 근본적으로 제품이 파손되거나 교체가 필요하도록 설계되었다는 뜻이다. 이 관행은 장기적인 판매를 창출하고 다음 판매까지 소요되는 시간을 단축하기 위해 만들어졌다.
- 저작권 침해 – 애플Apple, 마이크로소프트Microsoft 그리고 그밖에 다른 기술 회사들은 매년 위조 제품이나 저작권 침해 기술 때문에 수백만 달러를 잃는다. 이에 관한 문제는 단순한 저작권 침해를 넘어서 생산 비용을 낮추기 위해 부실하게 제작되고 공급된 부품들이 공정 과정 시작부터

사용되는 경우가 많고 이런 기술이 종종 결함이 있을 수 있는데도 널리 배포될 수 있다는 점이다. 이는 소비자가 대부분 위조를 모르고 있기 때문에 원래의 브랜드에 타격을 주며 소비자는 불편한 경험을 원래의 브랜드와 연관지어 생각하게 될 것이다.

- 환경 문제 – 기술을 생성, 배포하고 판매하기 위해서는 자원이 필요하고 새로운 버전이 지속적으로 필요해지면 필요량이 늘어난다. 이용되는 많은 자원은 화석 연료나 종이처럼 유한하므로 지속 가능한 자원으로 생산되는 제품을 구매하는 것이 우리 모두의 이익에 도움이 된다. 하지만 이런 제품은 주로 비용이 많이 들기 때문에 소비자들은 더 저렴한 제품을 선택하게 된다.

기술과 관련이 있지만 주요 인적 요인이 될 수 있는 기타 문제는 다음과 같다.

- 인체 공학적 설계 부족
- 건강 문제부족한 수면, 반복성 긴장 장애, 편두통
- 집중 시간 단축
- 사회적 상호작용 부족
- 왜곡된 현실감
- 형편없는 사회적 기술과 매너

서로 다른 사람들이 많이 있다. 기술 그 자체는 여기서 탓할 문제가 아니지만 인간의 기술 사용 혹은 남용은 비난 받을 수 있다. 경계를 설정할 필요가 있고 숙련된 디자인과 같은 좋은 행위에는 보상을 주고 옹호해야 한다.

그러나 좋은 기술은 여전히 나빠질 수 있는데 그 좋은 예가 암호화 encryption이다. 온라인 거래 데이터를 안전하게 유지하기 위한 암호화와 해킹을 막는 것은 어떤 기술에든 완벽하게 적합한 목표이며, 추적당하지 않고 싶은 사람들의 마음을 끌기도 한다. 이런 방식으로 오용되었던 기술의 가장 좋은 예는 토르Tor이다. 토르는 사람들이 자신의 온라인 위치를 숨길 수 있게 해주는 무료 소프트웨어이다. 처음에는 광고 트래킹이나 사이버 범죄자와 같은 바람직하지 않은 당사자의 추적과 스누핑snooping 같은 일을 차단하기 위해 시작되었으나 지금은 약물, 부도덕한 상품과 서비스 거래에 사용되는 '딥 웹Deep Web' 등장 뒤에 있는 주요한 영향력으로 여겨져 오고 있다.

또 다른 예는 구글 어스Google Earth다. 사람들이 주변 세상을 탐색하거나 탐험할 수 있고 또 가보고 싶은 위치를 확인해 볼 수 있도록 구글에서 만든 도구로 기업과 경제가 성장하는 데 일조했다. 그러나 한편으로는 테러범과 같이 불미스러운 유형의 사람들이 구글 어스가 아니었다면 확인하거나 분석하기가 어려웠을 지역의 상세 이미지에 접근할 수 있었다. 이런 이유로 구글은 '민감한 영역'을 흐릿하게 보여주는 시스템을 구현하여 지속적으로 상태를 평가하고 있다. 구글은 당사자들이 정보를 사용하는 방법을 통제할 수 없으므로 구글의 책임도 없어진다.

좋은 기술과 나쁜 사람들이 함께할 수밖에 없는 운명인 걸까?

・・・・・・ 이 질문에 대한 답은 아마 '그렇다'이겠지만, 희망은 있다. 도널드 럼스펠드Donald Rumsfeld의 말을 다르게 풀자면, 미래는 우리에게 여러가지 알려진 사실과 알려지지 않은 것을 제공하지만 알려진 사실이라는 측면에서

좋은 기술과 나쁜 사람들은 흥미롭다. 컴퓨터 공간에서의 혁신은 인공지능과 머신 러닝에게 특별히 허락해 줌으로써 해커의 침입을 탐지하고, 수리 일정을 세우고, 공격적인 당사자들을 차단할 수 있는 '자가 치료' 네트워크로 이어질 가능성이 높다. 이는 시스템을 이용할 수 없는 시간이 감소하여 긍정적이기도 하고 시스템이 오프라인으로 바뀌는 것이 어려울 수 있어서 부정적이기도 하다. 반면, 주목해야 할 미래에 기술의 결과는 인간과 함께 확고히 남아있을 것이다. 인간이 기술을 다루는 방법은 문제가 된다. 머신 러닝이 좋은 예다. 머신 러닝이 계속해서 인공지능과 섞이면서 인류를 죽이려고 시도하는 컴퓨터 이야기가 나오는 〈터미네이터Terminator〉 스카이넷Skynet의 시나리오가 가능하긴 하지만 실행 가능성이 낮고 최소한 현재로서는 과학에 기초하지 않은 시나리오라는 점을 기억하는 것이 중요하다.

TBD가 솔루션이다

· · · · · · 기술, 동작 및 데이터를 나타내는 TBD는 내가 10년 전에 만들어낸, 기둥이 세 개 있는 프레임워크로 오늘날까지 고객들과 함께 활용하고 있다. 점차 네 번째 기둥이 프레임워크로 들어오고 있는데 바로 디자인이다.

- **T**: 기술은 중요하다. 우리가 점점 더 많은 가능성을 향해 달려가는 이 때에 기술은 사회, 사업, 그리고 진정으로 인류의 미래에 중요하기 때문이다. 컴퓨터나 모바일같은 하이 테크High-Tech건 종이, 공간에 관한 로우 테크Low-Tech건 상관없이 모든 문제는 기술적 측면을 가지고 있다. 중요한 것은 문제의 각 요소를 둘러싼 사안을 해결할 수 있는 방법을 찾기 위

해 우리가 어떻게 식별하고, 검증하고, 평가하는지 그리고 문제가 분별력 있게 해결이 되었는지 확인하는 것이다.

- **B**: 행동은 삶에서 계속 지속된다. 어떤 기술은 결코 사람과 함께 할 일이 없는 반면, 대부분의 기술은 문제와 결과에 영향을 미치는 행동 요소가 거의 없다. 심리학 학위를 받은 이후로 이 주제는 지금까지 내 마음 속에 남아 있었고 앞으로도 항상 그럴텐데 모든 문제는 사람들에게 직접적으로나 간접적으로 영향을 미치는 원인이 있기 때문이다.

- **D**: 데이터는 종종 가장 어려운 요소이다. 특히 와해성 기술이나 이머징 기술을 다룰 때 결정을 내리거나 연구해야 할 부분에 대한 확고한 결정을 내리기엔 데이터가 부족하기 때문이다. 데이터는 현명한 결정을 내리거나 지식에 근거한 추측을 할 때조차 중요하다. 어떤 데이터는 필수적인데 반해 다른 데이터는 '있으면 좋은' 경우도 있다. 각 섹션을 개별적으로 수행하면 의사결정, 새로운 기술, 문제를 관리 가능한 단위로 나누어 사업에 미치는 영향에 따라 점수를 매길 수 있다.

TBD는 미래와 리스크 및 잠재적 이득에 고유한 초점을 둔 유연한 프레임워크이다. 다음 장에서는 당신이 필요할 때 스스로 활용해볼 수 있도록 TBD를 분해한 후에 다시 간소화된 하나의 캔버스에 담아볼 것이다.

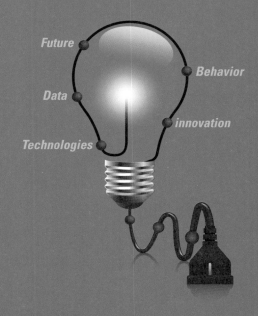

Future

Behavior

Data

innovation

Technologies

03 예측 오류

03

—

예측 오류

혼란 및 와해성 기술의 예측은 수십억 달러 규모의 산업이다. 싱크탱크, 트렌드 분석 기업, 여러 정부 기관, 연구 기관, 데이터 사이언티스트 및 컨설턴트 모두가 최고의 기업과 인재들의 관심과 투자를 얻기 위해 경쟁하고 있다. 기업 입장에서는 수백만 파운드의 비용을 절감할 수 있고 결정은 더 쉽게 할 수 있으므로 예측과 전망은 중요하다. 이 비용을 절감하기 위해 관련 기업들이 취할 수 있는 접근법은 다양하나 방법이 동일한 상황에서 만들어지거나 또 오늘날의 까다로운 상황과 경제에 충분히 유연하게 대처할 수 있게 대비된 것이 아니라는 게 문제이다. 종종 이러한 융통성 부족은 결과가 왜곡되거나 비현실적이거나 더 나쁜 경우에 완전히 잘못될 수 있다는 것을 의미한다. 부분적으로는 유연성이 가장 본질적인 요소인 반면 예측을 정확하게 하는 일은 생명을 구하고 심각한 문제를 해결할 수 있으므로 매 순간의 더 나은 예측과 전망을 하는 것은 모든 사람의 우선순위여야 한다. 그 밖에도, 예측과 전망은 일상적으로 기업과 개인에게 더 나은 결정을 내릴 수 있는 능력을 부여하며 공격자들을 막아 낼 수 있으므로 장기적인 성공을 원한다면 이 영역에 세심한 주의를 기울여야 한다. 궁극적으로 핵심 목표는 보다 나은 방향으로의 변화이고, 이번 장에서는 변화를 이해하고 적용하는 법을 논하려고 한다.

예측은 어렵지만 더 쉽게 만들 수 있다

ㆍㆍㆍㆍㆍㆍ 서문에서 언급했듯이, 필립 테틀록Philip Tetlock 교수는 예측, 아니 '초예측력'의 조상이다. 테틀록의 20년 간의 연구는 심지어 최고의 전문가들도 예측을 잘 하지 못했다는 사실을사실 꽤 못했다 보여주지만 예측 능력을 향상시키기 위해서 당신이 할 수 있는 일들이 있다. 2016년에 발간한 최근 저서 『초예측력Superforecasting, 2016, 국내 미출간』에서 테틀록과 댄 가드너Dan Gardner는 예측을 실시간 업데이트하는 것에 중점을 둔 정보고등연구계획청Intelligence Advanced Research Projects Activity, IARPA 토너먼트에 참가한 수천 명의 실험에 대해 자세히 설명했다.

변화를 토대로 예측 정확도를 측정하는 브라이어 점수Brier score를 사용하여 참가자들은 '초예측자들'이라 불리는 최고의 점수를 받았다. 전반적으로 브라이어 점수의 평균은 0.25점이었다. 반면 초예측자들은 0.37로 더 높은 점수를 받았다. 이는 비밀 데이터에 접근할 수 있는 정보 커뮤니티 분석가들보다 30% 뛰어난 성과였다.

연구에서 언급된 초예측자들 중에는 대기 과학자 샌퍼드 실먼Sanford Sillman, 은퇴한 컴퓨터 프로그래머 더그 로르히Doug Lorch와 은퇴한 농무부 직원 빌 플랙Bill Flack이 있었다. 다른 예측자들이 일반적으로 고차원의 분석이나 인지 기능 요구 조건과 관련이 없는 배관공이나 사교 댄서ballroom dancer와 같은 직업군이라는 점을 감안하면 의문은 점점 더 짙어진다. 이 사람들이 그저 특정 방법으로 태어난 사람들이고 머리가 타고 났다고 주장할 수도 있지만, 현실은 훨씬 단순하다. 이 사람들은 모두 똑똑했지만 천재는 아니었다1%가 아니라 상위 20%를 생각해보자. 하지만 이들은 지정학적 분석을 하며 돈을 받는 사람들보다 낫다는 것을 여러 번 증명했다. 이 사람들이 당신이나 나였을 수도 있다. 이들은 대충 끼워 맞춘 것도 아니고 특정 기술로 훈련을 받았거나 놀라운 교육을 받은 것도 아니었다. 그렇다면, 이 사람들이 무엇을 통해 추측할 수 있게 된 것인지에 대해 물음표를 떠올리는 것은 타당하다. 이들에게서 우리는 무엇을 배울 수 있을까?

테틀록 교수의 커다란 발견은 몇 가지 주목해야 할 영역을 시사하는데, 이 중 많은 부분이 수년 전에 만들어진 TBD 프레임워크에 담겨 있다. TBD 프레임워크와 마찬가지로 슈퍼 예측자들은 단순함에 집중했다. 달리 말하면, 복잡한 질문을 쉬운 질문으로 바꾸는 방법을 강구했다. 가령, '이 책의 전자책 버전이 8개 이상의 국가에서 판매될 것인가?'라는 질문을 '이 책이 영국 밖에서 읽힐까?'라고 바꿨다.

또한 테틀록 교수는 슈퍼 예측자들이 많은 데이터를 소화할 수 있지만 그렇다고 그 양이 엄청나게 많지는 않다는 것을 알아냈다. 대신 이들은 새로운 데이터가 발견될 때 예전에 했던 가정을 재검토하며 이에 맞춰 조정할 수 있었고 주로 큰 변동을 주기보다는 조금씩 조정했다.

테틀록 교수의 연구에서 가장 큰 부분을 차지하는 영역이며 TBD 프레임워크와도 일치하는 부분은 '성장 사고방식' 혹은 결단력과 자아성찰의 혼합, 또 실수를 극복하고 실수로부터 교훈을 얻으려는 열정이다. 즉, 옳고 그름도 중요하지만 언제나 목적은 발전에 있다. 예측을 이해하는 것은 잠재적인 리스크를 줄이고 비용과 자원을 신중하게 소비할 수 있으며 예측을 통해 더 높은 수준의 계획을 수립할 수 있으므로 기업에게 이 영역은 중요하다. 그러나 이 교수는 『초예측력』에서 '믿음은 실험해봐야 할 가설이지 보호해야 할 보물이 아니다'라고 말했다. 대부분의 기업들이 특정 기간동안 계획을 세울 뿐 지속적으로 접근하는 방법을 사용하지 않기 때문에 이런 발언은 기업들이 예측할 때 고려해야 할 커다란 부분이다. 주로 타당한 사유가 있는 잘못에 대해서는 솔직함이 부족하기 때문에 기업들이 불확실한 시기에 짧은 전망을 정당화하기 더욱 쉽다. 장기적으로나 단기적으로나 더 긍정적인 상황을 만들어 내는 대신에 상황 대응에 그치기 때문에 이렇게 유연하지 않은 태도는 형편없는 결정으로 이어진다. 그래서 TBD를 융통성 있게 만들었다. 이 프레임워크는 기업 바로 근처 혹은 도달하기 어려운 곳 또는 아예 먼 곳에서 발생하고 있는 정보에 기초하여 기업이 지속적으로 수정과 결정을 할 수 있게 한다.

중요한 것은 예측할 수가 없고 예측할 수 있는 것은 중요하지가 않다

· · · · · · 테틀록 교수에 의하면 초예측자인 러시아 사상가 아이제이아 벌린Isaiah Berlin은 예측 전문가 유형에 여우와 고슴도치 두 가지가 있다고 믿었다.

당신이 고슴도치형인지 여우형인지 결정짓는 방법

방법은 아래의 질문에 대해 동의함 혹은 동의하지 않음을 선택하는 것이다. 가중치는 점수로 계산된다테틀록 교수는 판단한 가중치에 대해 다른 통계 방법을 적용하여 다시 계산했다. 선택에 따라 점수를 더하고 뺄 수 있다. '동의함'을 선택하면 해당 점수를 더하고 '동의하지 않음'을 선택하면 마이너스 점수로 계산하면 된다'동의함'에 마이너스 점수도 있는데 이때 마이너스 점수는 플러스 점수로 계산하면 된다. 최종 숫자는 −54와 54 사이여야 한다. 마이너스 점수는 당신이 고슴도치 유형에 가깝다는 것을 의미하며 플러스 점수는 여우형이라는 뜻이다. 위에서 언급한 것처럼, 그리고 범위 때문에 당신의 점수가 0에서 멀어질수록 다른 사고 방식으로 기우는 경향이 강하다는 의미가 된다.

1 | 아이제이아 벌린은 지식인들을 고슴도치나 여우로 분류했다. 고슴도치형은 단 하나의 거대한 개념적인 틀을 알고 있고 그 안에서 가능한 한 많은 설명을 하려고 한다. 반면에 여우형은 작은 것들을 많이 알고 있고 사례에 따라 즉흥적으로 설명하는 것에 만족한다. 이 범주에서 나는 여우에 속한다.

　　동의함 +7점

　　동의하지 않음 −7점

2 | 교수들은 보통 세상이 얼마나 복잡한지 과소평가하는 것보다 세상이 얼마나 다각적인지 과대평가하는 위험이 있다.

　　동의함 −3점

　　동의하지 않음 +3점

3 │ 우리는 많은 사람들이 생각하는 것보다 긴축 재정 정치에 관한 설명을 얻는 데 더 친숙해졌다.

동의함 −5점

동의하지 않음 +5점

4 │ 정치는 시계처럼 올바른 지식을 통해 완벽하게 예측되기 보다는 구름처럼 예측이 불가하다.

동의함 +4점

동의하지 않음 −4점

5 │ 결정하는 중에 하는 흔한 실수는 형편없는 아이디어는 너무 오래 붙들고 있으면서 좋은 아이디어를 무척 빨리 포기하는 것이다.

동의함 −5점

동의하지 않음 +5점

6 │ 직장에서는 명확한 규칙과 질서가 성공의 필수조건이다.

동의함 −2점

동의하지 않음 +2점

7 │ 나는 결정을 내린 뒤에도 다른 의견에 대해 신중히 생각하는 편이다.

동의함 +5점

동의하지 않음 −5점

8 | 나는 여러가지 방법으로 답할 수 있는 질문을 좋아하지 않는다.

동의함 −6점

동의하지 않음 +6점

9 | 나는 보통 신속하고 자신감 있게 중요한 결정을 내린다.

동의함 −4점

동의하지 않음 +4점

10 | 대부분의 갈등에 대한 이야기에서 양측이 모두 옳을 수 있다는 것을 알 수 있다.

동의함 +5점

동의하지 않음 −5점

11 | 우유부단한 사람의 말을 듣는 것은 성가시다.

동의함 −3점

동의하지 않음 +3점

12 | 나와 매우 다른 의견을 가진 사람들과 교류하는 것을 더 좋아한다.

동의함 +4점

동의하지 않음 −4점

13 | 문제를 해결하려고 시도할 때 다양한 선택을 하면 혼동이 생기는 경우를 자주 발견한다.

동의하면 +1점

동의하지 않으면 −1점

이제 고슴도치 유형의 −54와 여우의 54점 중에서 자신의 점수가 이 스펙트럼의 어디에 있는지 표시한다.

고슴도치형: 세상과 세상의 작동 방식을 이해하기 위해서 한두 가지의 중요한 아이디어를 고집하는 경향이 있다. 한 주제에 대해 모든 것을 이해하고 단순화하기를 즐긴다. 이해할 수 있는 범주에 끼워 넣기 위해서 여러 생각을 강제로 밀어넣거나 줄이는 경향이 있다. 자신있게 의견을 표현하며, 단기 예측에 더 능한 편이지만 가끔 정확하게 장기 예측을 하기도 한다.

여우형: 세상을 이해할 수 있는 유일한 모델이 있다는 생각을 거부한다. 대신에 당면한 문제에 맞는 최적의 접근 방식을 찾아 나선다. 개별적인 이론에 대해서는 회의적이고 융합하는 것을 좋아한다. 설명을 강요하기보다는 조정하는 경향이 있다. 자신의 견해를 말할 때는 '하지만', '아마도', '그렇다면' 등과 같은 단어를 사용하며 수줍어하는 경향이 있다. 장기적인 예측을 더 잘한다.

고슴도치 유형이라면 걱정하지 마라. 전혀 나쁜 것이 아니다! 테틀록 교수는 하나의 스펙트럼일 뿐 최종 상태가 아니기 때문에 여우형이든 고슴도치형이든 크게 관계가 없다고 말한다. 다음 단계는 어느 유형인지 알고 그

것을 바탕으로 더 나은 예측을 하는 것이다. 어느 누구도 100% 한쪽 유형인 경우는 아닐 가능성이 높다. 두 유형 모두 실수할 것이고 두 유형 모두 실수로부터 배워야 하지만또 기록해야 하지만 바르게 이해했다면 축하해야 한다. 이 '기록'은 정신적인 기록이 될 수도 있고 다시 찾아볼 수 있도록 어딘가 보관하는 문서일 수도 있다. 어느 쪽이든 효과가 있다. 그저 스스로가 어떻게 책임감 있게 이어나갈지에 달려 있다.

어떻게 해야 더 잘 예측하고 전망할 수 있는가?

· · · · · · 예측은 어렵고, 시간이 많이 걸리는 데다 자원도 많이 필요하다. 그런데 이 모든 요소에 딱 한 가지가 필요하다. 바로 변화이다. 때문에 성공적인 기업의 지도자들은 변화가 다가오는 것을 보지 못하고 '이전에 효과가 있었던' 동일한 전략을 계속 사용하거나 '항상 그렇게 작동하기 때문에'라는 두려움에 사로잡혀 있다. 이런 사고방식은 기업에 영감을 주지도 못하고 한 단계 도약시키지도 못하며 바퀴가 헛돌다가 결국 정체로 이어진다.

이 분야에서 처음으로 고객이나 직원과 협력하기 시작할 때 고객과 직원, 그리고 스스로에게 물어볼 수 있는 좋은 질문은 다음과 같다.

- 만일 다시 처음부터 시작한다면 어떤 모습일까?
- 마술 지팡이가 손에 있다면 바꾸고 싶은 것은 무엇인가?
- 변화해야 하는 가장 중요한 세 가지 이유는?
- '전혀 필요하지 않음'을 의미하는 1부터 '반드시 필요함'을 의미하는 10까

지의 눈금이 있다. 이 중에서 변화는 '필요' 눈금 어디쯤에 위치하는가?

- 아무것도 하지 않으면 무엇이 위험할까?

다양한 이유로 위와 같은 질문이 제기되지만 중요한 것은 다양한 관점과 변화를 향한 의지를 이해해야 한다는 점이다. 일단 이러한 문제들을 신중하고 체계적이지만 유연한 방법으로 탐구하면 변화가 발생하는 이유에 대해 이해하기가 훨씬 수월하다. 질문지를 다운로드하여 더 나은 질문을 해보고, 잘 정리된 요약 내용을 통해 고객을 더 잘 이해할 수 있고 동료들과 더 잘 지낼 수 있도록 해보자.

훌륭하다. 그런데 무엇이 문제인가?

······ 변화는 무섭고 잘 모르는 영역이다. 변화는 이미 일어나고 있는 일에 도전하는 것으로는 만족하지 못하는 상태를 의미한다. 그래서 사람들이 존재하기 어렵고 이동할 수 없다고 생각하는 곳이다. 변화의 가장 큰 문제점은 종종 잘못을 지적하는 것이 책임으로 연결되는 것인데 책임을 묻는 상황은 관계 당사자들에게 불편하다. 간단히 말해서 변화는 어렵고 위험투성이다.

하지만 꼭 그럴 필요는 없다.

많은 사람들과 다르게 나는 변화를 위한 변화를 탐구하는 것을 무척 좋아하는 사람이다. 결과를 보고 싶기도 하고 어떤 부분이 개선 되었는지 무슨 교훈을 얻을 수 있을지 확인해보려고 여러가지 버튼을 누르는 것도 좋아한다.이 때문에 시달리는 우리 가족에게 물어봐도 좋다. 사람들이 불편함을 느낄 때 당신은 이런 상황을 이해하고 인정하는 것이 중요하다. 이는 변화에 도움이 될 수도 있고 방해가 될 수도 있다. 말투의 변화, 문장의 길이, 몸의 움직임 등은 모두 사람들 마음이 다른 곳에 있거나 무언가 잘못되었다는 신호이다. 사람들이 변화 과정 동안 안심하도록 신경써야 한다.

방정식을 이용하는 것도 사람들을 편안하게 하는 좋은 방법이다. 사람들은 수학을 믿는데다 절대적이라 생각하는 만큼 마음을 편안하게 만들 수 있다. 나는 데이비드 글레이처David Gleicher 변화 공식Beckhard, 1975을 사용하고 종종 편집한다. 흔히 '변화 방정식'이라고 부르며 개인이나 기업 등 변화에 필요한 조건을 설명한다.

원래의 방정식은 다음과 같다.

〈그림 3.1〉 데이비드 글레이처의 변화 방정식 ────────────────

변화(C) = 현재에 대한 불만족(D) × 미래에 대한 비전(V) × 분명하고 실천적인 첫 단계(F)

기본적으로 당신이 할 일은 고객이나 직원들과 함께 일을 하면서 이 방정식의 어느 부분을 도와야하는지 이해하기 위해 함께 일하는 것이다. 어떤 사람들은 단지 회의하고 만나는 데 관심이 있지만 당신이 기본적인 질문을 해보면 대부분 한두 개 분야에서 명확하게 문제가 있다.

케이티 댄밀러Kathie Dannemiller가 1980년대에 저항을 수용하면서 글레이처의 공식을 수정했다Cady 외, 2014는 사실을 언급하지 않으면 충분히 설명하지 않은 것이다. 기업에게 있어서 핵심 분야인 저항은 흔히 간과되고 끝까지 남아 보통 좋지 않은 결과를 초래한다.

케이티 댄밀러의 공식은 다음과 같다.

〈그림 3.2〉 케이티 댄밀러의 개정 변화 공식

변화(C) = 현재에 대한 불만족(D) × 미래에 대한 비전(V) × 분명하고 실천적인 첫 단계(F) >저항(R)

D = 지금 상황에 대한 불만 Dissatisfaction with how things are now

V = 가능한 것에 대한 비전 Vision of what is possible

F = 비전을 향해 취할 수 있는 최초의 구체적인 단계
First concrete steps that can be taken towards the vision

R = 저항 Resistance

저항으로 유발된 요소를 제대로 평가하지 않은 채 저항이 제거되거나 완화되면 아이디어와 움직임을 죽이는 방식으로 변화에서 지대한 부분을 차지한다. 댄밀러는 또한 어떤 요소가 부재하는 상황이 어떻게 성공에 영향을 미칠 것인가에 대해 이야기한 바 있다. 당신의 문제나 사업에 이 공식을 적용할 때 이 점에 대해 기억해야 한다.

비용을 최우선적으로 고려하고 특히나 재정 중심적이거나 재정적으로 동기를 부여받는 개인에게 적용할 때는 이 공식을 약간 바꾸는 것이 도움이 된다는 것을 알게 됐다. 변화 공식의 최근 버전, 또는 HERE/FORTH의 변화 공식은 다음과 같다.

〈그림 3.3〉 HERE/FORTH의 변화 공식

$$C = D \times V \times F > X$$

C는 변화, D는 현재 상태의 불만족 정도, V는 미래에 대한 분명한 비전이나 나아갈 목표 지점이 어디인지를 나타내고, F는 첫 실용적인 단계를 의미한다. 젊은 사업가로서 지난 몇 년 간을 되돌아 보니 'F'는 대부분의 수익이 창출된 영역이었다. 변화로 가는 확실한 경로를 구별하는 능력은 흔히 기업들이 외부 도움 없이 관리하기에 가장 어려운 영역이다추후에 이 문제를 어떻게 극복할 것인지 논하겠다. X는 변화 비용이다. 저항은 끝없이 지속될 것이며 변화가 진행되는 것을 지연시키는 역할을 하기 때문에 저항이 제거된 이유는 간단하다. 대부분 고객들의 변화하고 싶은 열망과 저항을 제거하고 싶은 마음은 과정 초기에 제거되었다. 저항도 잘 다뤄지기만 하면 첫 번째 실천적인 단계에 포함시킬 수 있다. 본질적으로 이 버전의 공식은 현재에 대한 변화를 바라는 중대한 마음에 가정을 두고 있으며 그렇지 않다면 소용이 없다. 그러나 재정적 비용은 매우 현실적인 문제이므로 원하는 변화에 때때로 너무 많은 비용이 든다면 고려해 봐야 한다. 당신이 선호하는 공식이 무엇이든 간에 사업 방식과 이전에 변화를 받아들인 태도, 그리고 직원들의 현재 분위기 등을 고려하는 것은 어떤 변화 프로그램이라도 중요한 부분이다.

사람들은 왜 변하지 않는 걸까?

· · · · · · 때때로 변화에 저항하는 이유는 명백하다. 사람들은 권력 이동을 두려워하고 변화는 스트레스를 안겨주는 데다 새로운 기술도 숙달해야 하고 다른 사람들 눈에 미숙하게 비치는 모습을 싫어한다. 그런데 사람들은 가끔 이유 없이 변화에 실패하기도 한다. 함께 일한 고객의 팀이나 내

가 관리하는 팀 사람들은 굉장히 유능하고 헌신적이며 자신들에게 요구되는 변화를 기꺼이 지지하는 태도에도 불구하고 실패를 경험한 적이 있다.

변화 관리, 생산성, 의사결정을 다루는 심리학적인 연구가 많이 있는데 주로 무의식으로 깊이 들어가 보면 사람들은 일이 완료된 후 곧장 더 어려운 업무로 이어질 것을 우려하는 등 숨은 경쟁 행동이나 의무 때문에 변화에 실패한다고 결론을 내리고 있다. 하지만 이 결론은 저항이나 변화를 위한 전념의 결여와 마찬가지로 분류가 잘못되었다.

전념은 시작도 유지도 어렵다

· · · · · · 전념은 이 책의 핵심이다. 사태를 있는 그대로 두거나 더 악화되어 일을 그르치지 않도록 헌신을 아끼지 않아야 한다. 변화를 이행하는 데 닿아 있는 문제는 부서 운영 방식, 위계질서에 대한 인식, 이전의 변화 성공 경험그리고 **종종 가장 중요하게는 실패의 경험**, 최근 사람들의 '요구사항', 사람들에게 인센티브가 제공된 방법 등과 같은 커다란 토대 위에 있다. 사람을 지지하는 것이 말은 쉬워도 실행하기는 어렵다. 회사가 수익을 창출할 수 있는 변화를 만들자고 하는 것이 올바른 메시지일까? 아니면 '이 변화를 이뤄내면 우리 모두 여름 내내 금요일 오후는 쉴 수 있다'고 하는 것이 더 나은 메시지일까?

기업의 입장에서는 비용과 시간 절약이 직접적으로 이득이 되지만, 사람들 입장에서는 변화로 인한 혜택을 곧장 빠르게 누리지는 못한다. 그러다 보니 '당근과 채찍'이 현실이 되고 만다. 더 현명한 방법은 그룹의 동기를 이해하는 것인데 그 동기가 인센티브가 될 수도 있다. 하지만 돈을 더 받고 시간을 쓸 수 없는 상황이 아니라 이미 수중에 가지고 있는 돈으로 즐거운 시간을 보내고 싶을 수도 있다. 물론, 휴가가 모두의 동기는 아니다. 이는 신중하게 판단하고 지속적으로 재평가 해야 한다. 와해성 기술은 다루기 어려운데다 영향력을 발휘하기엔 너무 멀리 있는 듯 하다. 그렇지 않으면 다른 단기 목표가 우선적으로 고려되는 것 같기도 하다. 변화는 거창할 필요가 없다. '작고 잦은' 접근이어야 한다.

이제 어떻게 해야 할까? 독심술사도 아니고……

・・・・・・ 변화로 이행하는 길목에는 기술, 행동 또는 데이터에 관련한 문제투성이다. 경험상, 변화는 종종 너무 빠르게 시행된다. 거의 하룻밤 사이에 '이제까지는 A였지만 오늘부터는 B다'라는 방식으로 변경되는데 모두가 합류하지 않는 한 효과가 거의 없다. 게다가 모두가 합류하는 일은 거의 일어나지 않으므로 그 변화가 꼭 필요한 것이 아니라면 할 수 있는 한 이런 방법은 피하는 것이 좋다. 핵심은 사람들에게 무슨 일이 일어나는 중인지 말해주고 좋은 점을 보여주고 그들이 자발적으로 참여하게 하는 것이다. 뭔가 바꾸거나 강제로 일을 밀어붙이는 건 효과가 거의 없다. 그리고 나는 예전에 이런 접근 때문에 매우 힘들었던 경험이 있는데 단기적으로나 장기적으로나 결과는 좋지 않고 팀의 사기와 생산성에 피해를 줄 수 있다. 대신에, 변화가 지속되려면 관리자manager나 상위팀 직원들이 직책 뒤의 사람들을 충분히 이해할 필요가 있다. 이를 실현하려면, 스스로 목표를 세우되 직원들이 무슨 일을 예상하고 가정하는지, 이들이 가진 것은 무엇이고, 무엇때문에 갈등을 빚으며, 어떻게 일을 처리하고 싶어하고 왜

그 방법으로 일을 처리했는지 등을 알기 위해 주목해야 한다. 밀레니얼 세대가 노동 인구로 진입하는 이 때10장에서 탐구해 본다. 이 직원들의 수준을 이해하는 것은 필수다.

변화를 충분히 생각하지 않으면 무슨 일이 생길까?

• • • • • • 심사숙고하지 않고 변화를 이행하게 되면, 많은 반향을 일으킬 수 있는데 나는 이런 경우를 '반쪽짜리ban-ge[4)]' 혹은 '잡동사니혁명 bin-novation, bin+innovation[5)]' 이라고 칭한다. 변화가 일어나지만 일어난 이유가 충분하지 않거나 혹은 일어날 필요가 정말 없는 경우를 의미한다. 앞서 모든 변화는 좋다고 이야기 했지만, 이유 없는 변화는 오히려 해가 된다. 종종 이런 유형의 혁신은 상당한 정체 기간이 지나고 나서 혹은 일반적으로 '여느 때와 다름 없을 때'에 온다. 또 이런 혁신은 일회성이나 해커톤-hackathon[6)] 같이 불꽃놀이 행사, 교육의 날, 혹은 '반짝하고 사라지는' 행사로 분류된다. 이런 행사는 효과가 있을 수 있다. 이러한 집약적인 행사가 단기간에 즉각 반응하지 못하거나 도움이 되지 않는다는 말은 아니지만 장기적인 변화는 특정한 일들이 질서를 잡을 때 일어난다. 그 예로, 장기적인 비전, 현재에 대한 분명한 불만, 실제 문제와 한계에 대한 핵심적인 이해 등이 있다.

---

4) 역자 주. 중국어로 절반, 반쪽이라는 의미로 쓴 것으로 보인다.
5) 역자 주. '쓰레기+혁신'을 합친 용어로 보인다.
6) 편집자 주. '해킹Hacking'과 '마라톤Marathon'의 합성어. 마라톤처럼 일정한 시간과 장소에서 프로그램을 해킹하거나 개발하는 행사를 일컫는다. 네이버 지식백과 http://terms.naver.com/entry. nhn?docId=3586070&cid=59277&categoryId=59282 참조.

해커톤으로 예를 들어보자. 해커톤은 고도로 집중된 진공 상태의 행사로 다양한 배경을 가진 사람들이 함께 한 자리에 모여 문제를 해결하는 방식으로 치뤄진다. 혼다Honda, 테스코Tesco, 제너럴 일렉트릭General Electric, 세일즈포스Salesforce 등 다양한 브랜드의 기업이 과거에 해커톤을 개최하여 참여를 장려했고 앞으로는 더 많은 기업이 참여할 것으로 보인다. 해커톤이 기업을 신속하고 쉽게 홍보해주는 점 등을 포함하여 장점은 많지만 몇 가지 중대한 단점도 있다.

- 원래 혁신은 도약에서 비롯되는 것이 아니라 반복적인 과정에서 일어난다. 일상 생활에서 벗어나면 확실히 예전에 연결되지 않았던 거대한 영역을 발견할 수는 있다. 그러나 해커톤에서는 거의 볼 수 없으며 대신, 해커톤의 시간 제약 때문에 현실 문제는 무시되고, 작업 변수는 조정되어 혁신보다는 단순한 반복이 목표가 되는 경우가 많다. 이렇다 보니 해커톤이 지속적이거나 장기적인 시장 성공으로 이어진다는 증거가 거의 없다.

- 이러한 아이디어가 만들어지는 해커톤의 진공 상태는 전후 관계상 지식이나 전문 지식 때문에 종종 그저 립 서비스에 그치고 만다. 해커톤에 참여하고 기여한 사람의 잘못은 아니다. 해커톤을 운영하는 기업은 해커톤을 뛰어넘어 진정한 변화를 이루어 낼 수 있는 추진력이 없다면 그러한 부분에 대해 가장 중요하게 관심을 가져야 한다.

올바른 도구가 있다면 사람들은 더 쉽게 변화를 실행하고 발견할 수 있다

· · · · · · 다시 말하지만 해커톤은 유용할 수 있다. 그러나 나는 해커톤 대신 다양한 부서나 수준에 걸쳐 있는 새로운 사고 방식, 변화 그리고 이해를 이끌어 내기 위해서 고객들과 여러 워크숍을 진행하는 것을 선호한다.

SWOB

많이 사용하는 SWOT 분석과 유사한 SWOB 분석 워크숍은 SWOT 중 위협Threats을 장애물Barriers로 대체하여 개개인의 스타일과 개발 영역 핵심에 다가간다. SWOT은 강점Strength, 약점Weaknesses, 기회Opportunities, 위협Threats의 앞 글자를 딴 것이다. 자신과 동료들을 좀 더 잘 이해하는 것 외에도, SWOB 분석은 직원들이 경영자의 도움이 있건 없건 자신들에게 강요되거나 어렴풋하게 다가가는 방식으로 변화를 인식하는 것이 아니라 체계적인 과정을 통해 계획을 세우고 시행하고 성장을 촉진하기 위한 구조를 세우고 변화를 볼 수 있도록 돕는다.

Activity | SWOB

구성 Setting

넓은 방에 탁자 위는 깨끗하게 치우고 마실 물은 넉넉히, 그리고 접착식 메모지와 필기도구를 준비한다. 벽에는 화이트보드나 프로젝터를 두거나 생각에 자극을 줄 수 있는 포스터나 각 단계에 대한 간결한 설명을 걸어둔다. 이 세션은 집중과 명확성에 관한 것으로 이를 성취하는 데 도움이 되는 어떤 방법도 환영한다.

소요시간 1~2시간

그룹 최대 인원 30명

지원Facilitation

리더는 그룹 앞에서 발표하고 말하는 능력이 평균 이상이어야 한다. 리더의 역할 담당 때문에 참석자들이 불편할 수 있으므로 외부 인력의 투입을 적극 권장한다.

준비물

A4 용지나 접착식 메모 노트. 명상이 가능한 장소 또는 작업 공간과 그룹 과제 공간공간 분리가 필수다.

설명

1. 각기 모든 참가자들은 종이 한 장씩을 가지고 자신의 강점, 약점, 기회, 그리고 자신의 약점과 기회를 잡을 수 있는 행동, 개선을 방해하는 장애물에 대해 리스트를 작성한다. 소요시간: 20분

TOP TIP

최대한 많이 적을 수 있도록 참가자들을 독려하며 참가자들이 깊이 생각할 수 있는 질문을 한다. 예를 들어, '뭔가 잘했을 때와 잘못했을 때를 생각해 보자. 성공 또는 실패하게 된 것은 무엇 때문이었을까?', '지난 연말 평가에 무엇이라고 적혀 있었는가?', '당신이 참여한 마지막 프로젝트를 검토한 사람이 당신의 진행 과정에 대해 무엇이라고 말했는가?'

2. 방금 완료된 SWOB 분석을 사용하여일부 영역은 다른 영역보다 더 가득할 것이다. 참가자들이 개발하고 싶은 분야를 3~5개 정도 생각하게 한다. 아이디어에 박차를 가하기 위해서는 소규모 그룹으로 진행할 수도 있는데 기왕이면 한 사람이 혼자하는 것이 가장 좋다.

역시 질문하는 것이 좋다. 변화 또는 새로운 이행 등 당면한 문제를 생각해 보자. 참가자들에게 이 변화를 통해 무엇을 얻고 싶은지 생각해 보라고 질문한다. 참가자들에게 거리낌 없이 정직하게 발언할 수 있도록 요구하고 그런 분위기를 허용해야 한다.

3. 이제 개별적으로 참가자들은 다음 질문 중 일부나 전부를 활용하여 자신의 영역을 평가한다. 소요시간: 40~60분

   – 이 분야에서 자신을 평가한다면 10점 만점1=형편 없음, 10=가장 좋음 중 몇 점인가?

   – 앞으로 30일, 90일, 180일 후까지 각각 개발하고 싶은 영역에 10점 만점1=같은 영역, 10=완료 중 점수를 적어본다.

   – 발전에 박차를 가하기 위해서 내가 할 수 있는 일과 필요한 것은 무엇인가?

   – 목표를 달성했는지 확인하기 위해서는 내가 언급한 장애물을 어떻게 극복할 수 있을까?

   – 내일과 다음 주, 다음 달에 실행할 나의 첫 번째 실용적인 단계는 무엇인가?

   – 내가 성공했거나 성공을 향해 가고 있는지 어떻게 알 수 있을까? 무엇을 보게 될까? 내가 보여주고 증명할 수 있는 것은 무엇일까?

4. 참가자들은 3~5명씩 소그룹을 만들어 그룹 멤버들과 자신들의 개발 계획을 차례로 공유한다. 참가자들은 서로에게 물어볼 질문을 반드시 사전에 준비하여 서로의 생각을 밀어붙이거나 의문을 던지게 한다. 모든 참가자들에게 안심해도 되며 모두 서로를 돕는 것이 목표라는 것을 상기시킨다. 이 섹션에서는 아이디어나 쟁점을 개선하고 확고히 하는 데 초점을 맞춘 열린 질문이 가장 적합하다.

   – 그 점에서 가장 중요한 요소는 무엇이었나?

   – 당신이 정확히 어떻게 시작해야 한다고 생각하는가?

- 그런 결론을 도출하게 된 이유는 무엇인가?

- _____으로 가장 이득을 보는 사람은 누구일까?

- 과거에 효과 또는 실패가 있었던 유형 중에 당신이 제안하는 것과 유사한 것은 무엇일까?

- 이전에 _____을 했던 것과 같은 경험이 있다면?

- 더 큰 목표는 어떤 모습일까?

- 당신이 _____하지 않는다면 어떤 결과가 나올까?

5. 그룹에서 참가자들은 개발될 다른 분야가 있는지에 대해서도 질문할 수 있다. 대답이 '아니오'로 나오더라도 당연히 괜찮다. 그러나 확실하게 해둬야 할 것은 배제하는 것이 전진에 거의 도움이 되지 않는다는 사실이다.

6. 참가자들은 이제 자신의 개발 계획을 마무리하면서 다른 도움을 요청하거나 즉시 해야 할 일이나 다음 주에 해야 할 일에 대해 메모를 작성한다.

7. 참가자들에게 참여하면서 어떤 기분이었는지, 무엇을 배웠고 자신들의 목표와 다음 48~72시간 내에 예상되는 문제에 대해 어떻게 생각하는지 질문한다.

예측 테이프Forecast tape

예측 테이프 활동은 직원 혹은 누구든지 자신들의 다른 부분, 소비자, 비즈니스, 삶과 미래에 대해 생각하게 하는 시각적인 방법이다. 이 방법은 에베렛 로저스Everett Rogers, 2003가 주창한 혁신의 확산 곡선Diffusion of Innovations curve 이론을 토대로 하는데, 이 이론은 어떻게 그리고 왜 다양한 아이디어와 기술들이 문화를 통해 퍼지는지 설명한다. 확산은 시간이 지남에 따라 사회 시스템에 참여하는 사람들 사이에서 특정 채널을 통해 기술 혁신이 전달되는 과정이다. 로저스는 새로운 아이디어의 확산에 영향을 주는 주요 요소로 4가지가 있다고 주장한다. 혁신 그 자체와 의사소통 채널, 시간 그리고 사회 시스템이다. 수용자의 집단은 혁신가innovators, 초기 수용자early adopters, 초기 대다수early majority, 후기 대다수late majority, 그리고 느린 수용자laggards가 있다. 확산은 다양한 문화와 분야에서 여러가지 방법으로 나타나며 채택자의 유형과 혁신 결정 과정에 따라 크게 영향을 받는다.

〈그림 3.4〉 혁신의 확산

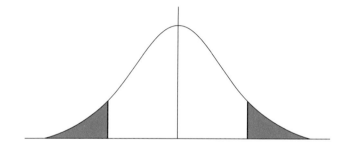

다음의 활동은 높은 에너지, 깊은 사고와 개방에 관한 것인데 이 활동의 흥미로운 점은 이러한 요소들이 자연스럽게 온다는 것이다. 1년에 두 번 시행하여 사람들의 이동 정도를 확인하면 좋다.

Activity | 예측테이프

구성 Setting

팀을 한 자리에 모으고 빈 벽 앞에 팀원들을 세워두고 혁신의 확산 곡선 이론을 설명한다. 그룹으로 묶인 팀원은 두꺼운 마스킹 테이프masking tape를 이용해서 각자 자신이 붙여야 할 조각으로 벽에 곡선을 그린다. 시간이 적으면 팀원이 도착하기 전에 테이프를 붙여둘 수도 있다. 곡선이 완성되면 한 발 물러서서 곡선을 살펴보면서 아래의 설명대로 활동을 진행한다.

소요시간 1시간 설치할 것이 없으면 1시간 이하

그룹 최대 인원 30명

지원Facilitation

리더는 이론을 충분히 숙지하고 활발하게 진행하며 모든 사람들이 참여하도록 이끈다.

준비물

두꺼운 마스킹 테이프프로젝터로 대체할 수 있다, 대형 접착식 메모지 노트, 큰 벽이나 창문, 펜, A4 종이

설명

1. 모든 참가자들에게 이 활동이 비교나 팀 역동성에 집중하기보다는 자기반성에 더 가깝다는 점을 설명해주는 것이 중요하다. 이론에 대해 다시 한 번 알려주고, 아래 선택의 범주를 살펴보며 참가자들에게 자신은 어디에 속하는지, 또 더 중요하게는 고객이 어디에 속하는지를 가능한 한 구체적으로 생각해볼 것을 요구한다.

   – **혁신가** 이들은 사회적 지위가 높고, 자신감 있게 위험을 감수하며 재정적으로 다른 집단보다 안정적이다. 사교적이며 과학계에 있는 사람들과 관계를 맺으며 다른 혁신가들과 상호작용을 추구한다. 위험에 대한 인내력 덕분에 결국에는 실패할 수도 있는 많은 기술을 선택하지만, 재정이나 네트워크가 탄탄해서 이런

실패가 이들에게 미치는 여파는 적다.

- **초기 수용자** 이들은 범주에 있는 다른 유형 중에 가장 높은 수준의 의견 선도력을 지니고 있다. 후기 수용자들에 비해 더 사교적인 초기 수용자들 역시 높은 사회적 지위와 안정적인 재정을 보유하고 있지만 기술을 선택할 때 혁신가들보다는 더 신중하다. 초기 수용자들은 어떤 기술을 사용해서 자신들의 입지를 유지·증대하거나 더 확고히 하는 데 도움이 될지 생각하면서 적절하게 선택한다.

- **초기 대다수** 이들은 혁신가와 초기 수용자들을 따르지만 일단 안전하거나 명백한 경우에 한한다. 초기 대다수는 평균 이상의 사회적 지위와 초기 수용자들과의 연결성은 있지만 동료 집단이나 직장에서 의견 선도력은 거의 없다.

- **후기 대다수** 이들은 회의적인 경향이 많아서 사회 대다수가 혁신을 활용하고 나서도 한참 후에 혁신을 선택한다. 이들은 평균적인 사회적 지위를 지니고 모든 결정에 돈이 중요한 요소로 작용한다. 이들이 활동하는 사교계는 자신들과 비슷한 수준의 사람들로 의견 선도력을 지닌 사람이 있을 가능성이 없다.

- **느린 수용자** 이들은 가장 늦게 혁신을 접하고 사용한다. 이 집단은 의견 선도력이 거의 또는 아예 없는 데다 변화를 바라보거나 말하는 사람들에 대해서 심한 혐오감을 보이는 특징이 있다. 느린 수용자들은 대개 '전통'이나 '전통적인 가치'에 집중하는 경향이 있으며 동료나 가족들에게 조언을 구한다.

- **도약자** 저항기가 업그레이드되면, 이들은 종종 가장 최신의 기술에 도달하기 위해 몇 세대를 건너 뛴다.

2. 범주에 관한 질문이 있는지 묻고 답한 뒤에, 참가자들은 다음 질문에 답하면서 스스로 곡선 중 어느 범주에 속하는지를 질문한다.

직장에서 나는:

- 혁신가였는가?
- 초기 수용자였는가?
- 초기 대다수였는가?
- 후기 대다수였는가?
- 느린 수용자였는가?

사람들이 개인적인 메모나 생각을 적을 수 있게 곡선을 그린 A4 용지를 제공하는 것이 좋을 수도 있다. 참가자들이 그 종이를 가지고 있다가 다시 참조하기도 하면서 곡선을 상기시키는 장치로 좋은 방법이다. 약 10분 정도의 시간을 소요한다.

3. 대략 5분 후에 2인 1조로 짝을 짓고 커다란 접착식 메모지 노트나 A4 용지를 이용하여 자신들만의 곡선을 작성하게 한다. 각 참가자들은 구간마다 자신들이 적은 내용을 반드시 공유해야 하지만 어떤 순서에 맞춰 진행할 필요는 없다. 자신들의 곡선이 준비되면, 참가자들은 각각 서로의 곡선이 어떻게 다른지 또 어떻게 비슷한지 서로 성찰해본다.

추가 아이디어 1 참가자들이 자신의 곡선 옆에서 사진 촬영을 하도록 하고 활동이 끝난지 3일이나 6개월 후에 사진을 보내줌으로써 참가자들에게 활동에 대해 다시 생각하고 상기할 수 있도록 한다.

경험에 비추어 볼 때, 참가자들 사이의 차이에 대한 깊은 생각에 박차를 가할 수 있는 최상의 질문은 다음과 같다.

- 가장 크게 놀랐던 영역은 어디인가?

- 가장 놀라지 않았던 영역은 어디인가?

- 당신과 _____는 어떤 차이가 있었나?

- 지금 알고 있는 것을 안다면, 당신이 _____과 _____에 대해 생각하는 방식이 어떻게 변할까?

- 당신이 일에 접근하는 방법에 있어서 _____이 된다면 어떤 영향을 미칠 것이라고 생각하는가?

- 다름이 주는 이익이 있다고 생각하나? 어떻게 차이를 만들 수 있나?

추가 아이디어 2 현재의, 이상적인, 그리고 새로운 고객들이 곡선 어디에 있다고 생각하는지에 대해 고위 임원들을 대상으로 사전 설문조사를 할 수도 있다. 그리고 참가자들이 생각한 각 부분의 위치를 설문조사 결과와 비교해볼 수도 있다. 그러고 나서 참가자들은 그룹으로 고위 임원들의 생각은 어땠을지를 말해보고, 설문조사의 결과를 공개한 뒤에는 팀원들과 그 결과에 대해 생각하고 논의한다. 한 걸음 나아가서 어떤 기술과 혁신적인 제품을 사용하거나 혹은 사용하지 않음으로써 전진할 수 있도록 최선을 다할 수 있을지 브레인스토밍을 진행한다.

4. 마지막으로, 모든 참가자들이 자신의 곡선을 완성한 후에 곡선 앞으로 모여 조력자와 참가자들과 함께 서로 생각을 공유한다. 참고로 참가자들은 가끔 그룹으로 활동하는 것을 좋아할 수 있으므로 흥미로운 아이디어를 내는 사람이 누구인지 잘 메모해 두어야 한다.

신상품 브레인스토밍

매시업mash-up은 참가자들이 서로 다른 요소를 결합함으로써 혁신적인 개념을 고안하는 협력적인 아이디어 생성 방법이다. 첫 번째 단계에서는, 참가자들이 기술, 인간의 필요, 그리고 기존 서비스와 같은 다양한 분야에 대해 브레인스토밍을 한다. 두 번째 단계로 이러한 분야에서 요소들을 신속하게 결합하여 새롭고 재미있고 혁신적인 콘셉트를 생성해 본다. 매시업은 혁신적인 아이디어를 생각해 내는 것이 얼마나 빠르고 쉬운지를 보여준다.

Activity | 신상품 브레인스토밍

구성 Setting

벽이 깨끗한 방이 필요하다. 이 활동에서는 점을 연결하고 연결성을 찾으면서 생각을 다르게 해야 한다. 더 창의적이고 더 바쁜 공간일수록 좋다. 에너지를 많이 쓰는 운동이 될 것이다.

소요시간 1~2시간

그룹 최대 인원 20명

지원Facilitation

필요한 활동 수준 때문에, 리더는 사람들이 최선을 다할 수 있도록 독려할 준비가 되어 있어야 하며 다양한 영역을 넘나들 수 있어야 하고, 그룹들이 새로 시작할 수 있게 도울 수 있어야 한다. 모든 수준을 고려해야 극대치의 이익을 얻을 수 있으므로 외부 인력을 적극 권장한다.

준비물

벽면 공간많이 필요하다!, A4 용지나 접착식 메모지다양한 색상, 크기, 모양이 필요하다. 다다익선!, 펜, 스티커참가자 수의 3~5배

설명

1. 세션과 세션의 목표와 목적을 세우고 일을 시작한다. 흔히 접착식 메모지에 메모를 다닥다닥 붙이는 단계로 불리는 이 활동의 첫 번째 부분은 그룹별로 촉박한 시간 내에 브레인스토밍을 완성하는 것이다. 그룹에게 세 가지 영역에 대해 브레인스토밍하라고 요구한다. 체계적으로 수행하는 것이 최선이지만 반드시 체계적이어야 하는 것은 아니다. 각 분야별로 모든 아이디어를 분리해 두는 것도 중요하지만 세션이 재미있고 활기차고 가능한 빠르게 진행될 수 있도록 하는 것이 중요하다빠른 속도의 음악을 틀어 두면 도움이 된다. 그룹 규모가 크다면, 일부 사람들에게 벽에 접착식 메모지를 붙이도록 요구할 수도 있지만 아이디어를 하나도 잃어버리지 않고 잊히지 않도록 주의해야 한다.

   브레인스토밍을 해야 하는 분야 3가지는 다음과 같다.

   - **기술** 그룹에게 생각해 낼 수 있는 모든 기술을 빠르게 적도록 하고 낮 동안 혹은 사무실을 비운 사이나 다른 여러 상황 속에서 어떤 기술을 사용하는지에 대해 생각하게 한다.

   - **욕구**needs 특히나 사람들은 숙면, 안전성, 연결성 등을 원한다. 매우 기본적이지만 또 매우 유효한 필요이다.

– **서비스** 마이피트니스팔MyFitnessPal과 같은 앱일 수도 있고, 페이스북과 같은 플랫폼이거나 게임, 또는 사진 포토샵 어플 등 이미 모든 서비스는 존재하고 있다.

2. 보드에 접착식 메모지가 빼곡히 붙었다면, 중복된 아이디어는 떼어버리고 필요한 것을 모두 명확하게 한다. 시간을 너무 끌지 말고 적당한 긴장감을 유지하면서 이 작업을 완료한 뒤에, 무작위로 또는 사전에 결정된 참가자를 5명 이하의 그룹으로 구성한다. 그리고 15분 간 가능한 한 많은 개념을 떠올리라고 지시한다. 개념이란 방금 브레인스토밍을 통해 각 분야에서 두 가지나 한 가지 요소로 결합한 아이디어를 말한다. 그룹 멤버가 일어나서 보드의 어떤 것도 떼어내지 말고 구성요소를 결합하여 새로운 아이디어를 만들게 한다. 아이디어마다 이름이 있어야 하며 A4 용지 한 장에 2~3개의 분야에 대한 각 한 개의 아이디어만 적어야 한다고 말한다. 시간 기록이 속도를 유지하는지 확인해야 한다.

3. 15분 간의 열정적인 활동을 끝낸 후, 새로운 콘셉트를 발표할 시간이다. 각각의 개념들을 깨끗한 벽에 붙여 사람들이 전체 그룹에 의해 생성된 작업을 볼 수 있도록 한다. 이 과정을 신속하게 진행하면서 사람들이 활기차고, 단정적이지 않은 분위기를 유지한다. 과정에 나온 아이디어는 진지하든 재미있든 모두 좋은 아이디어이며 모든 아이디어가 벽에 붙고 알려지게 한다.

4. 마지막으로 참가자들에게 좋아하는 아이디어를 한 가지 또는 그 이상 선택할 수 있도록 별을 3~5개 나누어 준다. 참가자들은 아이디어 하나에 별 5개로 지지를 표시하거나 아이디어 5개에 별 1개 또는 다른 조합으로 지원하고 선택할 수 있다. 이 모든 과정은 참가자들 자신의 의지로 투표할 수 있다.

5. 이제 두 가지 옵션을 사용할 수 있다. 거기서 세션을 끝내고 다음 단계에서 평가받을 수 있는 새로운 아이디어를 만들고 끝낼 수도 있고, 다른 그룹들과 함께 혹은 다른 보드판을 가지고 그룹으로 계속 앉아서 20~30분 정도를 소요해서 실행할 수 있는 제안을 만드는 것으로 이어갈 수도 있다. 여기에는 아이디어, 그 뒤에 숨은 생각, 필요한 자원, 비즈니스 모델과 실제로 어떻게 작용하는지에 대한 논의가 포함된다. 때로는 이 과정에서 갈등이 발생할 수 있으므로 분위기가 과열될 수도 있지만 모든 과정을 포착하여 다음에 무엇을 할 것인지를 그룹에게

피드백 한다보드로 가져갈 것인지, 외부 조언을 얻어 평가받을 것인지 등.

6. 세션을 이 과정 전에 끝낼지 후에 끝낼지 결정을 내린 뒤, 참가자들에게 당신이 왜 세션을 가졌고, 무엇을 했으며 다음 단계엔 어떤 일이 일어날지를 다시 알려주면서 확실히 설명해줘야 한다. 또한 참가자들에게 몇 가지 질문을 하거나 다음과 같이 짧은 피드백 양식을 작성하게 할 수도 있다.

  – 무엇이 쉽고 무엇이 어려웠나?

  – 자신에 대해 무엇을 배웠는가?

  – 자신의 팀에 대해 무엇을 배웠는가?

  – 한 사람을 선택해서 세션 동안 팀원이 잘한 점에 대해 발표시킨다.

참고로 이 워크숍 활동은 공개 데이터 소스, 파트너, 또는 주요 문제와 관련해서도 사용할 수 있다. 각각의 영역들은 활동에 새로운 차원을 추가할 수 있지만 일단 아이디어가 생성된 뒤에 추가적인 논의나 개선이 가능하다.

결론: 혁신에는 유연한 프레임워크가 필요하다

•••••• 바라건대, 서문과 워크숍 모두 필요한 변화에 대한 예측, 전망 및 의사결정에 대해 유연한 접근의 필요성을 강조했으면 좋겠다. 또한, 두 가지 핵심 요소 모두 기술, 행동, 그리고 데이터에 관해 훌륭한 의사결정을 내리기 위해 고려해야 할 사항이다. 이는 미래의 제품과 사업에서 비롯되는 요구를 충족하기 위해서 중요하다. 그 사업은 세상에서 진행되는 변화로 인해 생존이 아니라 번창하거나 번성하게 된다. 이러한 이유로 TBD 프레임워크가 생기고 현재 형식으로 구성되었다. 다음 챕터에서는 TBD 프레임워크에 대해 자세히 알아보며 다음을 수행할 수 있도록 지원한다.

- 뜻밖의 문제에 대처하기 위한 준비성 강화
- 와해성 기술에 대한 평가 기술 향상
- 신뢰할 수 있는 시스템의 보유로 변화가 일어나도 동요하지 않는 상태
- 복제할 수 있는 도구를 기반으로 명확하게 심사숙고한 결정을 내리는 능력

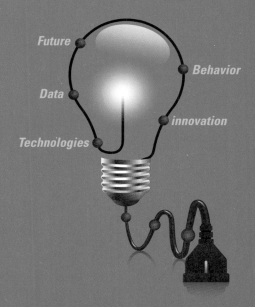

Future

Behavior

Data

innovation

Technologies

**04 The TBD
프레임워크 소개**

04

|

The TBD 프레임워크 소개

이번 장에서는 TBD 프레임워크의 더 간단한 버전과 유용한 이유, 기업에 제공하는 기능, TBD 프레임워크의 유래 및 사업이나 부서에 적용되는 방법에 대해 살펴보겠다. 어떤 것이든 그 이면에 무엇이 있는지를 이해하는 것은 중요하다. 각 요소나 과정 뒤에 있는 생각을 알고 싶고 그 프레임워크가 당신에게 적합한지를 확인하고자 할 때 당신이 채택하기로 한 프레임워크TBD 프레임워크의 중요성은 더 커진다. 이후 장에서는 복합 TBD 버전과 미래의 모습이 어떠할지에 대해 상세히 설명한다.

미래에는 민첩함이 필요하다

••••••• 갈수록 불안해지고 변화하는 시대를 살아가는 이 때에 민첩성이 필요하다는 사실은 대부분의 기업이 납득할만한 일이다. 어떤 뉴스를 보든 대다수의 기업들이 규제, 법의 변화, 정치적 불안정 등 단순한 경

쟁 이상의 문제에 당면해 있다는 것을 한 눈에 알 수 있다. 기업이나 개인은 전복될 가능성을 줄이기 위해 유연함이 필요하다. 민첩성이란 빠르고 가볍게 움직일 수 있는 상태를 말하지만 나는 여기에 '공격할 수 있는 탄력 상태'를 덧붙인다. 당신의 사업이 한두 번의 타격으로 쓰러지지 않아야 한다. 민첩한 태도는 단순한 보호 기능을 강화하고 위험을 감소시킬뿐 아니라 조직 전반에 걸쳐 다른 사고방식을 확산시킬 수 있고 다르게 생각하는 것을 가능케 하며 새롭고 흥미로운 아이디어를 창출할 수 있다.

금융 시장은 유동적이며 테러, 정보 유출, 개인 정보 보호, 인터넷 및 정권에 대한 신뢰 부족과 같은 문제로 인해 사회 전반에 걸쳐 불안감이 확산되어 있다. 또 자율 주행 자동차, 인간의 직업을 '원하는' 로봇, 삼켰을 때 인간의 체내에 머무르는 약이나 핵 전쟁 시작을 목표로 삼은 컴퓨터 바이러스 등의 기술도 그 불안감에 한몫했다. 사람들은 뭔가 잘못되고 있다고 생각하기 쉬운데, 부분적으로는 일이 어떻게 되어가는지 이야기를 나누기 때문이기도 하지만 계속해서 의견을 너무 많이 철회하거나, 바꾸거나 번복하기 때문이기도 하다. 이러한 이유로 와해성 기술은 매우 흥미롭고 뜬금없다는 점에서 극적일 수도 있다. 와해성 기술이 발생하면 충격을 일으키고, 상황이 명백하지 못하기 때문에 어떤 일이 일어날지 예측할 수 없을 때가 흔히 있다. 어떤 이들은 신나겠지만, 다른 이들은 매우 당혹스러워 한다.

핵심은 올바른 사고방식

• • • • • • 이전 장에서 살펴보았듯, 와해성 기술은 본질적으로 예측하기가 매우 어렵다. 우리가 혼란을 겪는 기업과 기술에 대한 필요성과 가치를

이해하고 있음에도 불구하고 이들이 '자동차 뒷창rear window'에 보이기 전까지는 볼 수가 없다. 본질적으로 리더는 비관론자들을 무시하고 더 밝은 미래를 향해 전진해야 한다.

일을 잘 해내는 기업과 단순히 로드맵만을 따르는 기업의 차이는 사고방식에 달려있다. 리더십의 대가인 존 가드너John Gardner, 1990는 이를 '단호한 낙관주의tough-minded optimism'라고 불렀다.

조직 개편에 있어서 '단호한 낙관주의'는 단연 최고라고 말할 수 있다. 미래는 미래를 믿지 않는 사람들에 의해 만들어지는 것이 아니다. 활기찬 사람들은 항상 자신들의 미래, 심지어 자신들의 삶까지도 미지의 결과라는 모험에 걸 준비가 되어 있다. 이들이 돌다리도 두들겨보고 건너려 했다면, 우리는 여전히 동굴 벽에서 동물 그림을 그리며 웅크리고 있을 것이다.

나는 대기업이나 소규모 기업의 고객들과 일할 때 항상 가드너의 인용문을 자주 말한다. 기업의 크기와 상관없이 이 인용문의 아이디어와 정서를 이해하고 그들의 길을 가로막고 있는 형식주의와 기업의 장벽을 뚫고 나가기로 결심한 기업들이 성공한다. 커다란 변화에 직면했을 때 독창적인 사고와 탄력성을 결합하는 것이 강력한 사고방식을 형성할 수 있지만 뿌리가 깊은 확신이야말로 당신이 성공하기 위해 필요한 정의적 속성이다. TBD는 이 세 가지 모두를 어느 정도 지원하는 것을 목표로 한다.

낙관주의를 강화하는 방법

• • • • • • 당신이 가진 낙관주의를 발전시키기 위해서는 네 가지 질문에 대해 분명하게 답할 수 있어야 한다. 이 질문들을 자문해 봄으로써 당신이

미래에 대해 더 긍정적인 마음을 갖고 전력을 다하게 되고, 일이 잘 풀리지 않거나 문제가 발생할 때 '단호한 마음'으로 대처할 수 있다.

1 | 비즈니스를 위해서 유일무이한 무언가를 지지하고, 동료들도 신뢰하며 동참할 수 있도록 유도하는 임무가 있는가?

당신의 회사가 알리고 싶어하는 아이디어, 이상, 신념은 무엇인가? 그 생각들을 기업의 제품, 마케팅, 직원 관계 및 기업 활동을 통해 어떤 방법으로 입증하고 있는가? 사이먼 사이넥Simon Sinek은 『나는 왜 이 일을 하는가Start with Why, 2013, 한국어판』라는 책으로 재계에서 유명하다. 책과 유명한 TED 동영상 강의TED talk: http://bit.ly/DTsinek에서 사이넥은 마이크로소프트와 애플 두 기업의 브랜드 위에 숨은 '이유Why'와 관련하여 두 회사의 차이점과 이 기업들의 판매법에 대해 논한다. 마이크로소프트는 분명한 기능적 측면을 판매한 반면, 애플은 기능적인 속성과는 대조적인 '존재의 방식'을 제공하는 좀 더 철학적 방식으로 판매하고 있다고 말한다. 근본적으로 당신이 제품을 구입하려면 그 기업의 철학에 동의해야만 한다. 매우 강력한 이론이지만 많은 브랜드가 사업 계획의 모든 단계에서 충분히 관심을 기울이지 않는 이론이기도 하다.

2 | 다른 사람들보다 일을 처리하는 데 관심이 있는가? 그런 점에서 당신은 동료와 얼마나 다른가?

첫 번째 질문은 사업에 대해 어떻게 생각하느냐는 것인 반면, 두 번째

113

질문은 동료, 고객, 공급자 등에 대해 어떤 감정을 가지고 있는지와 당신의 조직이 사업을 어떻게 하느냐에 관한 것이다. 상단에 점수표가 있고 이와 관련된 질문지를 만든 후 10점 만점에 자신의 점수가 몇 점인지 평가하고 3~6개월마다 이 작업을 반복함으로써 어느 지점이 더 약한지를 확인하는 방법도 좋은 활동이다.

3 │ 당신은 창의적인 만큼 일관적인 사람인가?

이 질문은 과거에 당신이 내린 결정들에 초점을 맞춘다. 때때로 사람들은 변덕이 심하고 여기저기 전전한다. 이러한 행위는 번성하게 하는 긍정적인 것일 수 있는 반면 특히 단기간에 너무 다양한 변화는 직원들에게 불확실성을 야기할 수 있다. 좋을 때나 나쁠 때나 일관된 우선순위를 갖고 모든 직원들에게 다시 전달하는 일은 단호한 낙관주의자로서뿐만 아니라 당신이 결정한 것이 잘 전파되도록 하는 데에도 중요하다.

4 │ 기업의 역사가 미래에 어떻게 도움이 되는가?

위대한 지도자는 과거를 무시하지 않는다. 대신에 이들은 회사가 여기까지 어떻게 왔는지를 이해하고 있고 새로운 행동으로 일어난 일을 재구성한다. 오랜 방식을 유지하기 위해서 새로운 돌파구를 무시한다는 의미가 아니라 과거를 염두에 두고 각각 개별적으로 평가하고 앞을 향해 전진해 가는 것을 의미한다.

위의 질문정답은 없다에 대해 생각해봄으로써 미래에 대한 자신만의 단호한 낙관주의를 강화할 수 있다. 이러한 낙관주의가 없다면, 당신과 동료들, 그리고 당신의 조직은 실현 가능성이 높으며 밝고 빛나는 미래를 온전히 상상할 수 없다.

예측은 여전히 불확실하고, 빠르고, 가변적이다

・・・・・・ 어떤 트렌드 분석 기업이나 예측 기관이라도 당신에게 미래를 내다보는 것은 어렵다고 말할 것이다. 이 같은 기업들은 지표와 데이터 세트를 살펴보거나 가능한 결과에 대해 전문가와 대화하는 데 시간을 보내지만 우리가 1장에서 보았듯이 이 사람들은 초능력자거나 특별한 힘을 지녔거나 아이큐가 특별히 높은 사람들도 아니다. 이들은 자신들에게 효과가 있는 공식이나 방법을 알게 되었고 주목하고 있는 주제에 따라 공식이나 방법이 변한다. TBD가 정확히 이렇게 작동한다. 와해성 기술과 이머징 기술과 관련하여 실용적인 계획을 수립할 수 있도록 유연한 프레임워크로 각각에 적절한 주의를 기울여 앞으로 전진할 수 있다.

TBD의 기원

・・・・・・ 나는 20대에 로스앤젤레스에서 열린 어떤 '파티'에 참석했다가 TBD를 구성하게 되었다. 진짜 파티가 아니라 흔히 업무가 끝나고 참석하는 그 누구도 편하게 여기지 않는 그런 류의 자리였다주류가 준비되어 있고 연신 고개를 끄덕거리면서 참석하고 있는 회의를 생각하면, 바로 이해할 수 있을 것이다. 타오르는 햇살 덕에 그림자가 단단히 드리워져 있는데 나는 도시가 내려다 보이는

집의 가장자리로 걸어가 자동차, 비행기, 그리고 계속해서 잘 돌아가는 세상을 보면서 어떻게 이렇게 모두 잘 돌아갈 수 있는지 생각에 잠겼다. '장관이죠?' 왼쪽에서 굵은 목소리가 들려왔고 나는 '그렇네요. 이 위에서 보면 어떻게 조화를 이루는지 더 쉽게 알 수 있네요'라고 답했다.

30대 후반의 잘 차려 입은 이 남자는 알고 보니 '자신의 네트워크를 확장 중인' 윌리엄 모리스William Morris의 젊은 대리인이었다. 우리는 할리우드가 변하는 방식과 그 방식을 주도하는 것에 대해 꽤 열기를 더해가며 5분 정도 더 이야기를 나누었다. 그리고 그 중심에는 기술이 있다는 것을 알아냈다. '문제는 운영하시는 사업에 더 빠르고 더 저렴하면서 더 즐거운 것을 원하는 관객들이 많다는 것입니다. 영화는 이 모든 측면에서 소비자의 기대를 저버리고 있고요. 극장의 수와 관객들의 요구 때문에 언젠가는 영화가 디지털 개봉을 서비스하게 되는 시점이 오는 것이 당연합니다'라고 말한 기억이 난다. 물론 그 젊은 친구는 비웃었다. 그는 주도권은 스튜디오에 있다고 믿었지만물론 일정 부분 그의 말이 맞다. 그보다는 내가 한 주장이 말이 안된다고 생각하는 듯 했다. 즉, 그가 말한대로 박스오피스 수입, 홈 엔터테인먼트 시장, 그리고 롱테일 배급과 같은 '세 갈래의 공격'을 하지 않는 한 영화는 결코 수익을 낼 수 없다고 생각했다.

그러나 이제 우리는 더 잘 알고 있다. 여러 주요 지역에서 영화 관람객이 감소했음에도 불구하고 영화 스튜디오는 다양한 방법으로 위험은 줄이고 수익을 창출하여 투자 수익을 내는 것이 더 쉬워졌다. 공식이 계속 변하는 반면, 넷플릭스Netflix, 아이튠즈iTunes, 애플 TVApple TV 및 아마존Amazon 등이 영화와 콘텐츠 시장을 와해시키고 있다는 사실을 부인할 수 없다. 음악 공유 서비스 냅스터Napster의 공동 창업자인 숀 파커Sean Parker는 영화를 디지털 개봉 스트리밍으로 즐길 수 있는 날이 영화 관계자들이 인정하고 싶지 않은 속도로 더 가까이 와 있다고 믿는다. 개인적으로 나는 파커가 스트리밍 서비스를 50달러에 제안한 것은 확실히 동의하지 않는다. 사람들은 값을 지불하는 것과 '스트레스'가 될 수 있는 극장을 싫어한다.

다시 파티로 돌아가보니 동료들은 여전히 보이지 않았다. 해는 지고 있었고 파티 손님들은 포커 카드 게임을 시작하고 있었다. 젊은 친구와 나는 여전히 스타를 발굴해내는 것부터 불법 콘텐츠 배포에 이르기까지 그의 '신성시되는' 사업에 변화를 가져오는 기술의 출현과 힘에 대해 여전히 반쯤 논쟁 중이었다. 몇 번이고 계속해서 기술과 사람들에 대해 논의했는데 이번에는 숫자로 바뀌었다. 이 젊은 친구는 불법 복제, 데이터 저장 및 데이터 전송률과 관련된 숫자에 대해서는 깨닫지 못했다. 본질적으로 그는 옛날 방식과 권력의 기둥에 의존하기 때문에 잠재적인 새로운 길과 더 중요하게는 새로운 수익 흐름을 볼 수 있는 눈이 없었다. 그날 저녁이 거의 끝나가고 있었고 나는 꽤나 경솔하게 '이봐요. 정말로 모든 건 3가지로 요약돼요. 당신이 요구하는 것을 그들이 할 수 있는가, 당신이 요구하는 것을 그들이 할 의지가 있는가, 또 당신이 요구한대로 그들이 충분히 해낼 것인가라는 말이죠'라고 말했던 것이 기억난다.

그때 나는 '할 수 있다, 할 것이다, 충분하다'와 같은 표현과 다른 메모도 냅킨에 휘갈겨 적었지만 기술, 행동 그리고 데이터라는 단어에 밑줄을 쳤던 것이 기억난다. 그렇게 TBD가 탄생했다. 사실, TBD가 지난 몇 년간 더 간단한 버전과 고급 버전 두 가지로 조정됐기 때문에 초기에는 수정受精되기 전 시기라고 말해두겠다.

간단한 버전은 다음에서 보다 자세하게 설명하는 과정에 맞춰진 냅킨 버전napkin version, 이하 심플 버전이다. 본질적으로 이 버전은 '변화'에 대한 더 많은 조사와 통찰력에 대한 필요성을 이해하는 의미의 약칭이다. 고급 버전은 더 탄탄하고 완료하는 데 시간이 좀 더 오래 걸리지만 사용자에게 당면한 문제에 대해 행동 방침을 포함한 해답을 제시할 뿐 아니라 사업에 관한 계획도 제공한다. 두 버전 모두 개별적으로 또는 서로 연계하여 사용하도록 설계되었다.

왜 두 가지 버전인가?

· · · · · · 마이스페이스Myspace 사내에서 대형 에이전시와 작은 회사 boutique firms를 위해 근무한 경험에 비춰보면 두 기업을 하나로 묶는 한 가지 요소가 있었다. 다들 시간이 촉박하다는 것이다. 우주 최고의 의지가 있더라도 시간은 유한한 자원이고 시간에 대한 요구는 다양하게 이어진다. 종종 '만족스러운 상태good enough'일 때도 할 일을 해야지만 정기적으로 일의 성과를 확인하며 집중해야 한다. TBD가 이를 가능케 해줄 것이다.

심플 버전은 문제, 플랫폼의 특징 변화 및 새 플랫폼을 재빠르게 검토할 수 있도록 돕는 일상적인 것인 반면, 복합 버전은 기업이나 브랜드가 처해 있는 환경에 대한 분석 계산을 가능하게 한다. 두 버전 모두 결점은 있으나 둘 다 적절하게 사용하면 장점이 상당하다.

TBD의 심플 버전은 본질적으로 환원주의적 성격을 가지고 있다. 다시 말해서, 그 결과는 좋은 행동 방침을 결정하기 위해 정보를 신중하게 제거함으로써 얻어진다.

원래 버전의 TBD를 오늘날의 버전으로 수정한 이유는 다음과 같다. MIT 출신이자 현재 클라이너 퍼킨스 코필드 앤 바이어스Kleiner Perkins

Caufield & Byers, KPCB 분석가인 존 마에다John Maeda는 항상 나에게는 매력적인 인물이다. 자신의 삶을 디자인에 바쳤으며 지금은 그것이 사람과 비즈니스 세계에 어떻게 영향을 미치는지를 연구하고 있다. 마에다가 여러 번 이야기 하는 것을 본 적이 있는데 그가 일하는 방식은 당신이 항상 새로운 것으로부터 배울 수 있다는 것을 보여준다. 자신의 저서 『단순함의 법칙 The Laws of Simplicity, 2006, 한국어판』을 통해 마에다는 더 단순해지는 데 도움이 되는 10가지 독립적인 법칙을 제안한다. 나는 원래 버전의 TBD를 오늘날 버전으로 개선할 때 이 법칙들을 적용했다.

1 | **축소**Reduce— 신중한 축소를 통해 단순함을 성취하는 가장 손쉬운 방법이다.

2 | **조직**Organize— 조직은 많은 것도 적게 보이도록 만들어주는 시스템이다.

3 | **시간**Time— 시간을 절약하면 단순함이 느껴진다.

4 | **학습**Learn— 알면 모든 것이 더 간단해진다.

5 | **차이**Differences— 단순함과 복잡함은 떼려야 뗄 수 없는 사이이다.

6 | **문맥**Context— 주변에 흩어져 있는 것들도 결코 하찮게 볼 수 없다.

7 | **감성**Emotion— 감성은 풍부할수록 좋다.

8 | **신뢰**Trust— 간단히 말하자면, 우리는 믿는다.

9 | **실패**Failure— 단순하게 만들 수 없는 것들도 있다.

10 | **하나**The One— 단순함은 명백한 것을 제거하고 의미있는 것만을 더하는 것이다.

이러한 '법칙'은 TBD 프로세스를 넘어 전략 수립 프로세스 전반에 걸쳐 활용할 수 있다. '악마는 디테일에 숨어 있다'는 말은 와해성 기술에 관한 한 많은 사람들이 동의하는 인용구는 아니다. 대신에, 사람들은 '무자비하게 계획하지 말고 무자비하게 실행하라'는 접근을 더 선호하며, 이러한 표현은 종종 임원들이 패스트 컴퍼니Fast Company, 안트러프러너Entrepreneur, 포브스Forbes, 포천Fortune, 그리고 하버드 비즈니스 리뷰Harvard Business Review 등에서 그들의 성공 요인에 대해 답할 때 듣는 말이기도 하다. 조지 S. 패튼George S. Patton 장군의 '지금 적극적으로 실행되는 괜찮은 계획이 다음 주의 완벽한 계획보다 낫다'는 오랜 구절은 진리인 것 같다.

처음에, TBD는 더 완벽하게 탐구하기 위해서 사람들이 통과해야 하는 질문이 많은 목록이었다. 그러나 내가 사용하면서 발전했고 더 많은 사람들이 행동을 취하는 것을 보게 된다.

'심플' TBD가 해야 할 일은 무엇인가?

· · · · · · 들어가기 및 1장에서 우리는 상황이 빠르게 진행되고 있으며 기술 변화의 유형과 속도가 과거 그 어느 때보다 빠르게 변화하고 있음을 알 수 있었다. 종종 사람들은 역부족이라고 느끼며 분석 마비, 사람 잡는 파워포인트, 형식적인 절차 등 일을 처리하며 여러모로 시달린다. 심플 'TBD'는 '우리가 _____에 대해 좀 더 조사를 해야 할까?'와 같은 단순한 질문에 답함으로써 이런 점을 인정하고 대처하도록 설정되었다. 심플 TBD 버전을 적용하는 일에 뛰어들기 전에 몇 가지 주의사항을 살펴보는 것이 중요하다.

1 | 질문 및 답변은 중요하지만 호도될 수 있다

TBD는 분명한 문제를 가지고 전진하기 위해 다양한 질문 및 답변을 필요로 하지만 '내가 A를 해야 할까 아니면 B를 해야 할까?' 묻는 것은 잘못된 이분법일 수 있다. 이 질문은 A와 B가 상호 배타적임을 의미한다. 즉, 두 가지 선택권 둘 다를 가질 수는 없다.

단순함이 TBD의 초점이자 핵심이지만, TBD가 주는 선택지는 본질적으로 이원적이며 우리 모두가 이미 알고 있는 것처럼 사업이 늘 그렇게 간단하지는 않다. 심플 TBD를 사용하면 다양한 선택을 놓칠 수도 있기 때문에 완전한 TBD 프레임워크가 개발되었다. 다시 말해, 질문에 그저 묻고 답하는 것은 근본적으로 잘못된 일이고 모든 상황과 업계에 전혀 도움이 되지 않을 수도 있다. 그러나, 많은 경우에 다음 단계를 명확하게 하는 데 도움이 될 수 있다.

2 | 심플 TBD는 당신의 회사가 변화에 어떻게 적응하는지 혹은 생각하는지 고려하지 않는다

심플 TBD는 당신이 새로운 아이디어를 추진하려고 할 때 굉장히 중요하다. 그저 당신이 뭔가 해야 한다고 생각하기 때문에 할 수 있거나 하는 것을 의미하지는 않는다. 이를 이해하는 것은 단지 낮은 수준의 의사결정을 위해서가 아니라 기업 차원에서 TBD가 실제로 작동하게 하는 데에 중요하다.

3 | 심플 TBD는 자원이 무한하다고 가정한다

심플 TBD의 목표는 복잡한종종 그러나 항상 복잡하지는 않은 문제에 신속하게 대응하는 것이다. 다시 말해서, 사업이 항상 그런 것은 아니지만 페이스북, 애플, 스타트업 기업들의 성공적인 '빨리 실패하기' 정신은 우리가 지금 살고 있고 향해 가려는 세상에 대한 증거이다. TBD는 다섯 가지가 실현되고 모두 실행할 가치가 있는 것으로 간주한다면, 기업은 이를 수행할 수 있으며 앞으로 할 것이라고 가정한다. 이것은 비현실적이지만 TBD는 이러한 위험을 조기에 최소화하는 방법으로 기업과 개인이 현재의 상황에 집중하도록 지원한다. 이 문제는 순위와 우선순위 방법론을 사용하는 고급 버전에서 해결되었다.

이러한 주의사항에도 불구하고, 심플 TBD는 우선순위 선정, 추가 연구 결정, 자원 할당과 단기적인 성과에 대단히 유용하다. 모든 기업들은 비용과 시간을 절약하기 위해 자신들의 전략을 간소화하고 최적화할 수 있는 프레임워크와 공식 및 방법을 모색하고 있다. 그리고 사업이나 삶에 있어서 대부분의 일이 그러하듯 어떤 일을 해서 최고의 가치가 부여되는 것이 아니라 오히려 그 일 자체가 가져다 주는 가치가 있기 마련이다.

'심플' TBD 프레임워크

1단계: 당신의 의사결정 매트릭스를 만들어라

위험 매트릭스 설계에 따라, '심플' TBD 프레임워크의 첫 번째 부분은 결과 매트릭스 또는 '의사결정 매트릭스'를 만드는 것이다. 다시 말해, 아이디어, 기술, 새로운 제품과 특징 또는 플랫폼이 어떤 방식으로 출현하거나 변경될 때 수행할 작업 목록이다. 이러한 결과는 동일한 분야의 기업 및 산업에 따라 다를 수 있고 달라야 하지만 요점은 머지않아 이 결과가 회사에 특별한 의미가 있어야 한다는 것이다. 의사결정 매트릭스는 결과를 특정 숫자에 사전 할당하는 방법으로 TBD 점수를 확정하면 매트릭스로 돌아가서 다음 단계가 무엇인지 볼 수 있다. 핵심은 가능한 한 구체적이고 행동지향적으로 만드는 것이다. 어중간한 답은 어떤 의사결정 매트릭스에도 허용되지 않는다.

10은 이해하기 쉬운 숫자이고 판단을 내릴 때 흔히 사용되기 때문에 10점 만점을 사용했다. 일부 고객들은 100점 만점을 더 선호하지만 0~10이 대개 일을 단순화한다. 0이 꼭 '대응 없음'을 의미하지는 않지만 보통 대부분 사람들의 활동이 가장 적고 중요도가 낮고 지시가 적은 곳을 가리킨다. 우선 백지 한 장을 사용하여 3단계에서 설명한 TBD 질문 3개 각각에 대해 10점 만점의 점수를 기준으로 어떤 사항이 그 등급에서 30위를 차지한다면 어떤 결정을 내릴지 나열하라. 다시 말해, 현재의 목표와 목적에 비추어 보면 회사에 완전히 적합하지 않은 것일 수 있다. 일단 다 하고 나면, 종이 상단에 그 내용을 적어라.

고객이 제공하는 가능성이 있는 모범 의사결정의 사례를 몇 가지 말하자면 다음과 같다.

- 24시간 내에 고위 관리직 팀이 투표할 수 있도록 200자 권고안을 작성한다. 다수의 승인은 _____달러의 예산이 적용되고 구체적인 테스트 계획이 48시간 내에 수립되고 실행될 것을 의미한다.
- 24시간 내에 고위 관리직 팀이 만나 현안 문제를 논의할 것이다. 회의 끝

에 3가지 선택지에서 다음의 행동 방침에 대해 투표할 것이다. 계속 진행하거나, 테스트 자금을 지원하거나, 현재 시점에서 추가적인 연구를 승인하거나 추가 조치를 거부하는 것에 대해 3, 6, 12개월이 되는 시점에 다시 논의한다.

- 만약 테스트의 비용이 _____달러 미만이면, [경영자]는 이 문제를 테스트하고 진행하도록 승인한다. 만일 이 금액 이상이 필요하면, [경영자]는 이메일이 제출되고 24시간 내에 투표를 통해 고위 관리직 팀으로부터 승인을 얻는다.

평가가 0이면 어떻게 하겠는가? 이것은 아무 것도 아닐 수도 있고 '6개월 후 검토'라는 결정일 수도 있다. 어떤 것을 선택하든 이제 최상의 시나리오와 최악의 시나리오가 생긴다. 최선의 결과와 최악의 결과 모두에 대해 원하는 성과를 얻었다. 다음 단계는 의사결정 매트릭스의 중간 지점을 채우기 시작하는 것이다. 이 단계가 핵심이다. 경험과 평균의 법칙에 따라 많은 기술들이 매트릭스 중간에 위치하게 될 것을 말하기 때문이다. 15나 17의 경우 당신이 정말로 무엇을 할 것인지를 살펴보는 데 시간을 보내라. 한 가지 결정에서 다른 결정의 어디로 선을 그을 것인가? 회사에 이익이 되는 부분과 무언가를 하지 않을 경우의 위험이 어떤지 생각해보라. 이것은그리고 **다른 질문**은 순위를 위/아래로 움직이는 데 도움이 될 수 있다.

이제 방금 기록한 최상의 시나리오즉, 30에 대해 별도의 구별을 하고 싶어질 시점을 생각해보자. 어떤 사람들은 29일 것이고 다른 사람들은 25에 가까울 것이다. 숫자 그 자체가 꼭 중요하지는 않지만 25와 30의 차이를 이해할 시간과 공간을 확보하는 것은 기업이 수천 달러의 비용을 들이게 되거나 또는 절약할 수 있는 의사결정의 핵심이다. 이 과정은 구체적인 결정이 이루어질 '구간'이나 영역을 생성하여 기술, 기능, 또는 업그레이드가 제안하는 작업 과정에 대해 신속하게 결정내릴 수 있다.

최종 단계는 의사결정 매트릭스에서 다른 지점을 채워 넣는 것이다. 5, 10, 15등은 어떻게 되나? 어떤 기업은 모든 숫자에 결정을 한 가지로 하는 이 방법을 추천하지는 않는다 반면, 다른 기업들은 무선표지 시스템처럼 3~4개를 고정한다. TBD를 사용하는 가장 성공적인 기업은 더 낮은 대역에 대해 구체적이며 간단한 조치를 취하거나 상위 구간에 대해 복잡한 지시사항 등 의사결정을 위한 몇 개의 구간즉, 10~15을 생성한다. 더 적고 더 구체적인 구간을 선택하면 더 빠르게 이동하고 더 효율적이며 오해가 적다. T, B, D 점수에 논란이 생겨도 동일한 결과를 얻는 경우가 많다.

의사결정 매트릭스는 잘못된 일이 발생했을 때나 더 위험한 전략을 피하기 위한 대응 방식을 결정하기 위해서 활용되는 일반적인 위험 매트릭스를 토대로 한다.

〈그림 4.1〉 위험 매트릭스Risk Matrix

가능성	가능성이 있는	중간 위험	높은 위험	극한 위험
	가능성이 낮은	낮은 위험	중간 위험	높은 위험
	가능성이 높은	사소한 위험	낮은 위험	중간 위험
		약간 해로운	해로운	극히 해로운
			결과	

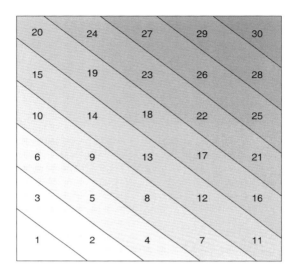

이 의사결정 매트릭스는 가능성이나 와해 심각성을 포함하지 않았으므로 약간 다르고 단순히 행동 방침을 결정하는 점수일 뿐이다.

TOP TIP

최고의 의사결정 매트릭스는 진공 상태에서 만들어지지 않은 매트릭스이다. 모든 수준의 팀원이 꾸려지면 가장 좋다. 팀을 하나 꾸리고 우수 사례와 가능성 있는 사례 및 회사가 과거에 유사한 문제를 다룬 방식에 대해 공개적으로 이야기한다. 예산, 시간 요구사항에 대해 직설적이고 개방적이어야 하며 표현, 마감일 및 행동 조치에 대해 합의해야 한다. 이렇게 하면 규정 준수 및 이해에서 향후 협업 촉진에 이르기까지 여러 가지를 보장할 수 있다.

2단계: 당신이 원하는 답에 대한 질문을 정하라

이와 같은 질문을 결정하는 것은 기업의 구조가 유연하지 않거나 변화에 많은 에너지가 필요해서 기업이 와해성 기술과 빠른 변화에 대해 확신할 수 없기 때문에 어려울 수 있다. 그러나 추가 조사를 배제하거나 좋은 행동을 시작하는 두 가지 방법 중 하나로 연습하는 과정을 통해 올바르게 수행하면서 이러한 질문을 구성하면 신속하고 효율적으로 처리할 수 있다. 물론, 질문은 회사마다 다르고 표현도 다르지만 본질적으로 '_____으로 인해 우리가 무엇을 해야하는가?'라는 질문에 답을 찾고 있다.

대부분의 경우 질문은 다음과 같다.

- _____을/를 어떻게 하면 좋을까?
- 우리가 _____ 사용을 시작해야 하는가?
- _____의 새로운 기능인 _____로 우리는 더 많은 돈을 벌 수 있을까?
- _____의 새로운 기능인 _____로 우리는 시간을 절약할 수 있을까?

심플 TBD는 비용 편익 분석이나 이와 유사한 것이 아니지만 다음에 수행할 작업을 빠르게 결정하는 방법이라는 점을 기억하는 것이 중요하다. 본질적으로, TBD는 움직임을 주는 프레임워크다. 즉, 당신은 전진하거나 전진하지 않아야 한다 그리고 아마도 미래에 다시 논의하거나 재확인하기로 결정할 것이다.

127

3단계: TBD를 사용하여 TBD 점수 얻기

이제 당신의 의사결정 매트릭스와 관련된 점수를 결정하기 위해서 TBD 기술, 행동, 데이터의 요소에 대한 판단을 해야 한다.

1 │ **기술** 'can they' 요소

생각해볼 질문은 이렇다. 내 앞에 가진 증거를 근거로 볼 때, 최종 이용자들은 그들이 하길 원하는 일을 할 수 있을까?

당신이 일반적으로 요구하는 것을 기반으로 기본 틀을 설정하기 때문에 이 질문은 종종 가장 중요한 질문이 된다. 주로 사람들은 일을 더 할 수 있고행동 또 충분히 많은 양데이터을 만들 수 있지만 그것이 무엇인지, 어떻게 작동하는지를 당신이 알아야 한다. 간단히 말하자면 가능한 한 많이 알아야 한다. 이 방법을 사용하는 고객들은 내게 이 부분에서 약 20~30분 정도가 소요된다고 말했지만 문제가 크거나 정보가 부족할 경우 1시간 이상 걸릴 수도 있다.

일단 연구를 끝내면 스스로 당신이 발견한 것을 정독하거나 긍정적인 점과 부정적인 점을 강조해보는 등 곰곰이 생각할 시간을 가져야 한다. 그리고 발견한 것에 기초하여 의견을 형성한다. 시간이 더 필요하다고 결정할 수도 있으니 만족할 때까지 연구를 계속한다. 때로 와해성 기술로는 거의 가능한 것이 없지만 이런 점을 먼저 알고 있다면 1단계에서 특정 상황을 연출하는 데 도움이 된다.

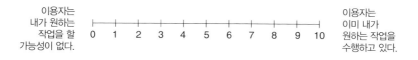

〈그림 4.3〉 그들이 요청 받은 일을 수행할 수 있을까?Can they?

| 이용자는
내가 원하는
작업을 할
가능성이 없다. | 0 1 2 3 4 5 6 7 8 9 10 | 이용자는
이미 내가
원하는 작업을
수행하고 있다. |

0점은 이용자가 요청 받은 작업을 수행할 수 없음을 의미한다. 가령, 사람들이 영상을 올리게 하고 싶지만 사이트가 수익 공유를 위해서 당신만 게시글을 쓸 수 있게 한다면 0점을 의미한다. 하지만 사람들이 블로그에 영상을 올릴 수 있는 경우 영상 게시는 가능하지만 사이트의 주요 기능이 아니므로 5점 이상의 점수가 타당하다. 점수는 냉정하게 매긴다. 자주 되돌아보고 스스로의 가설에 대해 문제를 제기하고 수행한 연구를 살펴본다.

TOP TIP

에버노트Evernote 계정을 초기에 만들어라. 에버노트는 전체 웹페이지를 저장하고 나중에 웹페이지 내에서 검색할 수 있도록 해주는 온라인 북마크 도구이다. 또한 이메일로 전송할 수도 있다. 인터넷 연결로 어디서나 접속할 수 있는 개인의 사적인 지식 저장소와 같다. 해당 옵션을 선택하면 오프라인도 가능하다. 좋은 정보를 발견할 때마다 태그를 달면 쉽게 재배치할 수 있고, 업데이트하고 향후 사용을 위해 주제 메모를 보관할 수 있다. 예를 들어 3D 프린팅을 위한 노트 하나와 3D로 프린트 된 패션을 기록할 또 다른 메모로 구분할 수 있고 이 두 노트를 합칠 수도 있다. 동시에 같은 주제에 관심을 갖는 사람들이 여러명 있을 경우엔 공유하거나 공동 제작될 수도 있다권장함.

기술 연구에 도움이 되는 사이트:

아카데믹 검색 엔진 Academic search engines 위키피디아Wikipedia는 많은 다른 출판물들이 놓치고 있는 독특한 상세정보를 찾는 데 도움이 될 주요 저널들의 최신 목록을 보유하고 있다. https://en.wikipedia.org/wiki/List_of_academic_

에픽비트EpicBeat 에픽션Epictions이 만든 에픽비트는 이미 출판되거나 웹에서만 출판된 콘텐츠에 대한 심층 분석을 제공한다. 이 도구와 불 검색 문자열Boolean search strings, 즉 '그리고', '-', '또는'을 사용하면 업계에서 가장 많이 공유하는 특정 항목에 대한 링크와 함께 영향력 있는 목소리와 전문가를 찾을 수 있다. 이 툴은 무료와 유료 구독 서비스가 있다. https://epicenter.epictions.com/epicbeat/explore

Google 고급 검색 Google Advanced Search 기업들은 구글의 이 영역을 흔히 무시하는데 검색 첫 페이지 결과가 뭔가 흥미거리를 찾아내고 탐색 경로로 밀어 넣기 때문이다. 일반 구글 닷컴을 이용하는 대신, 아래 링크를 사용하면 특정 검색 조건을 포함하거나 배제하기 위해 추가 검색 범위를 좁혀 페이지를 찾을 수 있다. https://www.google.co.uk/advanced_search

산업별 검색 엔진 Industry-specific search engines 산업별 또는 '수직적 검색'이 수많은 방식으로 이루어질 수 있지만 가장 쉬운 방법 그리고 종종 가장 최신 방법은 특정 검색 엔진이나 데이터베이스를 사용하는 것이다. 서치 엔진 가이드Search Engine Guide는 흔히 공개적으로 입수하기 어려운 매우 전문적인 정보에 대한 조사를 시작하기에 훌륭한 자원이다. http://www.searchengineguide.com/searchengines.html

노티스보드/보드 커뮤니티즈 Noticeboards/board communities 이러한 도구는 익명으로 글을 기고하는 최고 기술 기업의 직원들이나 주제 분야를 찾고 탐색하는 것을 즐기는 집요한 사람 같은 전문가에게 풍부한 자원이 될 수 있다. 그런 사이트의 예로는 Reddit, Quota, Voat, Snapzu, Stack$ity, Digg, Hacker News, Product Hunt와 Slashdot이 있다. 또한 주요 검색 엔진을 사용하여 특정 Microsoft 제품 또는 3D 프린팅 커뮤니티와 같은 고유 사이트와 전용 사이트를 찾거나 이러한 사이트 자체적으로 주요 검색 엔진을 사용할 수 있다.

2 │ **행동** 'will they' 요소

생각해 볼 질문은 다음과 같다. 내가 가진 증거를 근거로 볼 때, 최종 이용자들은 내가 그들이 하길 원하는 것을 하려고 할까?

당신의 자료를 활용하거나 필요하다면 더 조사를 해서, TBD의 행동 영역에 점수를 책정한다. 이 부분에서는 당신의 소비자에 대해 반드시 알아야 하며또는 기술을 사용하는 사용자에 대해서 반드시 알아야 한다. 지금 중복되는지, 향후에 중복될 예정이거나 중복될 가능성이 있는지를 결정해야 한다.

〈그림 4.4〉 이들이 요구사항을 이행할까?will they ━━━━━━━━━━━

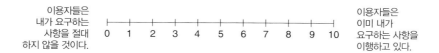

이용자들은
내가 요구하는
사항을 절대   0 1 2 3 4 5 6 7 8 9 10
하지 않을 것이다.

이용자들은
이미 내가
요구하는 사항을
이행하고 있다.

행동 연구에 도움이 되는 사이트:

글로벌웹인덱스GlobalWebindex 굉장할 정도의 수준으로 상세하게 사람들이 웹을 이용하는 방법을 추적하는 설문조사 데이터베이스이다. 분기별로 업데이트되며, 서비스는 34개국546개의 지역에 걸쳐 이루어진다. 브랜드 기업과 개인에게 행동 양식, 기기 사용, 라이프스타일, 인구 통계, 소셜 미디어 사용, 앱 사용, 상업 환경 설정 및 마케팅 접점marketing touchpoints과 관련된 세부 정보를 제공한다. 그러나 이 데이터베이스는 읽기 전용이 아니다. 많은 방식으로 이 데이터를 잘라낼 수 있다는 점이 묘미이다. 일부 데이터는 무료로 이용할 수 있으나 유료 서비스는 그만한 가치가 있다. https://www.globalwebindex.net

커그너티브 로드 Cognitive Lode 리보Ribot가 창설한 커그너티브 로드는 최신 행동 경제학 및 소비자 심리 정보를 가져와서 핵심을 뽑아 쉽게 적용될 수 있는 정보 덩어리로 만든다. 뉴스레터에 가입하면 매주 새로운 정보를 제공받을 수 있다. http://coglode.com

힛와이즈Hitwise 익스피리언Experian이 창설한 힛와이즈는 미국 중심으로 운영되지만 미국에서만 천만 명이 넘는 사람들의 방대한 데이터를 보유한 글로벌 기업이다. 백만 개가 넘는 사이트에서 행동을 추적하고 통계 조사의 표본이 대표적인지 확인하기 위해서 사전동의 패널과 다양한 범위의 개인을 활용한다. 이 기업이 수집하는 데이터는 인구 통계 및 생활 방식의 세분화, 경쟁 용도 및 검색 용어 사용, 교통 운전자 등에 대해 알고 싶어하는 최고의 브랜드들이 활용한다. http://www.experian.co.uk/marketing-services

멜리사 데이터 Melissa Data 멜리사 데이터는 비용으로 접근할 수 있는 지리적, 사회경제학적 정보 및 신원과 관련된 광범위한 데이터를 제공한다일부 무료이지만 매일 일정량으로 제한된다. 유용하고 시기적절한 정보는 정기적으로 업데이트 되므로 사이트에서 얻을 수 있다. http://www.melissadata.com/lookups

정부 소식 제공 사이트 Government sources 미국과 영국 정부 모두 다양한 주제에 대해 대중이 무엇을 사용하고 무엇을 하고 믿고 있는지를 파악하기 위해 여러 데이터 세트와 도구를 제공하면서 개방형 데이터 정책을 주도하고 있다. 사이트 내에 방대한 양의 데이터와 다양한 유형의 정보가 있기 때문에 탐색이 어려울 수 있지만, 포기하지 않으면 분명한 검색을 넘어 데이터와 통찰력을 얻을 수 있다.

TOP TIP

인구 조사 데이터를 출발점으로 보는 것을 기억하라. 건강 데이터는 대다수 정부에 의해 자체 심층 사이트가 제공되고 있으므로 이 유형의 정보를 검색한다. 미국: www.data.gov, 영국: www.ukdataservice.ac.uk/get-data/themes/health

페이스북 그래프 검색 Facebook Graph 대부분의 페이스북 데이터는 비공개지만, 방대한 양의 정보는 그렇지 않다. 페이스북 사용자가 매달 10억 명 이상이라 생각한다면, 강력한 데이터와 통찰력을 얻을 수 있다. 페이스북 그래프 검색은 사용자가 기꺼이 공유하고 싶어할 때 또는 공유하고 있다는 사실을 모르는 경우에도 많은 양의 정보를 조회할 때 사용할 수 있는 도구이다.

TOP TIP

페이스북이 편집하여 배포한 더 많은 팁과 심층적인 데이터 분석을 위해 Facebook IQ를 살펴보라. insights.fb.com 과 developers.facebook.com/docs/graph-api

3 | 데이터 'will enough' 요소

다음과 같은 질문을 생각해보자. 내가 가진 증거를 토대로, 최종 이용자들은 내가 원하는 일을 충분히 해낼 수 있을까?

이용 가능한 증거로 종종 결정을 양극화할 수 있기 때문에 TBD의 데이터 섹션은 행동 방침을 결정하는 것이 가장 유용하다. 이번 섹션에서는 당신이 수행한 연구에 기초하여, 이 질문에 점수를 배정해야 한다. 자료가 더 필요할 경우 수행한다.

〈그림 4.5〉 내가 원하는 일을 그들이 '충분히' 해낼 수 있는가?will enough

아무도 내가
요구하는 바를   0 1 2 3 4 5 6 7 8 9 10
하지 않을 것이다.

모두가 내가
요청하는 대로
할 것이다.

데이터 연구에 도움이 되는 사이트

웹사이트와 어플 측정 서비스 Website and application measurement services comScore, Nielsen, HitWise, L2, Compete, Alexa measure traffic, demographics 그리고 기타 메트릭스Metrics와 같은 사이트와 서비스들은 웹사이트와 어플을 이용하는 사람이 누구인지 보여준다. 신속한 구글 검색으로 이 사이트들과 이들이 제공하는 무료 콘텐츠를 얻을 수 있다. 여러 사이트들이 자신들의 블로그를 통해 여러 주제에 걸친 광범위한 데이터와 보고서를 제공하는데 거의 대부분 유료로 구독해야 하지만 독자에게 상당히 많은 데이터를 제공한다.

앱 애니 App annie 구식 기술이 지배하던 과거에서 벗어나 모바일 및 스마트폰과 같은 기기에 점점 더 많은 시간을 쏟고 있기 때문에 모바일 및 스마트폰 데이터가 점점 더 중요해지고 있다. 앱 애니는 이 분야의 선두주자로써 데이터를 두고 경쟁할 라이벌 업체가 거의 없다. 다양한 앱 스토어와 사람들이 휴대전화를 사용하는 행동 양식을 보유하고 있다. 앱 애니의 유용하고 정기적인 무료 콘텐츠를 공급하기도 하고, 시장에 대한 통찰력과 소비자 행동 예측 및 변화에 대한 세부 정보를 얻을 수 있는 유료 솔루션도 제공하고 있다. https://www.appannie.com/about/home

분석 회사 Analyst firm 주요 대기업은 매킨지McKinsey, 포레스터Forrester, 가트너Gartner, IDC 및 HIS가 있지만 빠른 검색을 통해 더 세부적인 기업을 찾아낼 수 있다. 당연히도 이러한 지식 근로자 기업은 완전 최신 정보를 무료로 제공하지는 않는다. 다만 그들이 제공하는 정보는 본질적으로 예측과 트렌드 정보이다. 당신의 의사결정 매트릭스 결과 좀 더 세부 정보를 얻기 위한 추가 연구가 필요할 수도 있으나 대부분의 자료가 이미 그 자체로 충분히 품질이 높다. 또 세부 정보가 필요한 경우엔 전체 보고서를 구매해야 할 수도 있다. 종종 대규모 기업보다 자유로운 이해를 바탕으로 흥미로운 통찰력을 제공할 수 있으므로 당신이 찾는 분야만을 전문적으로 분석하는 작은 회사를 찾아야 한다.

경제적 데이터 Economic data 프리런치FreeLunch는 높은 수준의 경제 데이터를 대부분 무료로 제공하는 훌륭한 사이트이다. 무디스Moody's 신용 분석이 운영하는 프리런치는 최상위와 최하위 수준에서 역사적이고 예측적인 데이터를 제공하며 180개국 이상을 포함하여 세계 GDP의 93% 이상을 나타낸다. 프리런치의 데이터베이스는 2억 개 이상의 금융, 인구 통계, 소비자 신용 데이터를 포함하고 있으며 매년 약 1천만 개가 추가된다. https://www.economy.com/freelunch

매체와 언론 사이트 Media and press sites 홍보나 마케팅 부서에서 종종 쓰이는 것처럼 편견을 포함할 가능성이 높은 것은 분명하지만 플랫폼과 기업 사이트에 있는 언론 및 미디어 사이트는 주로 색인을 통해 검색 및 접속할 수 있는 특정 영역에 쏟아지는 풍부한 정보를 제공한다. 위치는 다양하지만 종종 사이트의 검색 창 아래에 위치하고 있다.

데이터 USA Data USA MIT, 딜로이트Deloitte, 데이터휠Datawheel에서 일하는 진지한 두뇌들과 협력하여 만든 데이터 USA는 미국의 방대한 양의 공공 데이터를 사람들이 탐색할 수 있게 만든 비교적 새로운 사이트이다. 데이터 는 다양한 방법을 사용해서 시각화하는 것이 가능하며 자유롭게 사용할 수 있다. 무엇보다도, 소프트웨어 코드는 오픈 소스이므로, 데이터 USA에 있는 데이터를 자신의 데이터와 섞어서 고유한 제품으로 개발할 수 있다. https://datausa.io

갭마인더Gapminder 갭마인더는 세계은행World Bank, WB, UN, 세계보건기구 World Health Organization, WHO, 국제노동기구International Labor Organization, ILO, 포 브스Forbes 및 기타 기관과 더불어 전 세계 데이터 소스의 거대한 집합체이다. 데이터는 흔히 지역별로 나눌 수 있고 완전히 다운로드가 가능하다. https:// www.gapminder.org/data

구글 트렌드 Google Trends 구글 트렌드는 강력한 도구로써 시간이 경과함에 따라 검색을 검토하여 일반적인 검색 사용에서 특정 단어나 표현의 수가 증 가하는지 확인할 수 있다. 이 외에도, 구글 툴을 사용하여 지리적 위치와 관 련 검색에 기초한 심층 분석을 위해 매우 구체적인 검색 조회를 할 수 있다. https://www.google.com/trends/explore

4단계: TBD 점수 계산하기

이제까지의 질문에 대한 최종 TBD 점수를 알아보기 위해서 기술, 행동, 데이터 3가지 영역의 점수를 모두 합한다. 권고한 대로 10점 만점으로 했다면 TBD의 최고 점수는 30점이다. 심플 TBD에는 뺄셈, 곱셈, 나눗셈은 없다.

〈그림 4.6〉 최종 점수

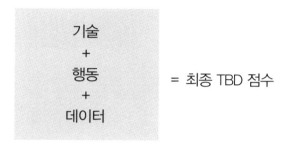

기술
+
행동
+
데이터

= 최종 TBD 점수

TOP TIP

경험에 비춰보면 10점 만점 방법은 변경할 여지가 충분히 있고 일반적으로 이해할 수 있는 방법이다. 그러나 시간이 지나도 일정하고 동일한 가치의 비중을 유지하도록 주의를 기울인다면 이 방법이 아니라도 100점 만점 방법이나 무선표지 시스템 혹은 기타 방법 중에서 당신의 기업에 가장 적합한 방법을 사용해도 무방하다.

이제 최종 점수가 나왔다. 처음에 작성한 의사결정 매트릭스를 사용하면서 당신이 제기했던 문제와 그 문제에 대해 어떤 결정을 적용할지 알아볼 시간이다.

5단계: TBD 점수를 의사결정 매트릭스에 적용하기

자, 이제 TBD 점수를 얻었다. 그 점수에 따라 결정을 내릴 시간이다. 이

전에 언급했듯, 모두의 의사결정 매트릭스는 다르지만 당신이 동의한 결정이 무엇이건 진실을 유지하는 것이 중요하다. 고객들은 시간이나 에너지 수준이나 현재 작업량에 따라 점수를 올리거나 내리고 싶은 마음이 들때가 있다고 말한 적이 있다. 몇 가지 이유를 들어 충고하는데, 주로 이 과정의 목표에 진실하지 않은 것이므로 그렇게 하지 말라고 조언한다. 모든 사람들이 바쁘게 움직이고, 앞서 TBD 과정을 성공적으로 진행하는 데 있어 중요한 역할을 하기 때문이라고 말하기도 했다.

획득한 점수가 무엇에 해당하는지 정리하여 종이 한 장 위에 기록한다. 혹은 이메일이나 가장 잘 작업할 수 있는 매개체라면 무엇이든 좋다. 이제 당신의 이해를 바탕으로 결정을 구체화하기 시작하라. 이때 가장 최고의 충고는 이 일을 미루지 말라는 것이다. 즉시 시작하라. 이 방법으로 당신은 머릿속에 막 떠오르는 가장 좋은 생각을 먼저 얻을 수 있다. 물론 나중에 다시 돌아와서 덧붙이거나 다른 사람들의 도움을 얻을 수도 있는데 핵심은 운동량을 계속 유지하는 것이다. 지금까지 이것을 얻기 위해 시간을 들였다. 그러니 자책하지 말자. 당신이 내린 결정에 충실하라. 오랜 시간 비탄에 잠길 수도 있으니 짧은 순간에 기분이 나아지려고 일을 그르치지 마라.

 **CASE STUDY**

다음 장에서 복합 TBD 프레임워크를 살펴보기 전에, 심플 TBD의 고객 사례 연구를 예로 들어 살펴보자.

수잔은 유명한 패션 소매점의 최고마케팅경영자CMO, 이하 CMO로 새로운 형태의 탈의실을 설치하려 하고 있다. 이 새로운 탈의실은 고객이 옷을 들고 들어가는 예전의 방식과는 크게 다르다.

새로운 탈의실은:

- 계산원을 대체한다.

- 고객이 매장에 있는 옷보다 더 많은 옷을 둘러 볼 수 있다.

- 일반적인 경험을 더욱 재미있고 흥미롭게 한다.

- 사람들이 실제로 제품을 입어보지 않고 프로젝터를 이용하여 제품을 착용해 볼 수 있다.

- 고객은 온라인 스타일리스트의 조언을 얻을 수 있다.

- 고객은 제품을 들고 다니고 싶지 않을 때, 탈의실에서 금액을 지불하고 배달을 진행할 수 있다.

1. 기술가능성, Can 모두가 이렇게 쇼핑을 할 수 있지만, 모두가 오프라인 매장에서 쇼핑을 하는 것은 아니기 때문에 완벽한 10점 만점이 될 수 없다. [**점수 = 8점**]

2. 행동의지, Will 의류 구입은 모든 사람에게 개인적인 일이다. 어떤 사람은 옷을 고르는 데 시간과 노력이 들어가는 반면 어떤 사람들은 상점에 들어가자마자 구매를 선택하고 나오기도 한다. 또 다른 사람들은 온라인에서 옷을 구매하는데 요즘엔 이 유형이 증가하고 있다. 그러므로, 점수는 그 아이디어를 지원하는 대다수를 반영하지만 더 높은 점수를 주지는 않는다. [**점수 = 7점**]

3. 데이터충분한 양, Enough 유사한 새로운 스타일의 탈의실 사례를 기반으로 사람들은 옷을 입어보는 동안 추가적인 정보에 반응한다. CMO 탈의실에 신체 스캐너에 대해 흥미로운 추가 질문을 찾아냈고 직원, 유통 및 재고를 감축하면 비용이 낮아진다는 점도 확인했다. 또한 CMO는 옷이 잘 맞으면 사람들은 두 가지 버전을 구입하기 때문에 구매 바구니 크기가 커진다는 것도 데이터로 발견했으며 고객들은 구매한 상품을 들고 다니기 보다 집으로 배송된다는 점에 높은 만족도를 보였다는 것도 알게 되었다. [**점수 = 8점**]

총 TBD 점수: 8 + 7 + 8 = 23

의사결정 매트릭스에 기반하여, 수잔은 미리 팀과 함께 만든 점수를 회사의 중간

범주인 '작은 시험 사례 만들기'에 포함시키는데 '추가 조사'와 '광범위하게
즉시 실현' 사이에 해당한다. 이 점수는 테스트 비용을 위해 할당된 자동 예산이
있음을 의미한다다 많은 예산을 신청할 수 있으나 이 테스트는 주로 기존 기능의 경로 변경에
관한 것이라서 사전 합의된 상위 승인이 필요하다. 이를 토대로 수잔은 하나의 상점에서
테스트하는 것이 가장 적합하다고 판단하고 수잔의 감독 하에 2인으로 꾸린 팀을
활성화시켜서 최대 1~2개월 내에 이행하는 것을 목표로 이 프로젝트를 2주 내에
완성하도록 지시했다.

결론

· · · · · · 4장에서는 더 나은 의사결정을 내릴 수 있도록 작업을 쉽게
진행하고 많은 자원을 확보하는 방법을 제공했다. 또한 이 장에서는 사업
의 다른 영역에서 의사결정을 내릴 때 당신이 보이는 엄격함을 이해하고 와
해성 기술에 대해 당신이 어떤 생각을 하는지를 살펴보았다.

TBD는 과정이 간단할 수는 있으나 추가 정보나 필요한 질문 없이 사용
할 경우에는 한계가 있다. 이어지는 장에서 이러한 문제를 해결하고 동시에
오픈 비즈니스혹은 부서를 구축하고 당신의 성공 기회를 극대화하기 위해 조
심해야 할 것과 이 모든 과정에서 자금 지원을 포함하여 승인을 얻는 법까
지 이야기한다.

또한 심플 TBD에서 좀 더 복잡한 프레임워크로 이동하여 자신만의 복합
TBD 프레임워크를 완성하는 데 필요한 요소를 준비할 수 있도록 돕는다.

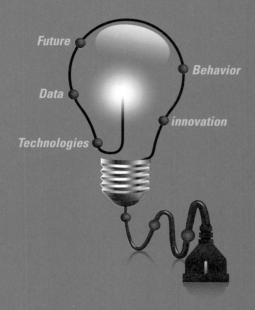

Future

Behavior

Data

innovation

Technologies

05　복합 TBD

05

—

복합 TBD

5장에서는 당신과 당신의 사업, 그리고 부서에서 다음을 수행할 수 있도록 지원한다.

- 단계를 밟아 자신만의 고유한 복합 TBD이하 TBD+ 프레임워크를 완성할 수 있다.
- 당신 회사 목표를 기반으로 우선순위를 낮출 수 있는 영역과 관심이 있는 핵심 영역을 발견할 수 있다.
- 와해성 기술과 이머징 기술을 생각할 때의 함정을 피할 수 있다.
- 성공의 기회를 극대화하고 필요할 경우 추가적인 자금 조달을 확보할 수 있다.

이전 장에서는 더 큰 TBD 프레임워크를 간단하고 가볍게 살펴보기또는 사용법에 더 중점을 두었다. 이번 장에서는, 당신의 기업이나 브랜드에 필요한 비용, 시간, 또는 관심 등 집중적인 투자 계획을 수립할 수 있는 TBD의 고급 버전TBD+을 살펴볼 것이다. 자신만의 고유한 고급 TBD 프레임워크를 완성하는 데 필요한 요소를 준비하는 방법을 알아본다.

TBD에 두 가지 버전이 필요한 이유는 무엇인가?

‧‧‧‧‧‧ 4장에서 알아보았듯, TBD는 긴 대화에서 비롯되었고 언제나 빠른 의사결정 도구로 설계된 프레임워크였다. 시간이 지남에 따라 이 프레임워크가 사용되고 개선되면서 일회성으로 활용하는 방법이 아니라 그 유용함과 견고함을 증대시키고 다른 사람들을 포용하며 무엇보다 조직에 적용될 수 있는 방법이 되도록 추가적인 요소를 더했다. 물론, 더 강경한 시스템이 당신의 기업에 효과가 없다고 생각한다면, 심플 TBD를 사용하는 것이 낫다. 심플 TBD는 장기적인 솔루션으로 설계된 프레임워크가 아니며 TBD+가 장기적 솔루션이다. 기업들은 간단히 목록이나 타임라인을 생성하거나 전달받기보다는 종종 이머징 기술과 와해성 기술에 대한 구체적이고, 장기적인 안목을 요구한다. 이는 보통 어렵고 고된 일이다. 그리고 TBD+는 이 프로세스를 간소화하기 위해 생성되었다.

TBD+는 무엇인가?

‧‧‧‧‧‧ 심플 TBD와 달리, TBD+는 개별 기업의 우선순위와 영역을 파악할 수 있다. 어쨌든 나노 기술같은 기술이 당신의 회사에 영향을 줄 가능성이 거의 없다고 여겨진다면, 그 기술을 지켜보고 뒤따르는 것은 다소 무익하기 때문이다. TBD+는 편집이 가능한 기술 격자grid를 만들고 각

기업마다 고유한 여러 기준을 포함하는 시스템을 기반으로 당신 기업의 탁월한 핵심 영역을 발견할 수 있도록 도와준다.

즉, TBD+ 프로세스를 통해 누구나 우선순위가 지정된 기술 격자를 만들 수 있고 이 기술 격자로 기업은 자원에 집중하여 시간 혹은 돈, 아니면 두 가지 모두에 대해 올바른 투자를 할 수 있다.

언제 TBD+를 사용하는가?

‥‥‥‥ 심플 TBD와는 다르게, TBD+는 만드는 데 시간이 조금 더 소요되며 분기별로 업데이트 된다. 이 두 기능은 심플 TBD와 차별화되지만 초기 설정은 일반적으로 가장 오래 걸리는 부분이다. 일단 여러 요소를 설정하고 나면, 업데이트와 점검은 보통 아주 간단하다. 시스템에 대한 개별적인 편안함 정도와 다양한 상황에 따라 고객은 달라지지만 대부분의 고객들은 TBD를 처음 만든 후에 분기별로 또는 2년 단위로 TBD+를 업데이트하는 경향이 있다. 분기별로 업데이트를 함으로써 기업은 이 과정이 자리를 잡게 할 뿐만 아니라 길잡이 별이 되어 후속 전략적 의사결정을 내려야 할 때마다 도움을 줄 수 있는 도구가 되도록 만들 수 있다.

TOP TIP

TBD+를 최대한 활용하기 위해서 달력을 사용한다. 프로세스가 시작될 때 달력에 반복적인 알림과 공지를 설정해 두는 것은 나머지 프로세스를 쉽게 진행할 수 있는 현명한 방법이다. 그룹별로 새로운 기술을 발견하고 월별, 분기별 및 기타 주요 이정표를 적어 넣어 데이터를 수집하도록 알리는 것이다. 이를 통해 TBD+ 프로세스가 기업 공간에 더욱 뿌리를 내리며 단단히 자리잡게 된다. 회의 전에 그저 간단히 계획하고 크게 생각하는 시간을 마련하는 방법이 매우 유용하다는 것을 알게 됐다. 시간을 관리하는 내용은 2장과 3장을 참조하라.

시작하기 전에, 실패라는 단어에 대하여……

· · · · · · 이 책의 이전 장과 앞으로 볼 내용은 조직 변화의 어려움에 대해 논의하고 있다. 그 와중에 여러 도전 과제, 도전자 및 충돌이 있을 것이다. 지금 바로 당신은 스스로에게 실패할 권한을 주어라. 전체 프로세스가 아니라 일정 부분이나 시간에 실패하라. 완벽해야 한다는 압박에서 벗어나라. 지금 바로 벗어나라. 입 밖으로 소리내어 크게 말하거나 종이에 적거나 여하튼 지금 실행해야 한다. 아무도 사업과 삶에서 완벽하지 않고, 실패에 대한 자유가 없다면 어떤 것도 대부분 진전이 있을 수가 없다. 당신은 그런 사람이 아니다.

나는 당신의 제품이 완벽할 수 없고 완벽하지 않아도 된다는 말을 하는 것이 아니다. 하지만 당신이 도달할 과정이나 방법은 매끄럽거나 간단하지 않을 것이다. 모두가 실패를 싫어하지만 실패를 극복하는 가장 좋은 방법은 실패를 예상하는 것이다. 그러면 실패하더라도 실패 때문에 완전히 쓰러지지는 않을 것이다. 내 마음에 늘 있는 실패에 관한 많은 구절들이 있는데 주로 일이 잘못될 때 고객들에게 인용하는 구절은 토머스 에디슨Thomas A Edison이 한 말이다. '실패는 그저 무언가를 하지 않기 위한 또 다른 방법일 뿐이다. 효과가 있는 방법을 찾으라Failure is just another way not to do something. Find the way that does work..

내가 부르는 것처럼 '자신감 있게 실패하는 마음'으로 이제 실패에 대한 기대를 해보자. 다시 말해, 현실적인 관점을 가져야 한다. 당신이 또는 당신이 아는 누군가가 마지막으로 뭔가 복잡하고 전략적인 일을 즉각 지체없이 처리한 것이 언제인가? 실패를 전면에 내세움으로써 당신은 사람들이 앉아서 생각할 수 있게 만드는 신선한 패턴을 도입하게 된다. 여기서 어떤 일이 발생할까? 나는 이에 대해 사전에 프로그램 된 반응이 없으니 더 읽어보는 것이 좋겠다. 다시 말하지만, 전체 계획이 실패한 것에 집중하지 마라. 결론으로 가는 길이 당신이 출발할 때 세웠던 계획이 아닐 수도 있다.

이제 이유와 올바른 사고방식, 집중력과 요구까지 있으니 TBD+ 프로세스의 단계를 시작하고자 한다.

TBD+ 프로세스

1단계: 기업의 목표를 정의하라

······ 기업의 규모가 크건 작건, 스타트업 기업이건 글로벌 브랜드 기업이건 광범위하게 다양한 기업과 일하고 기업의 직원들과 이야기를 나누면서 끊임없이 나를 놀라게 하는 동일한 것이 하나 있다. 그들 중에 기업의 목표에 대해 정확한 비전을 가진 직원이 거의 없다는 사실이다. 한술 더 떠서, 많은 직원들은 자신들의 상사에 대해 말할 땐 보통 부정적인 반응이 돌아왔으며 이미 기업 내에 불화가 존재하여 내가 하는 일이 더 어렵게 되곤 했다. 1년에 한 번씩 하는 연설이나 분기별로 업데이트되는 사항 말고 분명한 비전과 목표를 가진 회사는 거의 없었다. 설상가상으로 사내 표어tagline가 목표가 되는 경우도 있었다.

요지는 미래에 관해 한 기업이 비전과 목표에 대한 아이디어를 고심하는 것은 중요하다는 말이다. 겉으로 보기에 무의미해 보이는 문구와 표어는 안팎으로 가져올 결과에 더해진다. 하지만 사람들이 '한 목소리를 내고' 있지 있다면, 더 이상 도전이 필요하지 않을 때에 불리해진다. 만일 당신 자신의 역할이나 소속 부서 관련 목표가 아닌 기업의 목표 혹은 기업이 성취해야 하는 것이 무엇인지 대개 두세 가지도 적을 수 없다면 조사를 시작해야 한다.

이렇게 하면 된다. 흔히 이런 기업들은 정보는 존재하지만 대개 다양한 이유에서 그런 정보를 논의하거나, 업데이트하거나, 도전적으로 시행해 보거나, 촉진하지 않는다. 이런 경우 나는 흔히 누가 언제 그 정보를 만들었는지 아직도 유효한지 그리고 적용이 가능한지 묻는다.

정보를 찾을 수 있는 곳은 CEO실, 웹사이트의 투자 관계 영역, 언론실 및 위키피디아와 같은 사이트나 기업 스폰서 안내문 등이다. 일단 목표를 정하고 나면, 각각 다른 종이에 적어 앞에 펼쳐 두고 이런 필터가 조직에 미치는 영향과 당신에게 어떤 의미가 있는지를 생각해 본다. 이렇게 해보면 즉각적으로 임원진들에게 위에 언급한 내용과 같이 물어볼 질문이 떠오르기도 한다. 노트에 적어서 진행하기 전에 물어보도록 한다.

목표 목록을 만드는 것을 끝마치면 종이 맨 상단에 적어 둔다. 이 내용은 당신에게 내리는 지침이다. 당신이 TBD+를 시작하는 이유는 미래를 대비한 강력한 전략을 준비하기 위해서이다. 그러므로 지침을 이해하면 당신은 전체 프로세스에 대해 집중할 수 있다. 어떤 요소는 이 과정과 상당히 관련이 높은 반면 다른 부분은 그렇지 않을 것이다. 요점은 당신에게는 이제 지평선을 가리키는 나침반의 바늘이 있다는 점이다. TBD+ 프로세스와 당신 기업의 미래를 성공으로 결정짓게 될 수 많은 다른 요소가 있다는 것을 잊어서는 안 된다. TBD+를 사용하여 목표를 향해 나아가는 데 도움이 될 다양한 기술과 영역을 기록해 나가면 된다. 이 과정을 이행하면서 매일 목표에 한 단계씩 가까워지고 있는지 진도를 평가해야 한다. 목표를 성취하고 나면 바뀌게 될 것이다.

2단계: 팀을 조직하라

운영 조직은 가끔 '운영 위원'이라고도 한다 기업과 조직의 주요 사항과 운영 방법을 결정한다. 또 적절한 직원이란 당신과 잘 지내거나 과거에 성공적인 프로젝트에 함께 일했던 사람들이 아니라 기업 내에서 전략적이며 핵심적인 역할을 하는 사람들을 말한다.

더 많은 사람들이 참여하는 것에 대해 일을 복잡하게 만든다고 주장할 수도 있지만, 경험상 TBD+는 조직의 여러 사람들이 참여할 때 최상의 결과를 제공한다.

- 주관적이며 다양한 관점이 있는 프로세스를 통해 고객 및 사업의 상태를 보다 잘 나타내는 수치를 찾을 수 있다.
- 프로세스에 조직 내 더 많은 사람들이 참여함으로써 조직을 통해 결과가 더욱 효율적으로 필터링 될 수 있다.
- 다른 관점과 경험을 가진 사람들이 참여한다는 것은 잠재적인 문제 및 장애물을 발견할 수 있으며 그러한 문제를 과제로 당면하기 전에 피하거나 탐색할 수 있다는 뜻이기도 하다.
- 사람들이 프로젝트에 참여하지 않으면 오히려 일이 다 끝난 후에 비판하고 계획이 틀어지게 하기 쉽다.
- 모든 사람은 각자 다른 영역에서 전문성을 가지고 있기 때문에 다른 관점과 의견을 신속하게 얻을 수 있다.
- 더 많은 사람이 참여한다는 것은 보는 눈이 많고 백지장을 나눠 드는 손

이 많아서 실패의 가능성이 줄어듦을 의미하기도 한다.

개인이 혼자서 TBD+를 완성하는 것도 분명히 가능하지만, 추천하지는 않는다. 경험으로 비춰보건대 추천을 받은 사람들의 전문성과 그들의 협력으로 프로세스는 보다 강력해지고 개인적인 편견에 덜 사로잡히게 되므로 혼자 진행하는 것은 최적의 경로가 아니다. 참여하는 사람들의 수가 증가하면 스트레스를 줄일 수 있고 개인이 TBD+를 이행하는 것에 대한 압박을 덜 수 있다.

TOP TIP

TBD+를 혼자 완성하기로 결심했다면, 강력한 TBD+ 점수를 얻는 데에 필수적이므로 각 세션에 더 많은 시간을 투자하고 이전 단계를 간과하지 않도록 한다.

당신의 팀

물론 직책과 담당하는 일은 사업마다 다르겠지만 이 프로세스는 다음과 같은 사람들이 필요하다.

- TC기술 소비자, Technical Consumer - 브랜드, 마케팅, 영업, 커뮤니케이션 책임자
- TO기술 조직, Technical Organization - CTO, IT 관리자
- BC행동 소비자, Behaviour Consumer - 고객 서비스/고객 경험 책임자
- BO행동 조직, Behaviour Organization - CEO/상무
- DC데이터 소비자, Data Consumer - 최고혁신책임자, 컨설턴트, 고문, 예를 들어 베인Bain이나 포레스터Forrester와 같은 컨설팅 기업, 혹은 기업의 적절한 대행사

• DO데이터 조직, Data Organization – 최고재무책임자, 광고 관리자, 경영 회계 조직의 현재와 미래의 재무 건정성을 책임지는 사람

사람들 참여시키기

내가 알아낸 바에 의하면 사람들을 고무시키는 가장 최적의 방법 혹은 그들이 이 일에 참여해야 한다고 권유 받은 이유에 대해 최소한 이해시킬 수 있는 방법은 심각한 통계 자료나 명망있는 신문의 기사에서 이용한 시사적인 내용을 전송하는 것이다.

다수의 사람들이 관심이 없거나 이 활동에 왜 참여를 해야 하는지 이해하지 못할 것이다. 개인에게 과정을 설명하고 왜 회사 미래에 중요한지 이야기하면, 다들 자리를 비킬 것이다. 어떤 사람들은 이 과정이 자신의 직무기술서를 벗어난 영역이기 때문에 관여해야 한다는 데 화를 낼 수도 있지만 거수를 하거나 투표 매커니즘 같은 공개적인 방법으로 이 사람들을 합류시키거나 비공개적인 방법1–2–1 설명법, 도움, 조언 등으로 설득할 수 있다. 처음부터 팀 목록에 사람들의 이름이 올라갈 것이므로 메모하는 게 중요하다. 이는 다른 사람들을 참여시킬 수 없다는 말은 아니다. 사실, 일부 조직은 다른 사람들을 참여시키는 것을 권장할 때 더 나은 결과를 산출하기도 한다.

조직 내에서 새로운 것을 진행하면서 테스트를 거치지 않는 것은 위험하다. 어떤 작업에서 혁신과 변화는 하향식Top-down이 가장 효과가 있고 다른 작업은 반대로 상향식Bottom-up이 가장 잘 작동한다. 당신 회사에 어떤 방식이 효과가 있을지는 지난 6~12개월 동안 당신의 비즈니스에서 나온 모든 주요 뉴스와 결정을 대략적으로 열거해 보면서 결정해야 한다. 이 자료들을 하향식고위 경영진이 결정한 경우으로 할지 상향식이 계획안이 전체 인력의 두뇌에서 왔다면

으로 할지 표시한다. 둘 다 옳지도 그르지도 않지만 두 방법 모두 기업의 운영과 의사소통 방식에 영향을 미친다. 다음 장에서는 두 비즈니스 유형 중 하나에 대한 판매 변경 사항 및 프로세스를 자세히 설명한다.

그룹의 첫 번째 모임

그룹이 처음으로 만나기 전, 메시지나 다른 참석자들과 장소에 대해 신중하게 결정한다. 당신은 CEO가 참석하는 것을 원할 수도 있고 그렇지 않을 수도 있다. 어떤 조직은 사내에서 회의와 TBD+를 수행하고 싶어하는 반면 다른 조직은 작은 극장이나 휴게실breathing room에서 진행하길 더 좋아한다. 최적의 조언은 당신이 생각하고 있는 사람들이 이해하고 필요한 단위로 하나가 되는 데에 도움이 되는 곳이라면 어디든 좋다는 점이다. 구성된 그룹이 서로 무엇을 하도록 요청받고 있는지 확인하고 그 중요성을 이해하는 게 중요하다. 그리고 그룹이 처음 만났을 때는 시간 요구사항, 철저히 임하는 자세의 중요성, 그들이 받을 수 있는 도움과 이 업무의 배후에 있는 '왜'에 대해 툭 터놓고 이야기한다. 이 외에도, 다음과 같이 모임에 관한 일반적인 권장사항이 적용된다.

- 자연광이 넉넉히 들어오는 방
- 환기가 잘 되는 방
- 질문할 시간이 충분해야 함
- 편안한 좌석이 충분히 많아야 함
- 사람들에게 언제 도착할지 분명히 해두어야 함
- 사람들이 모두 참석하기 전에는 회의를 진행하지 않음

여러 연구에 따르면 '시작하다, 주다, 우리, 원하다, 선택하다, 이동하다'와 같은 단어나 다른 긍정적인 단어를 사용하면 더 긍정적인 집단 응집력을 발휘하는 것으로 나타난다. 당신이 사용하는 표현을 바꾸는 것 외에도, 다른 사람들에게 힘을 실어주고 그들이 과정을 볼 수 있도록 만들어서, 한 번 경험해보니 괜찮은 활동 정도가 아니라 향후 1~3년 간 기업의 길을 결정하는 활동이 되게 하라. 이 문제를 넘어서는 것도 좋지만, 직원 이직률, 회사의 분위기나 다른 기타 요소가 현실적이어야 한다. 목적은 영향을 주거나 받을 수 있는 시간을 충분하게 단축하는 것이다.

3단계: 표적 그룹 정의하기

현대 기업은 인터넷 덕분에 경쟁이 치열하고 개방적이며 차지하는 부분이 단 한 가지 영역일지라도 글로벌 시장에서 운영되고 있다. 이 책의 첫 부분에서 보았듯이 세상은 유동적이다.

이 세상에서 살아가는 사람들 또한 이런 요소와 또 다른 요소 때문에 가변적이다. 오늘날의 소비자는 그 어느 때보다 요구가 많고 서로 연결되어 있으며 더 많은 선택지를 가지고 있다. TBD+의 핵심 영역은 당신이 경쟁사보다 이런 표적 그룹을 이해하도록 돕는 것이다. 읽기를 잠시 멈추고 방금 읽은 마지막 문장을 다시 읽어보라. 가슴에 손을 얹고 이 문장이 당신의 조직에 진실이라고 말할 수 있는가? 당신의 가장 가까운 경쟁사보다 표적 그룹에 대해 더 잘 알고 있는가? 당신의 경쟁 업체는 어떤가? 당신이 모르는 무엇을 그들이 알고 있는가?

오늘날의 사람들은 만족할 줄 모르며 복잡하고 종종 모순적인 동물이다.

- 사람들은 더 적은 비용으로 더 많은 것을 요구한다.
- 사람들은 낯선 사람들에게 개인적인 정보를 주면서 사생활을 지킬 수 있

기를 기대한다.

- 사람들은 시간이 더 많은데도 그 어느 때보다 바쁘다고 주장한다.

위 사항과 관련한 유일한 문제점은 광범위하고 포괄적으로 일반화하는 것이 어렵다는 것이다. 그러니까 미국의 20세와 홍콩에 사는 60세 소비자 모두에게 적용할 수 없다. 연령 차이를 넘어서 사회적, 지리적 차이가 너무 방대하다. 당신의 특정 인구 통계의 복잡한 행동, 신념, 및 패턴을 필수적으로 알아야 TBD+를 진행할 수 있다. 당신이 팀으로써 해야 하는 첫 번째 일은 당신의 사업 표적 그룹에 동의하고 정의를 내린 뒤 가능한 한 구체적으로 TBD+를 사업에 맞게 구성하는 것이다.

이 단계에서 구체화되는 것은 미래의 주요 차이점, 유사점 및 관심 분야에 초점을 맞추는 데 있어서 매우 중요하다. 여러 표적 그룹으로 당신의 사업을 나누는 이유는 여러 가지가 있지만 주요 원인은 고정관념이나 연령대가 충분하지 않기 때문이다. 졸업생들의 전공은 모두 다르고, 부모들은 젊거나 나이가 많을 수도 있고, 사람들이 가정에서는 내성적인데 당신의 제품을 쓸 땐 외향적일 수도 있다. 표적 그룹으로 삼는 사람들이 누구인지, 현재 목표로 삼고 있지 않은 표적 그룹은 누구인지에 대해 시간을 들여 알려고 하는 것은 장기적으로 당신의 시간, 비용, 노력을 절약할 것이다.

4단계: 목표 집단의 확실한 기술 및 행동 프로필 확인하기

일단 당신 회사의 목표가 있다면, 팀을 꾸리고 표적 소비자 그룹을 정의한 뒤 직면하는 사항이 무엇인지 구체화할 필요가 있다. HERE/FORTH와 같은 회사에서 자문, 컨설팅을 고용하는 방법 등 다양한 방법으로 이행할 수 있다.

구매 주기를 넘어 당신 기업의 표적 인구 통계를 잘 파악하는 것은 움직이는 시장과 와해성 시대에서 중요한 일이다. 표적 그룹의 삶과 모든 측면에 대해 더 없이 분명한 그림을 확보하면 허둥지둥할 필요도 없고 여파도 적을 것이며 더 유연하게 일을 인수받을 수도 있다. 이를 통해 더 많은 기회를 발견할 수 있기 때문에 잠재적으로 수익성이 있거나 비즈니스에서 추가적인 수익을 창출할 수도 있다.

총망라한 것은 아니지만 아래에 있는 여러 툴을 활용해 표적 그룹이 정확히 무엇을 하고 있고 무슨 생각을 하는지를 잘 파악할 수 있다.

구글 애널리틱스 Google analytics 구글 애널리틱스는 당신이 사용하는 모든 내부 분석 서비스 중에 아마도 당신에게 가장 중요한 정보원일 것이다. 구글 애널리틱스는 사람들이 당신 웹사이트를 방문했을 때 실제로 일어나는 일에 대해 알려주기 때문이다. 당신의 웹사이트에서 직접 판매를 하든 단순한 정보 기반 포털이든 소비자 그룹이 인터넷을 하다가 당신의 사이트를 찾는 경로를 알고 있다는 것은 이 단계에서 필수적인 정보이다. https://analytics.google.com

캔버스8 Canvas8 행동 이면의 이유를 이해하는 것은 통찰력 그 자체보다 더 중요할 때가 종종 있다. 이를 전문적으로 다루는 곳이 '캔버스8'이다. 인상적인 반응 모델을 포함하여 Canvas8의 광범위한 통찰력의 서재와 이들이 수년 간 구축한 지식 네트워크를 통해서, 팀이 다양한 행동과 인구 통계 자료에 대한 이해를 높일 수 있도록 고객 맞춤형 보고서를 작성한다. http://www.canvas8.com

TGI 캔터 미디어Kantar Media가 운영하는 TGITarget Group Index는 표적 그룹이 다른 분야 중에서도 다른 기술을 사용할 가능성을 발견하고 알려주는 영리한 도구이다. 전 세계의 문화에 대해 정기적으로 업데이트되는 강력한 데이터베이스로 TGI는 수천 개의 변수를 사용하여 다양한 인구 통계에 대한 가설을 분석하고 테스트하는 데 사용할 수 있다. http://www.kantarmedia.com/global/our-solutions/consumer-and-audience-targeting/tgi-survey-data

입소스 모리 Ipsos MORI 유럽을 기반으로 입소스 모리는 전 세계적인 브랜드와 함께 일하면서 브랜드 커뮤니케이션, 광고 및 미디어 리서치Ipsos MORI Connect, 소비자, 소매, 구매자 및 의료 연구Ipsos MORI Marketing, 고객 및 지원 관계 관리 연구Ipsos MORI Loyalty, 그리고 사회, 정치 및 평판 조사Ipsos MORI Public Affairs를 포함하여 기업의 다양한 측면에 이해를 돕는다. 무료 데이터가 제공되지만 맞춤형 정보와 연구는 스마트 머니를 써야한다. https://www.ipsos-mori.com

모자이크Mosaic 익스페리언Experian이 만든 영국 기반의 모자이크는 '교차 채널 분류 시스템cross-channel classification system'으로 광범위한 데이터를 바탕으로 소비자 프로필을 생성한다. 많은 데이터 지점을 포함하는 데이터 베이스를 세분화하여 여러 그룹에 걸쳐 분산시켜 맞춤형 프로필을 만들어서 사용자가 소비자를 매우 자세하게 이해할 수 있도록 한다. http://www.experian.co.uk/marketing-services/products/mosaic-uk.html

포레스터 소비자 테크노그래픽스 Forrester Consumer Technographics 전략을 알려주고 미개발된 소비자 그룹을 식별할 뿐 아니라 소비자의 구매 경로 및 행동 특성을 이해할 수 있는 동적인 대시 보드이다. 비용은 들지만 시간을 들일 가치가 있다. https://go.forrester.com/data/consumer-technographics

구글 컨슈머 바로미터 Google Consumer Barometer 구글에 의하면, 컨슈머 바로미터는 전 세계 사람들이 인터넷을 어떻게 쓰고 있는지 이해를 돕는 툴이다.

이 무료 사용 서비스는 그래프와 비교 차트 및 기타 상호작용 요소를 사용하여 여러 업계 이름과 연계해서 운영되며 실제로 고객의 경로를 구체화하는 데 무척 도움이 된다. https://www.consumerbarometer.com/en

소셜베이커스Socialbakers 무료 데이터, 보고서 또는 통찰력을 풍부하게 갖춘 소셜베이커스는 전 세계에서 가장 바쁜 소셜 미디어 분석 회사이다. 소셜베이커스는 페이스북, 구글 플러스 및 트위터와 같은 플랫폼에서 기존 고객을 이해할 수 있는 도구와 서비스를 넘어서, 경쟁사의 지역 사회에 대한 브랜드 통찰력도 제공할 수 있는데 이는 표적 그룹을 완전히 이해하는 데 매우 편리하고 필수적이다. https://www.socialbakers.com

글로벌웹인덱스GlobalWebindex 강력하지만 단순한 데이터 세트를 넘어, 글로벌웹인덱스의 전 세계 데이터베이스와 연구 패널은 맞춤형 연구 조사가 가능하다. 소비자의 디지털 발자국 세부사항을 제대로 얻고자 한다면 GWI의 세부 정보를 검색할 수 있다. 4장에서 좀 더 자세히 확인할 수 있다. https://www.globalwebindex.net

GfK MRI '소비자 행동, 미디어 사용, 소비자 동기'에 관한 가장 방대한, 그리고 최신의 데이터베이스를 자랑하며 모든 브랜드의 중대한 정보원이다. 미국에 주로 집중하고 있으나 자료에 관한 통찰력과 데이터 포인트data point[7]는 미국 외에서 사용할 수 있다. GfK MRI는 잡지에서 구독자 조사, 소비자 세분화 및 미디어 교차 분석에 이르기까지 일련의 특정 서비스를 제공하지만 〈Survey of the American Consumer®〉는 특히 가치 있는 문서이다. http://www.gfkmri.com

비주얼DNAVisualDNA 10년 전에 설립된 비주얼DNA는 데이터 사이언스, 심리

---

7) 편집자 주. 도표에서 그래프가 지나가는 각 점, 또는 측정값의 쌍. **네이버 지식백과 참조,** http://terms.naver.com/entry.nhn?docId=819938&cid=50376&categoryId=50376

학, 엔지니어링과 같은 몇 가지 과학적 접근법을 결합하고 이를 창조적인 토대에 융합하여 브랜드가 소비자를 이해하도록 돕는 고유한 제품을 만들어냈다. 입소문으로 퍼진 대화 형태의 퀴즈 등의 독특한 방법으로 비주얼DNA는 자신들의 표적 소비자에 대해, 더 중요하게는 소비자들의 지역 사회에 대해 잘 이해할 수 있게 도와주기 때문에 표적 그룹의 동기, 관심사 및 개인 성향을 완전히 이해할 수 있다. https://www.visualdna.com/profiling

🖐 TOP TIP

페이스북 광고를 활용하여 당신 기업의 브랜드에 대해 신속하게 온도를 확인하고 커뮤니티에서 뭔가 해 볼만한혹은 그 반대로 하지 않을 가능성을 만들어 보자. 우리는 페이스북 커뮤니티를 더 잘 이해하고자 하는 고객들에게 설문지가 포함된 페이스북 광고를 활용했다. 페이스북에 있는 유료 광고 플랫폼을 활용하는 것은 당신만의 커뮤니티를 목표로 삼을 수 있고 서베이 몽키Survey Monkey나 구글폼Google Form 같은 설문조사 업체로 광고를 낼 수도 있다. 궁극적으로 원하는 질문을 할 수 있으며 이 방법이 신속하게 배포될 경우 최적의 효과를 낸다. 상금과 인센티브가 꼭 필요하지는 않지만 데이터를 수집하고 활용하기를 바란다면 보상을 적절하게 또 신중하게 부여할 만하다.

자신의 데이터로부터 통찰력을 더 발견하고 싶다면, 어도비 마케팅 클라우드Adobe Marketing Cloud, 오라클 마케팅 클라우드Oracle Marketing Cloud, 엄벨Umbel, 빅 데이터와 그래픽 시각화과 애질원AgilOne, 예측 분석 등이 모든 규모의 비즈니스를 위한 데이터 및 통찰력을 제공하는 훌륭한 분석 공급원이다. 추가적으로 광범위한 정보를 제공할 수 있는 전문 회사에 대해서도 생각하라. 또한, 트렌드 분석 회사는 Foresight Factory, Trendwatching, The Future Laboratory, Protein이 있으며 UI/UX는 Webcredible, Punchcut, Rossul, Tuitive Group이 있고 시선 추적 기술 관련해서는 Tobii가 있다.

다양하게 선택된 데이터를 수집하고 평가한 후에는, 그룹으로 자료를 공유하고 공감하는 것이 중요하다. 아래는 고객이 TBD+ 프로세스를 진행할 때 HERE/FORTH가 고객과 함께 활용하는 두 가지 활동이다.

1 | 스크랩북 워크숍

이 간단한 워크숍으로 참가자들은 지식을 발휘하고 더 많은 사람들에게 질문할 수 있다.

필요한 준비물
- 탁자원형이 가장 좋다.
- 다양한 주제에 관한 잡지
- 추가 미디어팜플렛, 웹사이트 출력본, 서적, 로고
- 가위, 풀, 백지, 마커펜, 자, 지우개, 화이트보드, 이젤
- 여유로운 공간
- 컴퓨터와 프린터선택사항.

소요시간: 45~60분

🌀 TOP TIP

더 많은 에너지와 아이디어를 촉진시키기 때문에 자리에 앉아서 진행하기보다는 사람들이 일어서고 움직일 수 있도록 탁자와 그룹 사이에 넉넉히 공간을 확보한다.

참가자들을 5~7개의 소규모 그룹으로 나누고 이미지, 단어나 무엇이든 당신이 제공한 툴을 사용하여 표적 고객을 시각적으로 묘사하도록 과제를 던져준다. 모든 참가자가 무엇을 만들어낼지 자신들이 예상하고 원하는 결과에 대

해 분명히 알아야 한다. 참가자들이 동일한 표적 그룹을 선택할 수도 있지만 일정한 비율의 참가자는 다른 표적 그룹에 대해서도 활동을 수행해야 한다. 즉, 한 팀 이상이 각 표적 그룹에 대해 다루어야 한다. 당신의 표적 고객이 무엇을 먹고, 사용하고, 좋아하고, 싫어하고, 어떤 브랜드로 나타나는지와 같은 표적 인구 통계의 전체적인 그림을 찾는 것이다. 그룹에게 가능한 한 깊게 지식에 몰두하도록 지시하고 만일 자신들이 찾는 이미지가 없다면 대신 글로 적어두도록 한다.

또한, 참가자들이 답할 수 없는 표적 그룹에 대한 질문 세 가지를 생각해 내도록 요구하라. 질문은 '3D 프린팅에 대해 어떻게 느끼는가?'와 같은 것부터 '주말에는 몇 시에 잠자리에 드는가?'와 같은 질문도 될 수 있다. 그룹이 더 좋은 결과를 낳는 데 도움이 된다고 판단되면 익명으로 답을 수집한다. 질문들을 수집하면, 교차점crossover을 찾아 그룹이 공개적으로 토론하고 답을 하도록 요구한다. 이 과정에 시간이 더 필요하면, 그룹에게 피드백을 하고 이메일이나 직접 만나는 방식 등 후속 조치로 답을 받는다. 상을 주는 것이 꼭 필요한 것은 아니지만 트로피 같은 부상은 경쟁을 장려하고 사람들의 이목을 집중시키는 재미있는 방법이 될 수 있다.

최종 결과는 동일한 표적을 설명하는 다양한 범위의 이미지와 '무드보드 mood boards'가 될 것이다. 그룹 단위로 결과를 토의하고 앞으로 나아갈 출발점으로 사용할 표적 그룹의 조합인 단일 보드를 만든다.

다음과 같은 개방형 질문을 던져본다.

- 이 보드에서 무엇을 보고 놀랐는가?
- 요점은 무엇인가? 그 이유는?

- 이 그림을 좀 더 개선하려면 무엇을 추가하면 될까?
- 1년 전에는 볼 수 있다고 예상하지 않았던 것이 있다면 무엇인가?
- 1년 안에 이것이 어떻게 변할 것이라고 생각하는가? 5년 안에는 어떤가?
- 이 보드는 우리가 그들에게 이야기하는 방법에 대해 무엇이라고 말하는가?

질문은 많을수록 좋다. 대화를 계속 이어가면서 사람들에게 생각을 묻고 그 생각을 한 이유가 무엇인지 또 물어서 더 깊은 통찰에 이르도록 하고 사람들이 일이 그렇게 될 것이라고 믿는 이유가 무엇인지를 찾는다. 어떤 사람들에겐 이 과정이 불편할 수도 있지만 안심시키면서 모두를 참여시켜라.

어떤 요소에 대해 확신할 수 없다면, 확정짓기 전에 건설적으로 도전하고 그에 동의하거나 그것을 반대하는 것 중 양자택일하라. 또는 증거를 찾아 이의가 있는 사람들을 결속시켜라. 세션이 끝나갈 때가 되면 얼추 자신만의 표적 인구 통계 최종 버전을 사용하게 된다. 그런 다음 이미지를 정돈하고 배포할 수 있는 형식으로 만들어야 한다. 또한 워크숍 참석자들에게 표적 그룹에 대한 정확한 정보를 다지기 위해서 답변해야 하는 질문 목록을 갖게 된다. 이 워크숍 활동은 적어도 1년에 한 번이나 신제품이 출시를 준비하고 있을 때 권장한다.

2 │ 소비자혹은 탐구 매핑

소비자 매핑 혹은 소비자 탐구 매핑은 소비자가 당신의 회사에 대한 경험을 그래픽으로 보여주거나 표현하는 과정이다. 이 작업은 위의 복잡한 버전으로써, 당신의 기업 소비자 또는 표적 그룹에 대한 정확한 지도를 작성하기 위해 다양한 데이터 요소를 고려했다.

필요한 준비물

- 데이터내부 및 외부
- 접착식 메모지
- 화이트보드
- 넉넉한 공간

소요시간 45~60분

최초 구매나 반짝 생긴 관심 이외에 브랜드와 고객의 관계를 강조하는데 탁월한 그룹 활동이다. 이 과제의 핵심은 투자 영역을 인지하기 위해 연결될 수 있는 약점 영역, 기회 영역 및 잠재적 소비자 손실 영역을 파악하는 것이다. 소비자 탐구 매핑을 사용하면 과정 중에 새로운 니즈, 경험 및 기회가 식별되는 경우도 종종 있으므로 새로운 투자 영역을 확인하는 데에도 사용할 수 있다.

TOP TIP

두 활동 모두 단일 팀에서 완료할 수 있지만 최적의 결과는 다양한 팀이 협력할 때 도출된다. 조직에서 더 많은 마케팅, IT, SEOSearch engine optimization 전문가 및 기타 전문가 등의 사람들을 불러와서 이 활동에 참여시킴으로써 최고의 맵을 만드는 데 도움을 받을 수 있다.

어떤 매핑 과정이든 첫 단계는 데이터 수집이다. 표적 소비자의 경우, 우선 그룹에게4~5명이 가장 좋음 고객과 고객의 경험에 대한 관찰 결과를 얻기 위해 사용할 수 있는 정보 자원을 무작위로 질문하는 것으로 시작한다. 이상적으로는 팀원들은 사업 전반에 걸쳐 참여하게 될 것이며 다양한 행동, 견해 및 정보가 나올 것이다. 이 세션에 참여해야 하는 주요 담당자는 CTOChief Technical Officer, 최고기술경영자, CIOChief Information Officer, 최고정보관리책임자, CFOChief Financial Officer, 최고재무책임자, 영업 및 고객 서비스와 같은 직원들이다. 이들 각 부서는 같은 사람들에 대한 주요한 통찰력을 가지고 있다. 판매하는 제품을 구매하는 과정에서 고객이 어떻게 영향을 미치는지 파악하는 데 핵심적인 역할을 하기 때문이다.

자신만의 데이터를 시작 블록으로 사용한다. 웹사이트 개발자들과 SEO 전문가들에게 질문하고 미디어에 지출할 비용을 검토하는 것은 고객이 어떻게 당신 기업을 발견하는지 이해하는 데 중요한 역할을 한다. 이 정보들을 시작 블록으로 사용하지만 기존 고객의 경우에만 확장한다. 고객 탐구 매핑 활동 역시 당신의 표적 인구 통계의 잠재적인 고객에 관한 것이다.

이 데이터를 3가지 범주로 분류할 수 있다.

1. 우리가 알고 있는 것
2. 우리가 안다고 생각하는 것
3. 우리가 모르는 것 혹은 우리가 모른다는 것을 모르는 것

TOP TIP

자신의 가설을 시험해 본다. 사람들은 자신들이 그렇게 한다는 것도 인지하지 못한 채 오래된 견해와 데이터, 데이터 정리, 그리고 구시대적 사고를 고수하는 경우가 종종 있다. 최신 데이터를 유지하기 위한 조언은 모든 견해나 정보를 공유한 후에 '어떻게 내/네가 알 수 있지?' 하고 자문을 구하는 것이다. 이렇게 질문을 해 봄으로써 사실관계는 무엇인지, 해석은 무엇인지, 사실로 오해한 것은 무엇인지 등을 걸러낼 수 있다. 그러므로 지금과 앞으로의 과정에서 일어날 값비싼 실수를 줄일 수 있다. 각 범주는 중요한 것을 놓치지 않았는지, 프로세스에 편향되지 않았는지를 반드시 기준으로 두고 신중하게 평가하고 가늠해야 한다.

두 번째 단계는 수집한 정보를 한 군데로 모아 전체 그룹과 함께 공유하고 생각을 통일하여 모두가 표적 그룹에 대해 이해하게 되는 것이다. 비전 보드 vision board 스타일로도 종종 진행할 수 있지만 시간을 들여서 시민의 소리를 통해 고객의 이야기를 생생히 듣고 고객이 사용하는 기술을 도입하고 백분율을 표시하는 방식으로 작업하는 것이 더 유용하다. 나와 함께 일했던 어떤 고객은 직원들이 고객의 삶 중 하루를 시각화해볼 수 있도록 사무실 하나를 자사의 고객 프로필을 나타내는 방으로 바꾸었다.

세 번째 단계는 자신이 확보한 데이터 외에 표적 고객층target demographic이 하루 종일 특정 시간대에 무엇을 하는 것을 좋아하는지에 대해 생각해 보는 것이다. 이 단계의 자료는 중요한 정황을 당신의 맵에 추가하는 단계이므로 건너뛰지 않도록 한다. 외부 보고서를 찾아보고, 고객 설문 조사도 실시한다. 이 시기의 질적 및 양적 연구는 매우 중요하기 때문이다. 이러한 활동 이면에 있는 이유를 이해하는 것이 중요하다. Canvas8과 같은 기업들을 소비자 그룹의 구매 행동 및 삶의 다른 측면에 대한 심리적이고 정신적인 태도를 이해하는 데 활용할 수 있다.

표적 그룹에 대한 모든 데이터를 수집했고 타당성 및 적용 가능성을 두고 평가하고 나면 차이, 기회 및 개선 지점 등을 눈으로 보기 쉽게 배열하고 시각화한다.

이렇게 하는 가장 좋은 방법은 벽과 같이 큰 공간을 활용하는 것이다. 벽 상단에 시간을 적어 넣고 수집한 데이터를 사용하여 선택한 표적 그룹혹은 그룹 내 개인의 하루를 채워본다. 하루를 시작하는 순간부터 잠자리에 들기 전까지 이 그룹이나 개인의 삶에 대해 생각해 본다. 이 과정은 약간의 시간이 소요되며 가능한 한 증거를 근거로 해야 한다. 당신의 기업과 구매 과정에 연관된 니즈와 인식 및 프로세스를 생각해 본다.

표적 고객층에 관하여 다음과 같은 질문을 생각해 보자.

- 잠자리에 들기 직전에 하는 일은 무엇인가?
- 사용하는 알람은 무엇인가?
- 신문을 구독하는가?
- 아마존 프라임 회원인가?
- 사용하는 스마트폰 종류는 무엇인가?
- 하루에 몇 시간을 자는가? 이유는 무엇인가?
- 매일 사용하는 어플과 가끔 사용하는 어플은 무엇인가?
- 당신의 사업은 어떻게 알게 되었나?
- 어떤 충성도 조직loyalty schemes의 회원인가? 이 사실이 당신에게 말해주는 것은 무엇인가?
- 정기적으로 구매하는 제품을 구매하는 방법은 무엇인가?
- 어떤 종류의 컴퓨터를 사용하는가?
- 생활 모습은 어떠한가?
- 어떤 관계를 맺는가?

최종 결과를 시각화하는 올바른 방법은 따로 없다. 어떤 사람들은 더 큰 연구를 위한 출발점으로 사용하는 반면 어떤 사람들은 고객층을 직선으로 표시되는 그래프로 보는 것을 선호하기도 하고 다른 사람들은 스토리텔링 방식을 더 선호하기도 한다. 레고Lego는 '레고휠LegoWheel'을 통해 인상적으로 이 과정을 추진했는데experiencematters.files.wordpress.com/2009/03/legowheel.png 사람들이 레고 랜드로 가기 전과 가는 도중, 그리고 레고 랜드에 다녀온 후에 브랜드가 고객에게 어떤 영향을 미쳤는지를 보여주었다.

이 활동을 통해 기업들은 구매 경로뿐만 아니라 고객 경험을 설명하고, 설계하고 이해하는 공식적인 접근 방식을 취할 수 있다. 서로 다른 시간대에 또 다른 분야에서 누가 목표 고객의 관심을 끌 수 있을지 생각해 봐야 이 과정을 방해하거나 영향을 미칠 수 있는 방법과 시기를 파악할 수 있다. 이 과정의 간단함은 사용하는 데이터와 이를 생성할 때의 노력이 뒷받침된 것이다. 그러나 이는 외부와 단절된 상태가 아니다. 이 활동의 결과로 작은 성과뿐 아니라 통찰력과 기회를 공유할 수 있으므로 이 활동의 결과는 반드시 전사적으로 공유해야 한다.

다음 장에서는 이와 같은 일을 추진하고 우리가 다소 잘 알지 못하는 결과를 가져올 수 있는 일들과 고위 경영진에게 성공적으로 승인을 받는 방법에 대해 논의해본다.

🏆 TOP TIP

당신이 만들어낸 것은 짧은 정보에 불과하다. 이 지도가 시대에 뒤쳐지거나 부정확한 것을 반영하지 않게 하려면, 소규모로 민첩하게 움직일 팀을 꾸려서 시간에 따라 변화할 가능성이 가장 높다고 판단되는 그룹의 특정 지표를 사용하여 지도를 식별하고 업데이트하도록 해야 한다. 고객 피드백, R&D, 기술 프로파일 등이 포함될 수 있다.

지름길은 있다……

이런 활동이나 다른 기업들과 함께 일한 경험을 통해 나는 소비자 인구통계 캔버스를 만들어낼 수 있었다www.hereforth.com을 참고하라. 한 장짜리 활동으로 신속하게 소비자에 대해 조사할 수 있고 영역의 장단점을 파악할 수 있다. 이 캔버스가 유용한 자료지만, 워크숍 진행을 방해해서는 안된다. 이 캔버스의 미묘한 뉘앙스와 특정 데이터만 식별할 수 있게 되는 것은 워크숍을 통해서만 가능하기 때문이다.

4단계는 TBD+에서 가장 오래 걸리는 영역이며 함께 일해본 회사마다 차이는 있지만 이 단계는 종합적으로 평균 5~10시간 정도 소요됐다.

5단계: 투자 매트릭스를 창안하라

투자 매트릭스는 여러 구간이 결정되고 구현된다는 점에서 4장에서 이야기한 의사결정 매트릭스와 유사하지만, 차이는 결과에서 나온다. 다양한 의사결정추가 연구, 무대응을 내릴 수 있는 대신에, 신중한 토론 끝에 동의를 끌어낸 여러 수준의 투자에 대해시간, 비용, 둘 모두 아님 오로지 하나의 결정만이 있을 뿐이다. 함께 일했던 어떤 기업들은 소규모 투자 계획을 시행하기로 결정했는데 두 선택사항 모두 다른 비즈니스에 유효하고 유용한 선택이다. 간결함을 유지하기 위해서 우리는 전자를 구현하는 방법에 대해 논의할 것이다.

의사결정 매트릭스와 마찬가지로, 현재 6개의 좌표가 있지만 모드 기술에 할당할 수 있는 최대 점수의 배점은 60점이다. 첫 번째 단계는 투자 시나리오, 결과, 그리고 모든 참가자들이 기술에 '완벽한 10점'을 주게 될 경우 당신이 내릴 결정을 정리한다TBD+프레임워크를 혼자 실행하는 경우엔 모든 축을 다 적용한 점수. 일단 이 점수를 얻으면 다음 단계는 스펙트럼의 다른 쪽 끝을 보고 0점이 무엇을 돌려줄 것인지 결정한다. 기술이 0점을 돌려준다고 해서 유용하지 않거나 미래에 관심사가 된다는 의미는 아니다. 그러니 손에서 놓기 전까지 열심히 생각해보자.

다시 한번 말하지만 의사결정 매트릭스에서 보았듯, 투자 매트릭스에서도 미온적인 답은 허용되지 않는다. 다른 밴드나 특정 숫자를 결정하는 과정은 동일하지만, 각각의 결과는 구체적이어야 한다. 동일한 업종의 회사나 산업마다 다를 수 있고 달라야 하겠지만, 요점은 이를 통해 당신 회사의 고유한 특성이 될 수 있게 해야 한다는 점이다. 착수하기 전에, 4장의 주요 요점을 기억해보거나 전체 과정을 통해 기억을 되살려보자.

요점

- TBD는 빠른 결정을 위한 프레임워크이며, TBD+는 투자를 위한 프레임워크이다.
- 결과가 구체적이고 행동지향적이며 현실적인지 확실히 확인한다.
- 시간을 들여 투자 매트릭스의 다른 구간을 결정한다. 투자는 단순히 무언가를 조사하는 것보다 더 큰 결정이다.

과거에 고객이 제안한 투자 모범 사례는 다음과 같다.

- 최종 투자 요건에 합의한지 12개월 이내에 [기업 이름]은 [기술]에 관한 시범운영의 [규모]의 설계, 운영, 평가에 합의한다. [시점] 기간 이후에 성

공하면, 테스트는 다음 단계로 착수한다. 이 단계의 수준이나 범위는 [기업/부서]의 [직원 1, 2, 3]이 결정한다.

- 이 단계에서는 [기술]에 관한 [사업 시험 과정]의 유효성을 결정하기 위해서 추가 시간 투자가 필요하다. 그러므로 72시간 내에 [직원 1, 2, 3]은 추가 연구를 진행하여 [기업]을 위해 다음과 같은 문제를 명확히 파악하도록 한다. 72시간 내에 결정되지 않을 경우, ~~추가 연장을 요구할 수도 있다~~ 승인이 나지 않을 수도 있다. 마감이 다가오면, 최종 TBD+ 점수가 생성되고 [직원 1, 2, 3]은 결정을 확정하도록 한다.
- 행동할 필요가 있다. [사업 이행] 비용이 당신이 진행하기 위해 승인 받은 [금액]보다 적다면 [팀이나 개인]에게 [시간 주기]마다 다시 보고 한다. 이 금액 이상이라면, 프로젝트 리더를 반드시 임명해서 초기 승인을 위한 자금을 요청하고 함께 단기 사업 사례를 작성하도록 한다.

모든 회사마다 다르지만 내용을 사전에 기록하는 것은 의사결정 매트릭스 뒤에 숨은 이론과 비슷하다.

- 그렇게 하면 책임감이 생긴다.
- 사람들은 이용할 수 있는 잠재적인 결과를 인식하게 된다.
- 사람들이 생성 과정에서 하는 말에 있어서 갈등을 빚을 가능성이 적다.
- 기록해두면 성취될 가능성이 높다.

일단 최상과 최악의 결과를 손에 쥐고 나면, 다른 숫자나 영역 또는 구간을 결정하여 투자 매트릭스에 반영하도록 한다. 언제나 옳은 정답은 없다는 것을 기억하라. 어떤 사업은 많은 결과를 원하겠지만 다른 기업들은 무선 표지 체제만 원할 수도 있다. 최적의 조언을 하자면 충분한 결과를 도출하여 기업 문화에 충족될 수 있게 하고, 쉽고 실용적인 첫 단계를 밟는 것에 도움이 되면 좋다.

기억하자. TBD를 활용하여 가장 성공적인 성과를 보인 기업들은 결정을 위해서 구간즉, 5 또는 7점 사이로 생성을 거의 생성하지 않았다. 각각의 숫자나 많은 숫자에 대한 복잡한 결정을 많이 남겨두기 보다는 낮은 구간을 위해서는 구체적이고 단순한 행동 지침을, 상위 구간에는 복잡한 지침을 두었다. 구간이 적으면 과정 동안 빠르게 이동할 수 있게 되지만 추후에 의문이 불쑥 발생하는 경우는 종종 있다. 과정에 참여하는 사람들과 이들이 창출하는 결과를 승인하게 될 사람들에게 가장 효과적인 방법이 무엇일지 조기에 결정을 내리도록 한다.

당시에는 그렇게 보이지 않을지라도 백지장은 맞들면 더 가벼워지듯이 의사결정 매트릭스로 서로의 생각을 모은 뒤에 구간band을 잠근다. 최상의 경우나 가능성이 있는 경우, 또 과거에 유사한 사례를 다루었던 방식에 대해 공개적으로 의논해야 한다는 사실을 기억하자. TBD+에 개입된 비용 문제로 사람들은 기술에 더 많은 숫자를 할당하는 데 때때로 더 신중하곤 하므로 구간을 만들고 결과를 의논할 때 이 부분을 고려해야 한다.

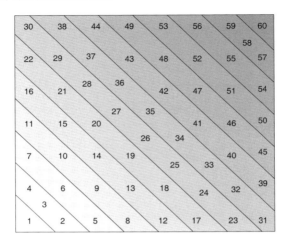

6단계: 기존의 기술 중 관심 분야를 확인하라

다음 단계는 기존 기술 투자에서 핵심 영역과 투자 매트릭스에 대한 관심을 파악하는 것이다. 이러한 영역은 이미 당신 기업의 관심 영역이어야 한다. 이 과정은 반드시 TBD+ 과정을 통과해야 하므로 이 단계에서 미래에 관한 요소는 아무것도 없다. 당연히, 같은 업계라 할지라도 기업마다 상황은 다를 것이지만, 당신의 기업과 소비자가 착수하여 진행하게 될 전체 과정에 대해 생각한다. 필수 비즈니스 요소가 무엇인지, 또 사용할 수도 있으나 크게 의존하지 않는 비주류 기술 요소는 무엇인지를 생각해 본다. 두 요소 모두 반영하되 투자 매트릭스에서 같은 영역으로 들어가지는 않는다. 예를 들자면, 패션 소매 업자를 생각해 보자. 자신들의 사업에 중요하므로 POS 기술을 사용하며, 필수는 아니지만 유용한 서비스로 매장 내에서 무선표지 서비스beacons service를 활용하여 소비자에게 개인별로 맞춤화된 쿠폰을 보내줄 것이다. 또한 중요도는 낮으나 확실히 사업 수익을 올리는 데 도움이 되는 자동 계산대를 활용할 수도 있다. 이 각각의 경우가 당신이 지금까지 계획하지 않은 지출 비용에 기초하여 투자 매트릭스의 다양한 영역에 반영될 것이다.

이 목록을 작성할 때는 아이디어를 얻기 위해 다음을 생각해야 한다. 당신이 원하는 만큼 길거나 짧을지도 모르고 언제나 내용이 덧붙여질 수 있다.

- 이미 참여하고 있는 기존의 플랫폼
- 당신이 사용하는 기존 기술
- 함께 일하는 기존 파트너

목록에는 페이스북Facebook, 인스타그램Instagram, 플리커Flickr 같은 소셜 네트워크나 스냅챗Snapchat, 슬랙Slack, 왓츠앱Whatsapp, 아이메시지iMessage와 같은 모바일 메신저, 구글Google과 마이크로소프트Microsoft 같은 검색 회사, 야후Yahoo!나 페이스북Facebook과 같은 광고 기업, 엑스트Yext와 같은 위치 데이터 기업과 비접촉식 지불, 라이브 리서치 기업과 같은 마케팅 기술 등이 포함될 수 있다.

트위터의 페리스코프Periscope나 페이스북 라이브Facebook Live 외에 당신이 고려하는 최상위 수준의 기술에 대해 생각하는 것이 핵심이다. 일반적인 생중계 영상을 생각해 보라. 그리드에 둘 다 이름을 올리는 것 보다는 잠재적으로 와해를 일으킬 수 있고 떠오를 수 있는 기술에 대한 가능성을 더 발견할 수 있는 확률을 높인다.

기억하자. 이 질문에 틀린 답은 없다. 우선순위를 정하고, 덜 중요한 기술은 나중에 가려낼 수도 있다.

7단계: 투자 매트릭스에 내용을 반영하여 도표 만들기

목록을 만들고 나면, 다음 단계는 기존의 기술을 투자 그리드에 배치하는 것이다. 대규모나 소규모 기업과 함께 일하면서 이 작업을 하는 가장 간단한 방법은 눈 앞에 모든 기술을 전부 펼쳐 두고 중요도순으로 여기저기 위치를 바꿔보는 것이다. 여기에 더 강력한 공식이나 계산을 도입하지 않는 이유는 이미 기술이 시장에 나와있기 때문에 그 기술이 미래에 어느 위치에 도달할지 보다는 현재 어디쯤 위치하고 있는지를 당신이 알아야 하기 때문이다. 이 활동을 이용하여 최상위 수준의 사업을 살펴본다. 예를 들어, 로봇공학의 약점 같이 아무것도 당신 눈에 띄는 게 없다면, 추후에 사용하기 위해 적어두도록 한다.

TOP TIP

활동하는 공간에 줄을 걸어 두고 접착식 메모지나 종이 조각을 활용하여 좀 더 상호작용이 잘 이루어지고 실제 서로 다른 항목들을 비교해 보게 만드는 것도 좋은 방법이다.

8단계: 잠재적인 새로운 기술의 관심 영역을 식별하기

관심 영역이 어딘지 즉시 알 수 없을 경우에는 이번 단계가 TBD+ 부분 중 가장 어려운 영역이다.

들어본 적이 있는 추세가 있거나, 콘퍼런스에서 다뤄진 주제를 보았다면 이에 대해 생각해 보고 구글 애널리틱스Google Analytics를 활용하여 당신이 이미 사용하고 있는 기술과 연관된 다른 표현으로부터 아이디어를 얻을 수도 있고, 분석 보고서를 살펴볼 수도 있고 꽤 자주 업데이트 되는 블로그 포스트를 참고할 수도 있다. 또한 트위터나 링크트인LinkedIn과 같은 플랫폼에서 관련 주제를 검색할 수도 있고, 쿼라Quora와 같은 질의응답 사이트를 활용해서 질문할 수도 있으며 각 분야의 전문가를 찾거나, 당신이 관심을 보이는 것과 교차 연결된 사람과 충돌하는 영역에 대해 논의해 볼 수 있도록 함께 식사할 수 있는 자리를 마련할 수도 있다.

전문가를 추천 받는 계단식 방법

이 시스템은 내가 로스앤젤레스에서 일을 시작하던 초기에 어느 멘토가 내게 알려준 방법이다. 신입이라서 형세를 전혀 파악하지 못하던 때에 그는 나에게 강력하지만 확실한 방법으로 최고의 정보를 발견할 수 있는 법을 알려주었다. 이 시스템은 이렇다. 뭔가에 대해서 당신이 조금 더 이해하도록 도움을 줄 만한 사람이 누구인지'전문가 1'이라고 하자를 생각하며 시작한다. 전문가 1과 이야기를 나누면서 원하는 정보를 얻되 여기서 핵심은 만남이 끝날 즈음 이렇게 간단하게 묻는 것이다. 그 질문의 형식은 바뀔 수도 있으나 질문의 맥락은 동일하게 '그 전문가들의' 전문가를 묻는 것이다.

다음과 같이 질문할 수 있다.

- 이 분야의 정보와 동향을 파악하기 위해서 의지하고 있는 사람은 누구인가?
- 이 분야에서 최고라고 생각하는 사람은 누구인가?
- 이와 관련한 질문이 있다면 물어볼 수 있는 사람은 누구인가?

이 질문에서 답으로 얻은 사람이나 정보원이 '전문가 2'가 된다. 이 정보를 입수하면, 전문가 2를 찾아간다. 만족할 만큼 최적의 답을 얻거나 다른 영역으로 넘어갈 또 다른 주제를 발견하게 될 때까지 이 순환을 반복한다. 전문가를 찾아 질문을 할 때마다 한 단계씩 성장하게 되고 정보가 점차 더 나아지고 더 개선되는 것이 이 방법의 흐름이다. 이 과정을 통해 당신은 계속해서 새로운 정보를 배우게 되고 탐구해볼 만한 새로운 영역의 정보를 발견하는 경우도 종종 있다. 이 외에도, 자신만의 똑똑한 사람들로 구성된 패널을 생성할 수 있어서 잠재적으로는 사업을 위해 싱크탱크나 지식 집합체를 구축할 수도 있다.

내·외부적으로 이 정보를 찾는 방법은 많이 있지만 최적의 방법은 개방적이고 간결한 브레인스토밍을 시행하면서 많은 연구와 매핑을 하는 것이다. 다행히도 이미 활용할 수 있는 기술이 다음과 같이 다섯 가지가 있다.

- 나노 기술
- 3D 프린팅
- 블록체인 / 비트코인
- 인공지능·머신 러닝
- 홀로그래피

다른 예로는 가상현실, 증강현실, 챗봇chatbots, POS 기술, 우버, 넷플릭스, 공유 경제, 페이스북, 자율주행 자동차, 로봇공학, 국내 실험 중인 유전체학, 태양열 발전 등 목록은 끝이 없다. 이 단계에서 중요한 것은 현재 당신 사업에 여파를 미치거나 중요한 요소에 집중하는 것이 아니라 관심이 가는 분야에 대해서만 집중하는 것이다. 철저한 목록을 만드는 것이 아니라 집중된 목록을 만드는 것이 이 단계의 핵심이다.

9단계: TBD+ 컴퍼스를 이용하여 새로운 기술 영역을 평가한다

우선순위가 매겨진 행동 목록을 작성하기 위해서 평가해야 하는 잠재적인 비즈니스의 미래 관심 영역이 생겼다. 많은 사람들이 그러듯이 당신도 이미 눈치를 챘겠지만, 당신이 작성한 목록은 길고 다루기 쉽지 않아 보인다. 그러나 초기 단계의 목록은 길게 작성되기 때문에 걱정하지 말고, 목록에서 어떤 것도 빼려고 하지마라. 초기 투자 그리드가 채워지고 나면 이 과정은 속도가 붙는다.

TBD+ 컴퍼스

TBD+ 컴퍼스는 일단 완성이 되면 당신이 평가하는 기술이 당신의 기업 미래에 얼마나 부합하는지를 보여주는 측정 도표이다. 이 도표는 막연하게 방사형 도형을 기반으로 하며 도표가 채워지면 다양한 형태빙산형, 뒤집힌 빙산형, 여우형, 팩맨형 등를 만들어 낼 수 있으며 경쟁 우위, 첫 원동력의 가능성 및 다양한 기타 요소를 기반으로 비즈니스의 다양한 잠재력을 나타낸다.

TBD+ 컴퍼스의 기본 형태는 다음과 같다.

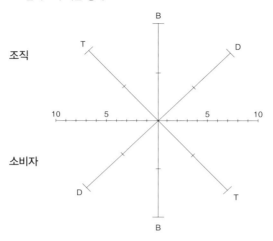

TBD 컴퍼스를 다 그리고 나면, 채워야 한다. 완성된 모습은 다음과 같다.

〈그림 5.3〉 완성된 TBD+ 컴퍼스 ━━━━━━━━━━━━━━━━

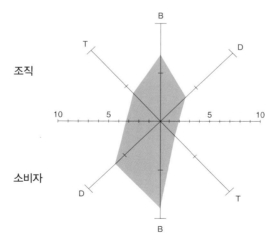

TBD+ 컴퍼스 채우기

TBD+ 컴퍼스를 채우는 과정은 신속한 절차를 시작하기 위해 몇 가지 단계를 밟아야 하지만 일단 독자들과 소그룹이 몇 번 해보고 나면 TBD+가 비즈니스의 방향을 바꾸는 데 얼마나 강력한 힘이 있는지 알 수 있다.

점수 매기는 법 TBD+ 컴퍼스의 각 부분은 선택된 운영위원회의 특정 구성인원을 위한 것이다.

T-그룹은 기술 자체와 특성 및 사용을 알아보고 당신의 사업 목표를 토대로 '요구한 바를 이행할 수 있는가?'라는 질문에 중점을 둔다.

- TCTechnology Consumer - 광고, 마케팅, 소비자 등 담당 수석 임원
- TOTechnology Organization - IT 관리자, 책임자 등 담당 수석 임원

B-그룹은 기술이 도출하는 행동을 보며 기술 이면에 숨은 이유, 그리고 사람들이 그에 대해 어떻게 반응하는지를 본다. 당신의 사업 목표를 토대로 '요구한 대로 행동할 것인가'라는 질문에 중점을 둔다.

- BCBehavior Consumer - 고객 서비스, 고객 경험 관리 등 담당 수석 임원
- BOBehavior Organization - 영업 관리자, 책임자 등 담당 수석 임원

D-그룹은 '얼마나 많이', '언제' 그리고 '얼마나 자주'와 같은 질문으로 기술 이면의 데이터를 살펴본다. 당신 사업 목표를 토대로 '요구한 대로 이행할 사람이 충분한가?'라는 질문에 중점을 둔다.

- DCData Consumer - 데이터 담당, 자문, 외부의 3자 고문 등 담당 수석 임원
- DOData Organization - 분석, 금융, 데이터 담당 등 수석 임원 및 정부 기관

각 그룹에는 10점씩 부여하거나 보류될 수 있으며 특정 주제에 대해 수행한 연구를 토대로 진행한다. 사업의 상황에 따라 10점 범위의 설명은 자유롭게 수정할 수 있으나 공정한 비교가 가능하도록 일관성을 유지해야 한다.

중요 사항 비용도 물론 중요하지만, TBD+에 관한 한 당신 사업에 대한 올바른 답이 가장 중요하다. 즉, 기술은 비용이 많이 들지만 이 때문에 고려 대상에서 배제되지 않아야 된다는 것을 의미한다. 이를 위해서는 그 부분을 사람들에게 과정 내내 상기시켜줘야 한다. 이는 문제를 가볍게 여기는 것은 아니지만 사람들로 하여금 당장 실현 가능한 것만 보는 것이 아니라 크게 생각하고 무엇이 가능할지를 고려하게 만들 수 있다. 10점의 범위는 각 구성원 혹은 작은 규모의 팀이 지정된 질문에 답하여 결정한다.

- TC - 0~10점 범위로 '존재하지 않은 기술'의 0점에서 '모두가 사용하는 기술'의 10점까지이다.
  질문: 기술이 시장을 차지하는 정도는 얼마나 되는가?
  – 현재 접속할 수 있는 하드웨어, 소프트웨어 및 어플리케이션을 보유하고 있는 사람은 몇 명인가?
- TO - 0~10점 범위로 '기업은 기술 출시 준비가 전혀 되어 있지 않다'는 0점이고 '출시에 만반의 준비가 되어 있다'는 10점이다.
  질문: 당신은 기술을 얼마나 활용할 수 있는가?

- 현재 사업의 개발 가능성은 무엇인가?

- 사업에 필요하지만 현재 보유하지 못한 인적 자원은 무엇인가?

- BC — 0~10점 범위로 '현재 일어나고 있지 않는 행동'은 0점, '이미 일상에서 발생하는 행동'은 10점이다.

  질문: 당신이 원하는 만큼 행동하는 사람은 몇 명인가?

  - 현재의 행동을 넘어서, 원하는 행동을 유발하기 위해 쉽게 적용하거나 수정할 수 있는 상호 보완적이거나 유사한 행동이 있는가?

- BO — 0~10점 범위로 '전혀 열정 없음'은 0점, '매우 열정적임'은 10점이다.

  질문: 그 행동을 격려하기 위해 또는 행동에 맞추기 위해 당신은 얼마나 열정적인가?

  - 행동을 유도하는 것은 상업적으로 유리한 것일까? 아니면 이를 충족시키지 못했을 때 재정적으로 종말을 맞이하게 될까?

- DC — 0~10점 범위로, '관심 없음'은 0점, '모두가 관심을 보임'은 10점이다.

  질문: 얼마나 많은 사람들이 당신이 요구하는 대로 행동하며 관심을 보이는가?

  - 사람들은 기술에 관심이 있는가? 아니면 문제 해결에 관심이 있는가?

- DO — 0~10점 범위로, '전혀 없음'은 0점, '와해성이 높다'는 10점이다.

  질문: 이 기술이 얼마나 와해성을 나타낼 것인가?

  - 대량 판매 시장에서 얼마나 빨리 이 기술이 채택될까?

  - 기술이 얼마나 널리 퍼지고 있고 또 얼마나 널리 퍼질 것으로 예상되는가?

  - 현재 해당 분야에 진출해 있거나 시장에 진입하고 있는 경쟁 업체가 있는가?

이는 과정 중에 핵심적인 부분으로 모두가 질문을 정확히 이해하고 점수의 타당성을 증명할 수 있어야 한다. 직원 한 명이나 한 팀이 TBD+ 컴퍼스의 부분에 대한 점수를 최종적으로 확정하고 나면, 당신에게 제출하도록 한다.

10단계: 새로운 영역을 위해 최종 TBD+의 점수를 계산하고 투자 매트릭스에 이 내용을 그린다

일단 여섯 영역에서 점수가 모두 나왔다면, 전부 합친다.

$$TC + TO + BC + BO + DC + DO = 복합\ TBD\ 점수$$

이 단계에서 점수가 서로 상반되는 것으로 보이는 영역이 있다면 최종 점수에 관해 논의할 수도 있다. 이 과정은 단지 자연스럽고 또 중요한 부분이기도 하다. 솔직하고 가감없이 논의하도록 유도해서 의문이 드는 점수에 대해 왜 그런지 알아보는 것이 핵심이다. 다년간 이 활동을 하면서 내린 가장 좋은 결론은 이 영역에서 시간을 들여 우려사항을 충분히 검토하고 해소한 뒤 다음 단계로 나가는 것이 좋다는 것이다. 이 점수는 우리를 안내할 뿐 최종 버전이 아니다. 합의가 있기까지의 최종 점수이며, 합의 없이는 투자와 프로그램의 미래에 대해 열정과 지지를 잃을 위험을 감수해야 한다.

일단 이런 과정이 완료되고 나면 당신은 TBD+ 최종 점수를 손에 받게 된다. 투자 매트릭스에 모든 기술에 대해 그려볼 수 있고, 모두가 한 마음으로 투명하게 집중을 유지할 수 있도록 복사본을 나눠주도록 한다.

이제 뒤로 물러서서 투자 매트릭스를 살펴보자.

• 눈에 띄는 것은 없는가?

다음은 매장에서 3D 프린팅된 식품 판매 방법을 모색하는 슈퍼마켓 체인점을 위한 최종 TBD+ 컴퍼스의 예이다.

〈그림 5.4〉 슈퍼마켓 체인점을 위한 최종 TBD+ 컴퍼스

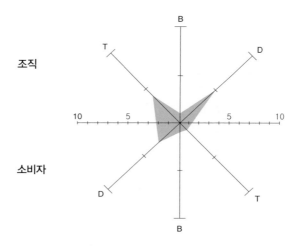

현재 슈퍼마켓에서는 이 기술에 투자를 할 것 같지는 않다. 3D 프린팅된 식품이 존재하고 있지만, 시기가 여전히 이르고TO는 중간 지점 이 식품에 대한 소비자의 취향과 행동은 발전되어야 하기 때문이다BD와 DC의 낮은 점수. 이 슈퍼마켓의 투자 매트릭스에 따르면 이런 경우에 15점의 TBD+는 즉각적인 투자가 아니라 연구가 더 많이 필요하다는 것을 의미한다. 즉각적인 시도 가능성은 어렵지만 향후 연구 결과에 기초하여 미래에 자금을 투자하는 것이 가능할 수도 있다. 6개월 후에 재평가를 시작한다.

- 놀라운 결과는 무엇인가?

- 당장 처리해야 할 일이 있는가?

- 단기적인 성취가 있는가?

- 아무것도 하지 않으면 당신에게 걸림돌이 될 만한 것이 있는가?

- 빠진 부분은 없는가?

위와 같은 질문을 생각하고 답하면 가장 실용적인 다음 단계에 우선순위를 정하는 데 도움이 된다. 결과로 나온 눈금 또는 목록을 평가하여 다른 시나리오를 실행하는 시간을 갖도록 한다. 다른 조합은 없는지, 최소한의 시간 안에 어떻게 하면 가장 큰 변화를 이끌어낼 수 있을지, 과연 제대로 된 상태인지 등을 점검한다.

11단계: 주요 기회 영역을 파악한다

물론, 순위가 높은 수치는 사람들의 관심을 가장 크게 끌지만 이러한 수치는 대부분 달성하기가 쉽지도, 빠르지도 않으며 투자 결정이 연결되어 늘어지면서 단계가 길어진다괜찮긴 하지만. 만일 그리드에 기술면이 있을 경우 사분면 오른쪽 상단이나 내림차순으로 나열해서 상단 몇 줄에만 집중하는 우를 범하지 마라. 우선순위를 정하는 것이 핵심이다. 과도한 색인 데이터, 급진적인 성장 속도, 구매 의도 데이터 및 미래의 잠재적 데이터 요소를 찾아 잠재적으로 흥미로운 지점을 표시한다.

12단계: 새로운 투자 매트릭스를 기반으로 행동 계획 결정하기

행동 계획은 다양한 형태와 형식을 취할 수 있다. 나는 명확한 행동 조치와 담당자를 통해 단순하고 간결한 방법을 유지하는 것을 선호하지만 여러분은 자신이 속한 조직의 성격에 따라 편한 방법으로 정하면 된다.

어떤 스타일을 선택하건, 다음과 같은 요소를 포함하도록 한다.

- 어떤 조치 또는 변경이 발생하는가?
- 이러한 변화를 담당할 사람은 누구인가?
- 이러한 변화는 언제까지 일어날까? 또 얼마나 오래걸릴까?
- 이러한 변경을 이행하는 데 필요한 자원가령, 비용이나 인적자원은 무엇인가?
- '무엇'과 '언제'를 알아야 하는 사람은 누구인가?

13단계: 그룹에게 피드백하기

초기 피드백은 짧고 간결하고 즐거워야 한다. ① 새로운 와해성 기술과 이머징 기술을 알게 되는 것 뿐만 아니라 ② 모든 사람들에게 책임감을 갖게 하므로 최상의 결과를 위해서는 TBD+를 최소 6개월마다분기별이 가장 좋음 완료하는 것이 좋다. 이 과정은 첫 12개월 간 원 투 펀치[8] 방식으로 연달아 진행한다. 토니 로빈스는 날씨 비유로 유명하다. 날씨가 바뀔 수 있기 때문에 코스를 올바르게 설정하는 것이 현명하다.

---

8) 편집자 주. 권투에서 날카롭게 잽을 넣으면서 한쪽 손으로는 스트레이트를 넣는 일. 네이버 어학사전 참조

TOP TIP

다음 TBD+ 조기 업데이트에 대한 일정 알림을 설정해 둠으로써 사람들은 지속적으로 진행하며 프로세스에 집중할 수 있다. 사람들을 힘껏 떠미는 것보다 사람들을 조금씩 몰고 가는 방법을 찾는 중이므로 이 중 보통 2~5개 정도가 충분하다. 그 이상은 무관심을 초래할 수 있다.

결론

⋯⋯⋯ 결론적으로, TBD+ 프로세스는 불확실성을 껴안고 변화 가능한 요소에 방법을 적용하며 조직을 위한 맞춤형 계획을 수립하기 위해 시험되고 검증되는 방법이다. 앞으로 다음 장을 더 살펴보면서 이 과정을 성공으로 이끄는 데 도움이 되는 몇 가지 다른 요소들을 살펴볼 것이다.

다음 장에서는 중요한 계획에 대해 논의한다. 즉, 실천 계획을 다시 납득시키고 고위 관리직 팀을 고무시켜 추가 작업 없이 이들이 신속하게 협력하도록 유도하는 방법에 대해 논의한다.

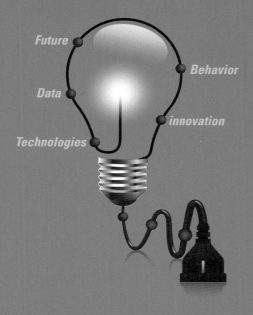

Future

Behavior

Data

innovation

Technologies

06 승인받는 법

06

|

승인받는 법

자신만의 TBD+를 완성했다면심플 TBD를 활용했다면 심플 TBD를 완성한 후에 일종의 승인 절차를 진행하거나 승인이 필요하다는 결정을 할 것이다. 보통 와해성 기술은 자체의 본성이나 불확실성 때문에 투자에서 요구사항과 관련된 문제가 크고 특이하게 제기된다. 이 장에서는 다양한 이슈와 활동을 살펴보면서 요구사항과 예산 문제가 당신에게 더 큰 성공의 기회가 되도록 돕고자 한다.

왜 사람들은 아이디어와 솔루션을 거부하는가?

· · · · · · 급진적 혹은 비급진적인 아이디어는 다양한 이유 때문에 승인을 받는 과정이 험난할 수 있다. 그러므로 해당 이유를 이해하면 승인 성공률을 높이고 미래를 위한 투수력을 향상시킬 수 있다. 가장 흔한 요인은 아이디어 그 자체에 대한 몰이해에서 비롯된다. 프레젠테이션이 형편없

거나 아이디어가 너무 복잡할 때 회사는 도전하고 더 많은 에너지를 투입하기보다는 결정을 미루거나 빠르게 '퇴짜'를 놓는다. 두 번째 요인은 아이디어 혹은 필요한 변화를 어떻게 적용해야할지 모르겠거나 들은 바가 없다는 점이다. 종종 대화로 극복할 수 있지만, 복잡성에 따라 어려운 과정이 될 수도 있다.

수많은 스키마의사결정을 내릴 때 우리가 사용하는 정신적 지름길에도 불구하고, 그리고 사람들이 새로운 아이디어에 'NO'라고 말하도록 프로그램 되어있는 것은 아니지만 세계를 질서에서 벗어나지 않게 만들고자 하는 우리의 본성은 어쩔 수가 없다. 우리는 정신적으로나 혹은 사회적으로 세상을 분류하여 특성에 따른 서로 다른 조직으로 정리하는 시스템 없이는 일상에서 살아남을 수가 없기 때문이다. 인류학자이며 『사일로 이펙트: 무엇이 우리를 눈 멀게 하는가The Silo Effect: The peril of expertise and the promise of breaking down barriers, 2015, 한국어판』의 저자 질리안 테트Gillian Tett는 똑똑한 사람들이 다양한 이유로 바보같은 결정을 내리는데 가장 큰 이유는 고정관념, 부족주의적 사고, 위험 회피에서 기인한다고 믿는다. 이런 요인들을 비롯하여 뿌리깊은 문제와 싸우는 것이 어려울 수 있지만 위험을 회피하는 대신에 위험을 더 인식하도록 문화를 바꾸고 변화시킬 방법이 있다. 위험을 인식하는 것은 이동할 때 안전지대를 찾지 못해서 단순히 지금 있는 곳에 머물러 있기보다는 계산된 위험을 감수하고 앞으로 나아가게 만드는 데 동의하는 능력이 된다. 고위 임원진들과 이야기를 할 때, 사람들이 쉽게 볼 수 있는 더 큰 그림을 당신이 알고있다는 것을 증명하기 때문에 위험을 인식하는 사고방식에 대해 논의하는 일은 종종 도움이 될 때가 있다. 다음 장에서는 오픈 비즈니스와 부서를 만드는 방법에 대해 살펴보고 이해와 예측이, 많은 실망과 스트레스와 형편없는 결과를 비켜갈 수 있게 도와준다는 것을 확인한다.

여러 기업에서 계약직 혹은 프리랜서로 근무한 경험을 통해 협상 전과 협상 진행 중, 그리고 협상 이후의 양측 입장에 대해 더 분명히 이해할 수 있었다. 나는 이러한 경험을 바탕으로 의사결정자에게 접근하고, 협상하고, 다양한 정보를 제공하는 방식을 많이 찾을 수 있었다. 주요사항이 유사하고 집중해야 할 사항이 같을지라도 모든 사업은 각각 다르다. 그러나 개별적으로 '좋다'고 응답하거나 프로젝트를 승인하는 저마다의 방식은 있다. 이런 복잡성을 지적하고 또 활용하는 방식으로 자원과 예산을 요청할 때 당신이 성공할 가능성을 극대화하는 데 도움이 된다.

두 가지 핵심 영역이 유독 문제가 되는 경우가 종종 있는데 바로 '위험'과 '편견'이다. 이 두 영역과 싸우는 방법을 이해하면 성공 가능성을 크게 높일 수 있다.

위험이 부정적인 단어가 아닌 이유를 이해하라

· · · · · · 와해성 기술은 본성 자체가 매우 위험하다. 검증되지 않았고 떠오르는 기술인데다 맹신이 필요할 만큼의 새로운 기술 영역에 사용될 때도 가끔 있다. 이런 경우의 상위 의사결정자에게 아이디어와 계획을 납득시키기 위해서는 건강한 위험 인식 사고방식이 비결이다.

위험을 인식하는 것과 위험을 회피하는 것의 차이는 간단하다. 위험 인식은 위험도가 높을수록 수익률이 높다고 믿기 때문에 위험을 적극적으로 탐구하는 반면, 위험 회피는 위험을 피하는 선택을 하고 위험한 기회와 시나리오에서 적극적으로 반대한다. 기업이 위험을 인식하고 있다고 해서 위험하고 새로운 아이디어를 적극적으로 받아들인다는 의미는 아니지만 아이디어를 채택하기 전에 진지하게 탐구한다는 의미가 된다. 전략이 달라야 기업의 각각 다른 사업과 다른 시기에 적합하게 적용할 수 있다. 이 아이디어는 위험을 예방하는 것이 아니다. 그것은 불가능하다. 하지만 최소화할 수 있다. 그리고 여기서 중요하게 기억해야 할 부분은 모든 위험을 제거할 수는 없다는 점이다.

어느 기업 혹은 조직이든 위험이 스치듯 매일 발생하는데 조직의 규모, 구조와 정책이 위험 주변의 문화를 결정하는 데 도움이 된다. 앞을 내다보고 또 최근의 이력을 되돌아보면 위험을 발견하고 외면하기보다 위험에 집중했기 때문에 큰 이익과 역사적 제품을 만들 수 있었다. 몇 개만 언급해보자면 애플, 우버, 페이스북, 넷플릭스와 같은 기업들은 하향식을 채택하거나 상향식을 택하여 위험 관리를 조직의 정책과 절차에 단단히 정착시켰다. 어느 수준에서든 위험 관리를 포함한다는 것은 기업의 문화적 가치를 암시하며 위험에 내동댕이치기보다 위험을 고려하는 태도를 보여준다. 본질적으로, 그것은 우려해야 할 사악한 요소가 아니라 혼합물의 일반적인 부분이 된다.

위험은 몇 가지 방법으로 포함시킬 수 있다. 다음은 장기적인 설득 전략이 되며 다양한 수준의 도움이 요구된다.

- 올바른 방법으로 껴안은 위험에 대해 보상함으로써 '비난받는' 문화를 최소화한다.
- 조직의 목표와 개인의 목표를 일치시킨다.

- 직무기술서에 위험 관리 표현 및 책임감을 포함한다.
- 위험 사례를 출간한다. 사례 연구와 마찬가지로, 그러나 특히 위험에 관한 내용과 그에 대응하는 올바른 결정이 어떻게 이루어졌는지를 공개한다.
- 신입 직원들의 교육 자료 및 프레젠테이션에 위험 문구 및 사례를 포함하도록 변경한다.

위험 관리 회사인 CEB글로벌CEB Global이 작성한 보고서의 흥미로운 점은 미래의 위험과 재정적 영향이 발생할 가능성이 가장 높은 곳은 어디인지를 다룬다는 것이다. 역사적으로 위험 관리의 영역은 주로 법적인 문제, 규정 및 재무 보고의 준수 여부에 관한 것이었으나 2005년부터 2015년까지 주주 가치에 대한 큰 위험은 실패한 내부 프로세스, 인사 문제 및 외부 사건과 같은 전략 및 운영 위험으로 비롯되었다CEB, 2016.

다른 말로 하면, 위험이 단순함에 머무는 시대는 대다수의 기업에서, 오래된 기업이든 신생 기업이든, 규모가 작든 크든 상관없이 빠르게 흘러가고 있다. 대신, 위험 인식의 새로운 시대는 다른 영역의 쉽고 틀에 박힌 점검보다 위험 회피의 전략적인 문제에 새로운 초점을 맞추고 있다. 이제는 당신과 당신 조직의 향후 여정이 더 순항할 수 있도록 진정한 변화를 시도해야 할 때이다.

사람들은 보통 실제보다 자신들의 기업이 위험을 더 기피하는 경향이 있다고 가정하는데 그 이유는 자신들이 인지하고 있는 과거의 결정이나 고정관념, 그리고 다른 사람들이 무언가를 하고 싶어하는 이유보다 하지 않으려는 이유를 발견하는 것이 더 쉽기 때문이다. 당신의 성공 가능성을 극대화하려면 일을 뒤로 미루는 사람들의 동기를 이해하는 것이 중요하다.

편향은 어디에나 있고 아무 데도 없다

・・・・・・세상은 좋은 발상은 방해하고 나쁜 발상은 장려하는 인지 편향으로 가득하다. 게다가 개인의 이익부터 올바른 의사결정에 이르기까지 바깥 세상은 위험한 곳이다. 그러나 부상하는 문제의 발생 시점을 포착하여 "예"라는 답을 확보하는 것은 와해성 기술 투자에 있어서 큰 부분을 차지한다. 다음은 행동경제학자들과 심리학자들이 확인한 가장 일반적인 편견이다. 이러한 편견에 대해 인식하면 정확성을 높이고 성공 가능성을 높일 수 있다.

- 확증 편향Confirmation bias － 증거와 상충함에도 불구하고 사람들은 자신의 기존 생각과 신념에 일치하는 정보에만 더 많은 비중을 둔다.
- 기준점 편향Anchoring － 사람들은 처음 느끼는 감정에 결정을 뿌리내려 그 반경을 넘지 못하고 다른 결정을 검토하지 못한다.
- 집단사고Groupthink － 사람들은 아이디어에 대한 더 신중한 평가에 관련된 합의를 모색한다.
- 손실 회피Loss aversion － 사람들은 동일한 금액의 가치 이득보다 더 큰 손실을 두려워한다.
- 선명성 편향Vividness bias － 사람들은 제시된 데이터가 선명하지 못할 때 관심을 덜 갖고 보다 선명한 정보에 더 비중을 둔다.
- 매몰비용 오류Sunk-cost fallacy － 사람들은 현재 경로에서 형편없는 결과가 나오더라도 이미 투자한 비용이 아까워서 행동 방향을 바꾸지 못한다.
- 기존헌신 편향Existing commitment bias － 이미 비용과 시간에 자원까지 더 추

가하여 투자했기 때문에 형편 없는 결정에 계속해서 자원을 쏟아 붓는다.

- 현재지향 편향Present bias - 사람들은 장기 이익보다 지금 눈 앞의 이익을 더 중요시한다.
- 단순노출 편향Mere-exposure bias - 사람들은 사물에 익숙해지면 그 사물에 대한 선호도가 높아지는 경향이 있다.
- 현상유지 편향Status quo bias - 사람들은 일을 바꾸는 것에 대한 압력을 받기보다 있는 그대로 가만히 두기를 좋아한다.
- 과잉확신 편향Overconfidence bias - 사람들은 자신의 실력, 그리고 다른 미래의 결과에 영향을 줄 수 있는 능력을 과대평가한다.

편견은 뿌리가 깊은 편이라 바꾸기가 어렵다. 하지만 사람들을 바꾸는 것이 아니라 당신의 계획에 '그렇다'고 답할 수 있는 과정으로 그들을 안내하는 것이 목표라는 점을 기억하자. 이러한 편견들은 모두 뒤집어서 당신에게 장점으로 활용할 수도 있다. 사람들이 결정을 내리도록 억지로 강요하는 것이 아니라 결정을 내리도록 돕는 과정임을 잊지 마라.

- 표를 버려라. 사람들을 위해서 데이터를 생생하고 생명력 있게 만든다선명성.
- 어려움을 탐구하고 극복하기 위해서는 위험들을 조기에 소환한다현상유지.
- 장기 이익을 얻는 수단으로 단기 이익을 활용하라현재지향.
- 자금을 확보하기 위해 전체 기존 프로젝트 비용에 집중한다매몰비용.
- 앞으로 얻게될 것 보다 잃을 것에 대해 먼저 보여준다손실 회피.
- 정기적으로 와해성 기술과 이머징 기술을 다양한 방법으로 시킴으로써 유

장소 선정을 완료할 때에 예컨대 점심시간이나 휴식시간 동안에 일정과 관련 있는 사람과 간단한 자리를 가져보는 것을 고려해봐도 좋다. 만남 장소가 하루의 전체 목적과 연결될 수 있고, 초대한 전문가의 눈을 뗄 수 없는 배경이 펼쳐지는 곳으로써 흥미로운 결제 기술을 자랑하거나 로봇 웨이터가 있는 식당 같은 곳도 좋다.

참고 트렌드 사파리는 '사업 투어'가 아니다. 사업 투어는 특정 목표를 선호하여 편향되는 경우가 종종 있고 와해성 기술을 반드시 볼 수 있는 것도 아니다. 트렌드 사파리의 묘미는 독자가 머무는 반향실[9]을 탈출하여 최신 기술을 확인할 수 있을 뿐만 아니라 참신하고 흥미로운 견해를 접할 수 있는 능력에 있다. 포사이트 팩토리Foresight Factory는 세계 소비자 동향 분석 기관으로 일용 소비재, 여행, 그리고 유통 브랜드를 대상으로 정기적으로 트렌드 사파리를 실행하고 있다. 공동 운영자이자 CEO인 미브 쿠오이린Meabh Quoirin은 예산이 얼마이건 간에 가능한 한 최고의 트렌드 사파리를 만들기 위한 팁을 아래와 같이 제안한다.

- **시작과 끝을 그 기업과 함께 하라.** 사파리의 경험을 기존 프로젝트와 기존의 문제, 현재 동향과 연결하여 향후 행동을 개시하는 데 주력한다. 이러한 연결은 또한 더 고무적인 결과와 견주어 보아 후속 조치를 위해 새로운 아이디어가 번뜩이고 통찰력을 일으키는 등 지속적인 가치를 제공한다.

- **선견지명을 가져라.** 우리는 좀 더 주류로 발전할 수 있는 주변부에서 부상하는 비주류로 보이는 경험들을 선택한다. 우리는 사람들이 미래가 다가오기 전에 미래를 체감하길 원한다. 우리는 사람들이 경쟁을 시작하기 전에 미래를 향하길 원한다.

- 시간에 쫓겨서 사파리 활동으로 뭔가 새롭거나 유용한 것을 접할 수 있을지 의아해 할지도 모르는 고급 직원들에게 일찍이 이 활동의 가치에 대해 알린다. 독자 여러분이 이런 혁신에 대해 알고 있을지 모르나 실제로 아직 시도하지 않았을

---

9) 편집자 주. 반향실反響室, 소리를 메아리처럼 울리게 만든 방으로, 무엇을 말하든 똑같은 소리가 되돌아 온다. 비슷한 생각을 가진 사람들끼리 모여 있으면 그들의 사고방식이 더 증폭되고 극단화되는 것을 반향실 효과라고 한다. 네이버 사전 참조 http://endic.naver.com/search.nhn?sLn=kr&searchOption=all&query=echo%C2%A0chamber

수도 있으므로 이러한 '실질적인 경험'과 같은 추가 이점을 고려하고 소통없이 운영되고 있을 수도 있는 회사 내 여러 부서들이 다 함께 모일 기회를 갖는 것과 더불어 사파리 활동의 가치에 대해 의견을 교류하고 상업적인 목표와 계획에 따라 일정을 추진한다.

- **계획을 세울 시간을 계획하라.** 기존 관계에서 이루어진다 하더라도 사파리는 다루기가 어렵다. 유효성을 보장하고 또 다양한 장소의 주요 담당자와의 만남을 성사하는 데에는 몇 주가 걸릴 수도 있다.

- **확인에 확인을 거듭하라.** 사파리를 하기 전, 마지막 순간에 현장 실습과 자료를 마무리짓게 되면, 여러 장소를 다시 한 번 확인해야 한다. 합의한 시간대가 여전히 방문하기에 적절한지, 방문할 곳의 담당자 연락처는 유효한지, 사파리를 하기 전 질문 사항은 없는지 등을 확인한다. 구성팀은 그 날의 '시나리오'를 다 함께 훑어보고 발생할 가능성이 있는 애로사항도 파악한다.

- **미래를 계획하라.** 잠재적으로 흥미가 있는 장소와 스타트업 기업을 발견할 때마다 지속적인 데이터베이스를 보유하거나 혹은 그 공간에서 함께 일하는 기업의 데이터베이스를 활용하는 것은 미래의 사파리 활동을 구성하는 데 효율적일 것이다. 가끔은 소비자들 스스로가 장소에 대한 정보를 제공하는 귀중한 출처가 되기도 한다. 퓨처 재단Future Foundation은 유행을 빨리 알아차리는 사람Trendspotter 혹은 유행 선도자들로 구성된 세계적인 네트워크로 70개국 이상에서 새로 시작하는 장소 및 활동에 대해 지속적으로 정보를 제공한다. 이 네트워크에서 일하는 사람들은 가장 멋진 소매점, 가장 인기 있는 술집, 그리고 가장 최신의 레저 장소 등 타의 추종을 불허하는 현장 지식을 보유하고 있다.

🖐 TOP TIP

'공개'가 가치가 있는지 생각해보라. 예컨대 사파리를 하는 당일까지 모든 그룹에게 전체 일정을 공유하지 않고 대신 '티저 광고'처럼 힌트를 조금만 주고 호기심을 유발하는 방법도 있다.

움직이려면 외부인이 필요하다

· · · · · · 가능성이 있는 해결책을 실행할 때뿐만 아니라 관념화하거나 검증할 때에도 때때로 외부의 도움을 받아야 하는 경우가 생긴다. 외부 전문가들이 사회에서 당연한 존재로 여겨지고 실제로 그들이 가지고 있는 전문 지식을 기반으로 이사회에서 좀 더 영향력을 발휘할 수 있다면 후자는 승인을 얻는 최상의 경로가 될 수 있다. 직접적인 전문 지식과 경험은 늘 유용하지만, '유사 분야 사고analogous-field thinking'라 부르는 새롭게 떠오르는 트렌드는 기업이 새로운 기술과 함께 다른 분야의 생각과 경험을 활용하면서 전진할 수 있다는 개념이다. 이 아이디어는 조직과 사고방식을 개방하는 데 도움이 되기 때문에 다음 장에서 더 자세히 다루기로 한다.

민첩하게 행동하는 또 다른 방법은 'yes'를 얻는 과정에서 발생하는 마찰을 제거하거나 줄이는 것이다. 내가 함께 일했던 대다수의 조직들은 승인을 받기 전에 마찰을 제거하거나 줄일 수 있는 단계가 최소 3가지는 추가로 발생했다. 이는 효율적이기 때문에 놀랍고 창의적인 아이디어와 새로운 기회를 탐색하기 위해 받는 투자 사이의 차이점이 될 수 있다. 그러므로 외부 자문을 구하기 전에 당신의 승인 과정을 간소화하는 것은 더 현명한 방법일 수 있다.

많은 노력을 기울여야 하는 판매력

· · · · · · 우리는 갈수록 다양한 사람을 대상으로 판매를 진행하고 있다. 그리고 판매 대상이 유아든, 바리스타든, 이사회 임원이든 그에 맞는 다양한 판매 기술과 집중이 필요하다. 샌들러Sandler의 시니어 세일즈 트레이너인 리젯

하울렛Lisette Howlett은 '사람들은 감정적으로 구매하고 지적으로 결정한다. 정말로 변화에 효과를 주거나 어떤 사람이 결정을 내리게 하려면, 그 사람에게는 반드시 감정적인 '고통'이 내재되어 있어야 한다. 다시 말해서, 그 사람은 이 결정을 내리는 것이 어떤 의미인지 정확히 이해하고 있어야 한다'고 말한다. 이렇게 함으로써 당신은 그 사람이 이루고자 노력하는 대상을 보호해야 하는 상황에서 최선이 무엇인지 알고 결정을 재구성할 수 있다. 이 부분이 강력한 동기부여 요소이다.

샌들러에서 '고통의 퍼널The Pain Funnel'로 알려진 이 기술은 지불받는 입장보다 의사결정자를 점점 더 자신의 세계로 이끌어가는 집중적인 질문을 연달아 하는 방법이다. 분명히 말하지만, 이는 결코 육체적인 고통을 말하는 것이 아니다. 오히려 감정적으로 그 사람이 결정을 내리는 데 영향을 미치는 동기가 무엇인지를 충분히 이해하기 위한 감정적인 자극이다. 다시 말해서, '회사가 3D 프린팅에 투자해야 하는가'라는 질문 보다는 '매일 한 시간씩 일찍 퇴근해서 아이들이 잠자리에 들 때 옆에 있고 싶은 내 바람을 위해 3D 프린팅에 투자하는 것은 무엇을 의미하는가?'라는 질문을 통해 결정할 수 있다.

하울렛Howlett은 와해성 기술에 관한 큰 프로젝트를 판매할 때 5가지의 조언을 제시한다.

1 | 오늘은 판매하고 내일은 교육하라

수많은 자료를 미리 만들어 둔다고 해도 의사결정자가 필요로 하는 것은 해결되지 않을지도 모른다. 아무 것도혹은 너무 많이 미리 만들어 놓지 않고 그 대신 그 프로젝트에 대한 약속을 확인해 볼 때 성공할 수 있다. 다음과 같은 맥락의 열린 질문을 통해 의사결정자가 약속을 이행하는지에 집중한다.

- 마지막으로 다룬 프로젝트가 이번 프로젝트와 같다면, 그 프로젝트는 어 떠했는가?
- 우리는 [문제]를 사전에 논의했다. 여전히 문제로 남아있는가? 우리는 문 제 해결을 포기했는가?
- 이것을 지원하려면 무엇이 필요한가?
- 만족한 상태까지 이르려면 더 필요한 것은 무엇인가?
- 마술 지팡이magic wand가 있다면, 어떻게 할 것인가?
- 유사한 프로젝트는 [금액 1]과 [금액 2] 사이 정도로 예상된다. 어느 쪽이 더 편안한 선택인가?

2 │ 바보같이 행동하라

이 연습은 다른 사람들이 입을 열게 하기에 좋다. 전문가인척 들어가서 의 사결정자에게 말을 건네기 보다, 당신이 아는 모든 것을 다 공유하는 것은 잠 시 보류하고 똑똑한 질문을 함으로써 상대의 관심사와 태도를 가늠해 볼 수 있다. 아마추어는 자신이 알고 있다고 생각하는 것에 대해 허튼 소리를 늘어놓 지만 전문가는 자신이 알고 있는 내용이 무엇이고 더 많은 정보를 찾는 방법 은 무엇인지 알고있다. 바보처럼 있는 것은 직관에 반대되는 것처럼 들릴 수도 있지만, 사람들에게 힘을 실어주고 이야기를 잘 할 수 있게 해 주는 게 유용한 판매 기술이다.

다음과 같은 표현을 활용하는 것이 좋다.

- '하신 말씀이 이런 뜻인가요?'
- '제가 잘 이해했는지 확인해봅시다.'
- '~에 대해 더 이야기 해주세요.'
- '~라고 생각하지 않습니다만,'
- '혼란스럽습니다만,'

3 | 구매자가 구매하기 전에 자책하는 것을 방지하자

사람들이 큰 프로젝트에 대해 생각하다 마지막에 그만둘 수도 있다. 이를 몇 가지 방법으로 예방해야 한다. 의사결정자의 결정을 이중으로 점검하는 것도 좋은 시작이지만 이 외에 이 단계에서 가장 크게 우려하는 문제에 대해 이야기해 보는 것도 신속하게 문제를 완화할 수 있는 방법이다. 시험하기에 가장 좋은 방법은 가상 지표를 활용하는 것이다. 10점 만점 중 0점은 '매우 불만족', 10점은 '매우 만족'이라면 이 계획에 몇 점 주고 싶으신가요?'라고 묻는다. 그러고 나면 의논할 여지가 생겼으므로 이에 관해 전화를 걸어 걱정을 누그러뜨려준다.

4 | 원숭이 손

항해 용어를 빌리자면, '원숭이 손monkey's paw'은 더 큰 밧줄에 연결되어 당길 수 있게 연결된 작은 밧줄 공인데 이 공 없이 큰 밧줄을 당기는 일은 위험하고 거의 불가능할 것이다. 이 기법은 의사결정자가 완전히 'yes'라고 말할 수 있으나 준비가 덜 된 경우에 유용하다. 이런 상황에서 '모 아니면 도와 같은 접근법은 효과가 없으므로 두 개를 분리해서 '판매혹은 결정'할 필요가 있다. 첫 번째 판매는 시범 프로그램 또는 초기 단계이고 두 번째 판매는 초기 단계의 성공을 기반으로 하는 나머지 프로그램이다. 초기 프로젝트를 완료하고 나면 의사결정자에게 더 큰 자신감을 부여할 수 있고 다음에 하게 될 질문이 바뀐다.

5 | 폭탄을 일찍 터트려라

하울렛이 가장 큰 조언은 방안에 코끼리를 두라는 것the elephant in the room[10]이라고 말한 것 처럼 '폭탄을 일찍 터트리'라는 것이다. 와해성 기술은 사람들을 불편하게 만들 수 있고 주의사항이 많이 생기며 잘 모르는 것인데다 비용도 많이 든다. 사람들에게 미리 알리고 당신이 생각하는 기회뿐만 아니라 우려도 공개하면서 두려움과 걱정을 넘어서서 그때부터 가능성과 일어날 결과에 대해 탐구해 볼 수 있다.

그건 비용이 많이 들어요!

앞서 언급했듯, 잠재적인 투자에 제한이 없어야 한다. 지금까지 심플 TBD와 TBD+는 탐구와 개선 단계에서 이루어질 것으로 보이는 모든 변화의 재정적인 측면을 중요하게 여기지 않았다.

편견과 고정관념, 그리고 개인적인 경험에 따라 인식이 생기기 때문에 돈은

---

10) 역자 주. 모두가 알고 있지만 아무도 이야기 하고 싶어 하지 않는 골치 아픈 문제를 비유함

연구와 결과에 양극화되고 부정적인 영향을 끼친다.

이러한 초기 설계의 또 다른 이유는 다양한 규모의 조직 내에서 변화를 구현한 경험과 이력에 근거한 것이기도 하다. 실행할 수 없는 경우에도 최선책은 여전히 최선책이다. 물론 보통 좋은 아이디어를 위해 돈을 찾을 수 있는 길은 있다. 그러므로 계획을 모두 짜고 나서 재정과 인적 자원 및 사회적 비용 등 여러 비용을 포함하여 생각하는 것이 중요하다.

와해성 기술은 비용이 많이 든다는 인식을 가지고 있는 경우가 종종 있다. 하지만 모든 기업과 사람은 다르고 당신 머릿속에 있는 수치는 의사결정자가 가지고 있거나 접근할 수 있는 것과는 매우 다를 수 있다. 제안을 하러 들어갈 때 아무것도 가정하지 않는 대신 당신이 제안하고 싶은 위치를 선택하도록 하라.

비용에 대해 이야기 할 때 좋은 방법은 많은 선택지를 가지고 폭탄을 먼저 터트리는 것이다위를 참조하라. '괜찮은 금액이 될 것 같습니다' 또는 조금 더 조정하여 '이 분야에 투자하는 데 있어 어느정도 만족하십니까?'라고 묻거나 아니면 문제 전체를 다시 구성하여 '이 문제를 해결하는 데 비용은 큰 장애가 되지 않습니다. 이야기 드리고 싶은 부분은 시간입니다'라고 말할 수도 있다.

TOP TIP

다른 표현을 이용해 생각의 패턴을 변경하라. 이런 단어나 표현을 사용하는 대신, 몇 가지 대안을 사용해보고 다양한 유형의 후속 질문과 응답을 관찰하라.

〈표 6.1〉 활용해야 할 표현과 피해야 할 표현 ─────────

활용해야 할 표현	피해야 할 표현	예시
비용, 투자	예산, 금융	프로젝트 비용을 의논하기에 좋은 타이밍인가요?
괜찮은	상단한, 큰, 거대한	예상하신 대로 괜찮은 금액입니다.
충분한	의지, 가능한	이 프로젝트에 얼만큼 충분히 투자하고 싶으신가요?
하면 좋다	할 수 있다	다양한 방법으로 이 일을 진행 할 수도 있지만 우리가 무엇을 하면 좋은지 당신의 견해를 듣고 싶습니다.
이하	얼마나, 비용은	얼마 이하를 희망하시나요?

이 과정의 결론은 간단하고 냉정하다. 가지고 있지도 않은 것을 잃을 수는 없다. 담대하게, 용기를 잃지 말고, 누가 전문 용어를 쓴다거나 한꺼번에 너무 많은 숫자를 말한다고 당황하지 말고 냉정하고 침착하고 차분하게 잠재력과 위험을 살펴보면서 그들을 당신의 여정으로 이끌기 시작하라.

내가 홍보하거나 다른 사람이 나에게 홍보를 할 때 다음과 같은 3가지 규칙이 있다.

1 │ 아직 완전히 파악하지 못했어도 아는 한도 내에서 제품 설명을 부탁한다

이 규칙은 스타트업 기업 순회에서 비롯되었고 해커톤이나 스타트업 기업 콘퍼런스 및 투자 대회에서 사람들 입에 자주 오르내리기도 한다. 괜찮은 홍보는 다른 전문가들과 책에서 주목하는 핵심 특징이 있지만, 내가 참여해

본 의심의 여지가 없는 최고의 홍보에는 한 가지 공통점이 있었다. 바로 담당자가 상품을 이해하는 것에 목표를 두고 작동 방법과 제품이 필요한 이유 그리고 원동력이 무엇인지를 정확하게 알고 있다는 점이다.

TOP TIP

기술에 관심이 적은 친구나 기술에 정통한 친구에게 보여주고 어떤 제품을 판매하는 것인지, 또 이유와 무엇을 요구받았는지, 이해가 되는지 물어본다. 얻은 답변이 당신이 필요로 하는 것이 아니라면 그에 따라 수정한다.

2 │ **적을수록 좋다**하지만 정보를 전달할만큼 많은지는 확인하라

예전에 내 경험을 생각해 보면, 내내 책상에 앉아서 말도 안되게 아주 오랫동안 준비했는데 지금 생각해도 슬프다. 내 기록은 무려 203장의 슬라이드였다. 시간 때문이 아니라 이런 행동을 반복해서는 안 되므로 절대 과거로 돌아가지 않을 것이다. 대부분의 일은 그렇게 복잡하지 않다. 그런데 왜 그렇게 복잡하게 만드는가? 사람들은 점점 오랜시간 점점 더 많은 일을 하면 돈이 마술처럼 주머니에 생길거라고 믿는다. 하지만 그렇지 않다. 간결한 것을 복잡하게 하면 종종 정보를 얻는 사람을 혼란스럽게 하거나 확실한 결정을 내리지 못하게 만들 수도 있다. 이 중 옳은 시나리오는 없다. 그러니 그들에게 당신이 필요로 하는 것과, 반대로 당신이 그들에게 알려주고 싶은 것이 무엇인지 생각해보라. 이 비율은 주로 1:10이다. 스스로 질문해보자. 내가 만일 이 프레젠테이션을 받는 사람의 입장이라면, 이 정도의 정보에 고맙다고 할 수 있을 것인가?

자신의 프레젠테이션을 검토하고 추가된 슬라이드를 놓고 왜 추가했는지 질문해 본다. 슬라이드가 중요한 내용을 담고 있지 않다면 삭제하고, 정보를 부속물appendix이나 노트 부분에 보관하도록 한다. 지금 당장 정보가 나쁘지 않거나 쓸모 없는 것은 아니지만, 집중력을 흐트러뜨리고 그러면 당신이 전하고자 하는 메시지와 원하는 결과를 해치기 때문에 성공 가능성에 해를 입힌다.

3 | 변화를 사전 부검pre-mortem하라

이 방법은 절차가 진행되기 전에 목표를 보고 싶어하거나 큰 그림을 선호하는 고객에게 활용했던 방법이다. 나는 이 범주에 속하는데 다수의 최고의 사결정권자들과 최고경영자급 사외이사들도 이러한 특징을 가지고 있다. 사전 부검은 문제가 발생하고 나서 원인을 파악하는 사후 부검과 반대다. 사전 부검으로 당신은 가능한 가능성을 주목하고 앞으로 발생할 수 있는 문제를 파악하기 위해 일을 거꾸로 한다.

우리가 달성하고자 하는 목표에 너무 맹목적인 경우, 판매와 우리가 원하는 것을 얻는 데 도움이 될 수 있는 더 단순하고 미묘한 것을 잃어버리는 경향이 종종 있다. 심리학을 공부했던 경험과 현재 진행하고 있는 일부 행동경제학 연구도 아이디어와 프로젝트를 판매할 때 최근 연구 결과에 응용되곤 한다.

다음과 같은 맥락에서 5~10년 시나리오 상황을 시작해본다. 2020년에 유통 비용이 150% 치솟았다. '이 비율이 왜 이렇게 높은가?' 이렇게 생각해 봄으로써 의사결정자가 가질 수 있는 문제와 가능한 질문을 먼저 생각할 수 있다. 또한 이 기법은 선택 가능한 방법에 대해 제시할 수 있는 반면 의사결정자의 자아에 따라 행동하고 미래를 예측하는 것처럼 보일 수 있다.

혈당은 승인을 얻는 데 큰 영향을 미친다

연구에 따르면 판사들이 식사 후 좀 더 가벼운 판결을 내렸다는 것을 알 수 있다. 이는 일반 사람들이 결정을 내릴 때도 똑같이 적용된다. 좀 더 긍정적인 결과나 답변은 배가 고플 때가 아니라 든든히 부를 때 내리게 된다. 점심 시간 이후 혹은 오전과 오후에 당분이 많고 열량이 높은 간식을 준비하여 회의를 잡도록 한다.

더 현명한 반응을 위해 말을 삼가라

TED 연설자이자 『Gravitas: Communicate with Confidence, Influence and Authority 2015, 국내 미출간』의 저자 캐럴라인 고이더Caroline Goyder는 사람들이 좀 더 자신감을 얻고 성공하도록 돕는 전문가이다. 유명한 2014년 TED 강의에서 캐럴라인은 자신감 있고 명확한 말하기의 핵심으로 '낮고 느린 호흡'의 힘을 말한 바 있다. 우리가 '숨을 들이 마실 때'가 말을 하기 전 입을 다물고 다음 단계에서 무엇을 해야 할지에 대해 집중하게 해 주는 순간이다.

결론

6장은 어려운 개념, 새로운 아이디어 및 알려지지 않은 품목 판매에 관한 단기 집중 과정이었다. 이를 넘어 당신이 이용할 수 있는 기술과 자원의 목록은 광대하기 그지없다. 만일 당신이 판매하는 것에 대해 100% 자신이 없다면, 당신 기업의 미래를 완전히 바꾸어 놓을 큰 결정을 내리고 심해로 다이빙하기 전에 이 기술을 더 탐구하고 개발하기를 권한다. 다음 장에서는 TBD 프로세스를 넘어 오픈 비즈니스를 창출하는 법에 대해 알아본다.

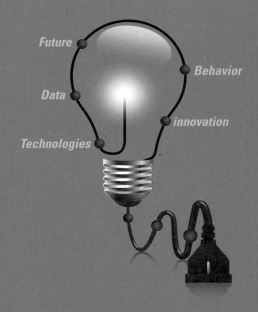

Future

Behavior

Data

innovation

Technologies

07 오픈 비즈니스와 혁신

07

오픈 비즈니스와 혁신

7장에서는 TBD 프로세스를 지나 오픈 비즈니스Open Business 창출을 모색해본다. 오픈 비즈니스와 그를 위한 환경을 조성하고 독려하여 와해성 기술을 위해 미래에 투자하고 탐구하는 것은 수월하지도 않은데다 속도까지 더 빨라질 것이다.

이번 장에서는 왜 오픈 비즈니스가 미래인지와 그것을 위해 어떻게 해야할지에 대해 설명한다.

- 오픈 비즈니스나 부서를 육성한다.
- 독창적이거나 열린 사고를 하는 사람들의 문화를 조성한다.
- 독창적이고 열린 사고의 장점을 발견한다.

와해성 기술은 오늘날 많은 기업들의 신념 구조를 중심으로 삼으며 지금까지 보유하고 있던 사고와는 전혀 다른 사고방식을 필요로 한다. 단순히 기업의 어떤 기치를 내걸기 위한 움직임을 넘어서 더 개방적이고 투명한 것은 비단 다르게 보이는 것만을 의미하지는 않는다. 이는 사업의 대·내외적인 성공에 절대적이다. 오픈 비즈니스가 됨으로써 새로운 아이디어, 서로 다른 요소를 완전하게 만드는 새로운 방법, 잠재적인 문제 및 앞으로 도약할 기회를 보기 시작한다.

'오픈 비즈니스'는 논란이 많은 용어다. 오픈 비즈니스라고 하면 개방형으로 배치된 사무실과 유리벽, 그래피티 아트, 화이트보드에 가득한 낙서, 그리고 빈 백 소파beanbag[11]에 털썩 앉아 노트북과 태블릿에 얼굴을 파묻고 일하는 편안한 차림의 비정규직 직원들 이미지를 연상하곤 한다. 실제 그런 회사도 있지만 많은 기업들에겐 그런 모습이 목표일 뿐이다. 옳고 그름의 판단을 떠나서 많은 사람들이 원하는 형태가 되었고 그런 모습이 그들의 모든 문제를 해결할 것이라고 생각하기 때문에 이 시나리오는 이상적이다. 내가 경험해본 바로는 시장에 와해가 일어나고 있을 때, 대부분의 기업이 변화하고 생존하고 또 번성하기 위해서 실제로 필요로 하는 것과 이상理想은 상당히 거리가 있다. 내가 이야기 해본 많은 중역들은 놀라운 사무실 환경과 유연한 근무 대신 보다 유연한 커뮤니케이션 능력과 운영 방식을 갈망하고 있다. 다시 말해서, 기업의 인적 자원을 극대화하기 위해서는 외부적으로 모방할 니즈를 만들거나 기업 내부적으로 주도권을 잡아야 한다는 뜻이다.

---

11) 편집자 주. 커다란 부대 같은 천 안에 작은 플라스틱 조각들을 채워 의자처럼 쓰는 것. 네이버 사전 참조. http://endic.naver.com/enkrEntry.nhn?sLn=kr&entryId=3d59e7cd388b4b3bb65c4b6a ba82090a

오픈 비즈니스란 무엇인가?

· · · · · · '오픈 비즈니스'는 당신의 기업 중심에 투명성과 책임감을 심어주고 사업의 모든 구성원에게 전념하고 새로운 아이디어에 대해 열린 자세를 취한다. 오픈 소스 아이디어를 기반으로 알렉산더 스티그센Alexander Stigsen은 자신의 회사인 'E 텍스트 에디터E Text Editor'와 함께 2009년 3월에 오픈 컴퍼니Open Company를 설립했다. 그 다음에는 많이 회자된 Gittip현재 Gratipay로 이어졌고 그는 간단한 블로그 게시글에 자신의 세 가지 주요 목표를 다음과 같이 개괄적으로 적었다.

- 가능한 한 많이 공유한다.
- 가능한 한 책임을 덜 묻는다.
- 직원에게 직접 보상하지 않는다.

실제 오픈 비즈니스보다 더 냉혹하게 들릴 수도 있지만 이 목표 덕분에 직원들은 금전적으로 가치가 없는 것들에 접근하는 대신 다른 것을 얻을 수 있다. 이 아이디어는 소규모 구성원들에게만 도움이 되는 게 아니라 사회 전체에 이익을 가져다 준다.

이런 개념은 많은 사람들에겐 공포스럽다. 이렇게 배운 적도 없고 이렇게 일해 본 적은 더욱이 없기 때문이다. 그러나 이 방법은 스타트업 기업뿐 아니라 전 세계 많은 기업들이 효과를 보고 있다. 다만 당신이 오픈 비즈니스를 면밀히 알아보기 시작할 때, 대다수의 기업들도 같은 길을 걷고 있다는 것을 깨닫게 되고 이미 열린 행동을 많이 증명하고 있기까지 하다는 것을 알 수 있다.

오픈 비즈니스가 다루는 주요 영역은 다음과 같다.

- **원칙**Principles 오픈 소스, 오픈 표준 및 다른 오픈 기술을 가능한 한 많이 활용하여 통찰력, 지식 및 결과를 교환하기 위해 초점을 맞추고 합의를 한다.
- **지식 공유**Sharing knowledge 이 부분은 오픈 비즈니스에서 근본적이다. 모든 수준과 위치에서 지식과 학습을 공유하는 데 중점을 둔다. 이 요소는 TBD+의 원동력이며 대부분의 비즈니스 리더를 포함하도록 설계 되어있다. 베스트셀러 작가인 사이먼 사이넥Simon Sinek도 이에 동의하면서 기업이 와해성을 피하기 위해 취해야 할 한 가지에 대한 조언을 구할 때 그는 주저하지 않고 다음에 관해 이야기를 했다.

   향후 몇 년 안에 경쟁자들을 능가할 기업들은 포괄적인 리더십 훈련을 개발하는 기업들이다. 하지만 오늘날 많은 기업들이 실행하지 못한다는 점에서 허점으로 노출되는 부분이기도 하다. 그러나 이 훈련은 일하는 사람들의 전반적인 기술의 질을 향상시키며 회사가 자신이 소속된 부서의 발전에 관심을 가진다고 느낄 것이다사이넥, 2017.

- **금융**Finance 모든 구성원은 회계 세부 사항과 다른 사람들의 보상 내역을 볼 수 있어야 한다. 이 부분이 오픈 비즈니스에서 논쟁의 여지가 가장 큰 부분이다.
- **참여**Participation 오픈 비즈니스의 핵심적인 부분은 모두의 참여이다.

- **개인의 열린 태도**Open individual 사업의 각 구성에게 기술적 혹은 정신적인 자기계발을 이루도록 장려한다.
- **공동체**Community 종교 행사나 가족 모임과 같이 업무와 관련되지 않은 활동은 개인이 만족하기 때문에 사업 성공에서 중요한 것으로 간주된다.
- **접근성**Access 각 구성원은 지위를 막론하고 구성원들의 승인이 있다면 다른 구성원의 세부적인 연락처에 접근할 수 있어야 한다.

이 목록을 읽고 있노라면 반反 자본주의적으로 들릴 수도 있지만 이 논의는 오픈 비즈니스 영역에서 좋은 이유로 자주 언급되어 왔다. 기업 비밀유지 필요성 뒤에 숨은 투명성 부족은 수십년 간 사업의 일부로 참여해 왔던 직원들과 외부 이익 당사자들에게는 주된 혼란을 야기하는 원인이었다. 오픈 비즈니스는 법도 아니고 지적재산권을 무시하지 않으며 실질적으로 대·내외적으로 신뢰 향상에 목표를 두고 있다. 다른 대기업들이 반응하듯 오픈 비즈니스를 두렵고 피해야 할 것처럼 접근하다 보면 빈약한 결과를 얻게 될 것이다. 오히려 나는 독자들이 오픈 비즈니스를 기회로 받아들여 이미 보유한 자산의 가치를 높이고 더 많은 가치를 창출하기를 바란다. 그렇게 되면 전혀 다른 결과를 보게 될 것이다. 개방성을 수용하는 속도는 사업마다 다르겠지만, 점점 더 많은 직원들이 비즈니스에서 핵심 요소로써 '개방성'과 '신뢰'를 나열하면서 더 개방적이지 못하다는 이유로 장·단기적으로 점점 상황을 압박할지도 모른다. 오픈 비즈니스에 관한 더 자세한 정보는 '오픈비즈니스협회'에서 확인해 볼 수 있다www. openbusinesscouncil.org.

오픈 비즈니스는 홀라크라시를 의미하지도 요구하지도 않는다

・・・・・・ 많은 사람들이 오픈 비즈니스를 홀라크라시Holacracy[12]로 잘 못 알고 있다. 홀라크라시는 기업 구조를 동등하게 만들고참고로 완전히 동등 하지는 않다. 대신 직원들을 역할과 조직에 집중하도록 바꾸는 기업 경영 스 타일을 말한다.

이를 채택한 미디엄Medium, 아마존이 운영하는 자포스Zappos 및 호주나 뉴질랜드 외 국가 정부 부처 등과 같은 기업과 기관의 일부 대외 홍보 노력 덕분에, 홀라크라시는 오픈 비즈니스와 같이 좀 더 큰 규모의 움직임이라기 보다는 비즈니스를 조직하는 새로운 방식으로 알려졌다. 확실한 장단점과 함께 홀라크라시는 일부 기업에서는 상당히 효과를 보일 수 있는 흥미로운 아이디어이긴 하지만 다른 기업에는 재앙이 될 수도 있다. 오픈 비즈니스가 지식과 이해에 관한 것이라면 홀라크라시는 명확한 일련의 규칙을 적용하 고 세세한 관리없이 명확한 역할과 책임을 가지고 팀이 업무를 어떻게 분류 할지 처리한다. 실상 이 모습은 독자가 전에 겪어 본 '멋지거나' 그렇지 않 은 대부분의 사무실 분위기와 매우 비슷하다. 홀라크라시는 같은 공간에서 단순한 소규모 그룹으로써, 구체적인 업무를 완수하거나 서비스를 제공하 고 제품을 생산하는 등 무슨 일을 하든 그 과정을 간소화하기 위해서 서로 상호작용을 할 수도 있고 그렇지 않을 수도 있다. 홀라크라시의 예를 더 찾

---

[12] 편집자 주. 관리자 직급을 없애 상하 위계질서에 의한 의사 전달이 아닌 구성원 모두가 동 등한 위치에서 업무를 수행하는 제도. 네이버 지식백과 참조 http://terms.naver.com/entry.nhn?docId =2851922&cid=43667&categoryId=43667

아보고 싶다면 자포스나 미디엄, 데카트론Decathlon, 스타우드 호텔 & 리조트Starwood Hotels and Resorts와 킹피셔Kingfisher등과 같은 회사를 참고하는 것이 좋다. 앞에서 말한 기업 중 일부는 홀라크라시를 전적으로 채택한 반면, 한번에 완전히 시스템에 적용하지 않아도 효과적이기 때문에 일부는 특정 부서 등에 한하여 적용했다.

회의론자들은 홀라크라시가 기존의 기업에 실제로 도입되기는 어렵다고 주장하고 있으며 다수가 채택하는 사례를 보기도 어려울 것 같지만, 홀라크라시 중심에는 중요한 아이디어가 존재한다. 비록 기업에 당장 필요한 것이 급격한 변화라 할지라도 다수의 기업들은 정작 그런 변화를 감당할 여력이 없다. 그리고 여러 관리 방식이나 아이디어는, 예컨대 구글의 유명한 '20% 시간 자율 프로젝트'와 같이 도입 초기의 고무적인 기간이 지나고 나면 진전이 없다. 대신에, 홀라크라시가 이야기하는 많은 이점을 얻으려면 기업 구조를 단순화하고 역할과 업무 책임에 관해 보다 철저한 직무기술서가 필요할 수도 있다. 이것이 바로 기업들이 오픈 비즈니스를 더 쉽게 납득하는 이유이다.

그렇다면 오픈 비즈니스는 얼마나 오픈되어야 하나?

· · · · · · 진정한 개방은 단기간에 재정 혹은 생산성에 상당한 영향이 발생할 수 있기 때문에 많은 기업들에게는 비현실적인 선택일 수도 있다. 대신에, 경험에 비춰 봤을 때 대부분의 사업들은 좀 더 유동적인 방식을 권장한다. 오픈 비즈니스는 반드시 모든 구성원이 연봉 등과 같은 정보에 접근할 수 있음을 의미하지는 않는다. 그러나 물론 이는 진정으로 오픈 비

즈니스에 전념하고 신뢰를 창출하는 회사의 그룹이 모여서 만든 오픈 컴퍼니 이니셔티브OCI, www.opencompany.org의 목표이긴 하다.

OCI 웹사이트는 다음과 같이 말한다.

> 우리는 대체로 기업을 신뢰할 수 있는 세상을 꿈꾼다. 미래에 승승장구할 기업은 적극적으로 신뢰를 극대화하며 고객과 이해관계자 및 사회와 전반적으로 신뢰 관계를 구축하기 위해 법의 테두리를 넘어갈 기업이라고 믿는다.

오픈 비즈니스 관행을 수용하는 기업들은 복원에 대한 두려움 없이 명확한 방향과 조직으로 결정을 내리고 기회를 포착하고 전략을 변경하는 데 자유롭다. 좋은 말이기는 하나 특히 재정적인 보상에 관해서 많은 기업들에게는 짐이 되는 부분이 아주 많다. 그러므로 '쇠뿔도 단김에 뺄 수 있는' 접근 가능성이 없는 기업이라면 단계적인 접근이 권장된다. 이번 장에서는 오픈 비즈니스의 현실을 다루면서 비즈니스를 보다 책임 있고 투명하게 만들고자 할 때, 고려해야 할 사항과 실용적인 지침을 제공한다. 변화는 당신으로부터 시작된다.

오픈 비즈니스가 되는 것이 뭐 그리 대수인가?

· · · · · · 나중에 다른 장에서 설명하겠지만, 젊은 노동 인구나 미래의 인력은 개방성과 투명성을 중시하기 때문에 채용 비용을 절약하고 최고의 인재를 영입하기 위해서는 개방성을 진지하게 받아들이는 것이 타당하다.

그렇다면 인재 외에 비즈니스에 도움이 되는 것은 무엇인가?

- 문제를 찾아 해결한다. 비밀에 부치거나 비난이나 손가락질이 두려워 숨는 대신, 아이디어와 문제는 회피하는 것보다 찾는 데 집중하게 된다.
- 총합이 부분보다 크다. 개방형으로 일하는 것은 사람들이 스스로 만들어 낼 수 있는 것보다 더 큰 무언가를 만들게 하기 때문에 더 나은 제품을 생산하고 가능하게 한다.
- 더 나은 고객 관계를 쌓는다. 신뢰를 구축하는 것이 보다 '개방형이 되는' 가장 핵심적인 근거가 된다. 고객들이 데이터와 자료에 더 많이 접근할 수 있게 함으로써 사람들이 불확실하다고 느끼는 모호함을 줄인다. 이로 인해 기업들은 더 나은 품질로, 충성도가 높고 더 정직한 초기 시험 커뮤니티를 구축할 수 있다ex. IBM, **자포스**, **마이크로소프트**.
- 위험을 감소시킨다. 개방성을 취한다는 의미는 모든 직원들이 항시 필요한 정보에 올바르게 접근한다는 뜻으로 제품이나 직원에 관한 위험을 감소시킬 수 있다.
- 공동으로 창출한다. 아이디어의 풀은 참여한 숫자 때문에 항상 내부의 규모보다 외부의 규모가 더 크다. 이런 아이디어를 똑똑한 방법으로 활용하면 내부적으로 자원을 극대화할 뿐 아니라 외부 자원으로부터 최상의 결과를 얻을 수 있다.
- 비용은 낮추고 주문은 빠른 구조를 만든다. 중앙집중식 접근 방법 덕분에 신규 시장이나 기존 시장에서 제품의 개발 및 도입에 드는 비용이 절감되고 여러 결정을 쉽게 내릴 수 있다는 것이 입증되었다. 또한, 전문가들과 사용자들은 조직 구조나 커뮤니케이션 도구와 지역 사회 접근 방법

덕분에 빠른 접근이 가능해졌고 사업은 서로 중앙집중식 정보를 공유하고 있기 때문에 주문이 신속하게 이루어졌다.

 **CASE STUDY**

프록터 앤드 갬블의 연계 개발Connect and Develop by Procter & Gamble

무엇을

다른 회사에서 허가를 얻어 확보한 제품을 P&G 브랜드로 시장에 내놓는 개방형 혁신 프로젝트로 올레이Olay 크림과 칫솔 브랜드 기업 및 스위퍼Swiffer와의 성공적인 컬래버레이션으로 조기 성과를 보였다.

어떻게

맞춤형 접수 사이트에서 누구나 P&G에 아이디어를 전송할 수 있으며 제품 개선에 대한 요청사항도 제출할 수 있다. 그러면 P&G 내에 전담팀이 접수된 모든 아이디어를 검토하고 평가하여 아이디어를 제출한 사람에게도 업데이트를 한다. 게다가 P&G는 광범위한 네트워크를 활용하여 외부 아이디어와 P&G 브랜드에 적용하거나 접합할 수 있는 기술을 식별하고 평가한다. P&G는 발굴한 아이디어를 위해 매년 시상식을 개최하고 여러 대학과 연계하여 가장 먼저 맞춤형 문제를 제안하고 새롭게 떠오르는 디자이너들의 발상을 얻고 있다.

결과

P&G는 초기 10년여의 기간 동안 디자이너, 혁신가들과 2천 건 이상의 계약을 체결했다. 더욱 개방적이고 혁신과 와해성 기술을 환영하는 접근을 채택함으로써 혁신가들과 좋은 아이디어가 있는 사람들의 이야기를 들을 수 있는 긍정적이고 수월한 시스템을 구축했고 발빠르게 움직였다. 새로운 브랜드의 추가 수익 및 기존 브랜드의 지속적이거나 증대된 시장을 넘어서 P&G는 7천 개 이상의 가상 및 '확장된' 파트너와 함께 유지하기 쉬운 시스템을 구축했는데 이는 P&G의

수익에 영향을 미치는 미래를 위한 강력한 자원이다. P&G의 '오픈 이노베이션'에 관한 더 많은 사례 연구는 pgconnectdevelop.com에서 확인해 볼 수 있다.

중도는 가능하다. 그러나 위험하다

· · · · · · P&G는 엄밀히 말하면 오픈 비즈니스가 아니다. 그러나 와해성 기술과 이머징 기술에 있어서 개방형 접근을 취한 기업은 P&G만 있는 것이 아니다. IBM, 제록스Xerox, 포드Ford, 도미노피자Dominos, 레고Lego, 삼성, 델Dell, 스타벅스Starbucks, 시스코Cisco, SAP, 마이크로소프트, 구글, HP, 제너럴 밀스General Mills, 존 루이스John Lewis, 바클레이스Barclays, 후지필름Fujifilm, 유니레버Unilever, 네슬레Nestlé, 마크스앤스펜서Marks & Spencer, 링크드인LinkedIn, 에릭슨Ericsson 외에도 수백 개의 기업들은 모두 외부의 힘을 사용하여 혁신하고 와해성 신기술의 영향을 덜 받고 있다. 기관들은 '연구소와 허브를 시작해서, 무의미한 프로젝트인 경우도 종종 있지만 고객들에게 새로운 영역의 탐구를 돕기도 한다. 가디언Guardian 기사에 'F-실험실' 또는 가짜 실험실이 왜 효과가 없는지를 설명한 적이 있는데 이 길을 가려고 하는 브랜드 기업들에게 도움이 될 만한 조언을 했었다참조: theguardian. com/media-network/2015/jun/18/agencies-innovation-lead-labs-incubators.

핵심은 원점으로 돌아가는 응용 프로그램에 있다. 대다수의 계획이 실패하는 이유는 실험실에서나 부서에서 일어난 일을 원점으로 되돌려 보낼 수 없기 때문이다. 이것이 바로 완전한 오픈 비즈니스가 최상의 정책을 가지고도 언제나 적용될 수 있는 것이 아니며 특히나 큰 규모의 사업이라면 더더욱 어렵게 되는 이유이다.

오픈 비즈니스는 어렵고, 중도는 답이 아니라면 어디에서 시작해야 하는가?

· · · · · · 나는 새로운 고객을 만나면 상황을 파악하기 위함뿐만 아니라 교섭 과정과 업무의 요소에 다르게 접근하는 법을 알려주기 위해서 먼저 찾아보는 지표가 몇 가지 있다. 내가 유심히 살피거나 질문하여 찾고자 하는 가장 강력한 요소는 직원들이 사업에 대해 얼마나 자유롭게 이야기할 수 있는지와 실제로 업무를 그렇게 수행하는지에 관한 부분이다. 함께 일해 본 다수의 기업들은 '문호 개방' 정책을 편다고는 하지만 실제로는 문이 닫혀 있는 경우가 종종 있었다.

이 문제는 간단하다. 만일 직원들이 상사에게 작건 크건 업무와 관련된 사안에 대해 자유롭게 말할 수 없다고 느낀다면, 기업을 발전시킬 수도 있는 아이디어를 놓치고 있다고 봐야한다. 물론 사소한 일일 수도 있지만, 또한 기업의 발전 방식을 바꿀 거대한 정보를 얻을 수도 있다.

문제는 사람들은 거리낌 없이 발언하고 다른 사람들을 도전하게 하기보다는 조용히 있는 편을 택하기 때문에 결국 모두가 주춤하게 된다. 그러므로 당신의 모든 능력으로 일터에서 이 문제를 제거하기를 권고한다. 여러 연구에 따르면 직원들이 우려하는 부분에 대해 자신있게 말할 수 있는 분위기가 조성되면 고용증가세를 유지할 뿐만 아니라 고용주들은 생산성의 극적인 변화를 발견할 수 있다.

하룻밤 사이에 기업의 분위기를 이렇게 만들 수는 없지만 이는 중요한 부분이다. 다음은 당신의 기업이 폐쇄형에서 개방형 사무실과 부서로 전환되는 데 도움이 될 장·단기적으로 효과가 있는 전략적 아이디어다.

1 | 의견 제시함은 갖다 버려라

익명성은 많은 상황에서 놀라운 피드백을 받는 데 사용될 수 있지만 심각한 단점이 하나 있는데 함축적이고 거의 확인이 가능하며 무엇보다 애초에 직원들이 자유롭게 말할 수 없다는 점이다. 제안함은 사용될 수 있지만 최상의 결과는 직원들이 공개적으로 자유롭게 말할 수 있고 자신들의 노력의 결과를 확인할 수 있을 때 도출된다. 이 외에도 제안함이 득보다는 실이 많다는 것을 뒷받침하는 몇 가지 이유가 있다. 어떤 문제는 세부 정보가 필요하다. 가령 어쩌면 관리자가 형편 없는 직원이거나 더 심각한 문제가 있는 상태일 수도 있다. 이 과정에서 직원의 이름을 모른다는 것은 비생산적이고 개개인을 식별할 수 없으므로 모든 직원을 교육시키는 데 비용을 투자해야 한다. 그 외에도 직원을 찾아서 답변을 해야 하는 상황 또한 비생산적이다.

2 | 피드백을 '일'로 만들지 마라

가끔은 피드백과 약간의 '대화'가 강요 혹은 자기 이익만 차리는 것처럼 보일 수도 있고 직원이나 관리자 모두 다루기가 쉽지는 않은 부분이다. 입장은 존재하고 조직 내 동료는 친구가 아닌 경우도 종종 있다. 중립적이라 할지라도 사람들 사이엔 언제나 과거가 존재한다. 피드백을 자질구레

한 일로 치부한다면 자신이나 직원 또는 회사의 입장이 불리한 문제만 마지못해 처리할 뿐이다. 대신에 항상 피드백을 주고 받는 분위기로 만들고 얼굴을 마주보고 더 소소하고 일상적인 대화가 일반적으로 이루어질 수 있도록 융통성을 갖추려고 노력하라. 이 방법으로 사람들 사이에 진정한 신뢰를 쌓을 수 있으며 시간이 지남에 따라 스트레스를 덜 주고 받게 되고 완전히 친밀한 관계를 압도적으로 쌓게 된다.

3 | 서성이지 마라

개방형 사무실은 그저 모퉁이에 있는 큰 공간인 경우가 종종 있다. 일부 최신 건물은 변화를 시도하지만 다수의 건물은 여전히 기본적인 배치와 구조를 가지고 있다. 사무실에 앉아 토론을 하는 것은, 게다가 민감한 주제를 놓고 논의를 한다는 것은 장벽을 높이고 계급을 암시한다는 점을 기억하라. 대다수 기업에게 있어서 이런 모습은 현실이지만 간단하게 재배치하고 다르게 행동함으로써 그러한 인식 또는 신호를 약화시킬 수도 있다.

심리학자인 리처드 해크먼J Richard Hackman은 이러한 신호를 '주변 자극ambient stimuli'이라고 불렀으며 입지적이고 물리적일 수 있다고 말했다 Hackman, 1973. 대표적인 예를 들면 가구 비용을 들 수 있다. 조직의 먹이사슬에서 당신이 높이 올라갈수록, 가구의 비용도 덩달아 올라가는 경우가 종종 있다. 사람들에게 같은 수준이라고 알리고 싶거나 이런 일이 문제가 되지 않는다면, 그 사람들의 가구와 같은 가구를 사용하라. 이것 말고도 자신의 자세를 생각해보자. 매우 가까이에 서 있거나 팔을 머리 뒤로 젖히고 책상에 앉아 있으면 편안할지도 모르지만 대화를 나누고 있는 사람 가까이에 가서 그 사람의 몸짓 언어에 일치하도록 노력하라. 흔히 감지되는 공격성과 우월함은 사람들이 무의식적으로 전하는 단순한 몸의 신호로부터 올 수 있다. 최선의 결과를 생각하며 그에 따라 상황을 인식하고 변경하자.

4 | 브레인스토밍으로 생각하지 말고 먼저 질문을 던진다

일반적인 기업은 브레인스토밍 처리 과정이 형편없거나 참석자가 올바르지 않거나 '창조적 집단사고'를 요구받거나 타이밍이 좋지 않다는 등 여러 이유로 수준 높은 브레인스토밍을 잘 완성하지 못하는 경우가 종종 있다. MIT와 마이크로소프트는 비약적인 도약과 돌파구를 생각해 낸다는 것이 드문 일이라서 새로운 시스템이 필요하다는 것을 알고 있었다. 두 기업은 모두 좀 더 반복적인 프로세스를 채택하였고 참가자들이 아이디어를 추가하고 그 아이디어를 추진하기 전에 여러 가설을 도전 과제로 삼았다. 이 과정으로 브레인스토밍 솔루션을 진행하기 전에 직원들은 자신들이 세운 가설에 도전할 수 있고 관련 문제에 대해 더 깊이 이해할 수 있다.

5 | 결과나 다음 단계를 분명히 한다

핵심은 당신이 질문하는 것에 대해 구체적이어야 한다는 점이다. 당신이 다른 사람에게서 무엇을 필요로 하고 원하는지를 잘 모른다면, 아이디어를 낸 직원에게 그 아이디어가 유용하지 않고 당신이 그들의 시간을 허비했다는 메시지를 보내는 위험과 상호작용을 포기해야 하는 위험을 감수해야 한다. 이렇게 하기 보다는 답이 필요한 질문을 고민하고 대화에 어떻게 활용할 수 있는지, 또 여건이 된다면 서두르지 않고 빠른 답변을 받아낼 방법은 무엇일지를 생각해라.

중요하게 필요한 것이 무엇인지 집중하는 것이 관건이다. 만약 집중하지 않아서 아이디어와 의견, 제안 등이 무시된다면 득보다 실이 크기 때문이다. 가장 좋은 방법은 모든 직원들이 알 수 있는 공공 문서, 약속 또는 절차로 하는 것이다눈에 띄는 곳에 두는 것이 이상적이다. 함께 일했던 회사 중 한 곳은 건물 로비에 실제로 돌을 세웠고 그 과정이 모두 새겨져 있었다. 초창기 몇 개월이 지나고 나서 돌은 여러 부서들이 그 정신을 채택하도록 장려하기 위해 건물 주위로 이동했다.

TOP TIP

새로운 계획initiative과 큰 아이디어를 시작하는 초기에 결과와 과정을 명확하게 하는 것은 절대적으로 필수이다. 그렇지 않으면 직원들은 우려사항이나 문제 또는 미래의 생각 등을 말하는 것을 그저 잊어버린다. 이머징 기술이나 와해성 기술을 이행하는 문제에 관한 한 이러한 문제를 피하는 좋은 방법은 기업 내 다양한 계층으로 구성된 운영 위원을 조직하는 것이다가능하다면 외부 인력도 좋다. 나중에 좀 더 살펴보도록 한다. 이는 개방형뿐 아니라 효율적인 문화를 조성하고 싶어했던 여러 기업 고객들에게 효과가 있던 방법이다.

효과적인 변화를 위해 불화를 일으킬 필요도 있다

• • • • • • '변화 = 현재에 대한 불만족 × 미래에 대한 비전 × 분명하고 실천적인 첫 단계'라는 변화 공식으로 다시 생각해보자. 이 공식의 핵심은 현재에 대한 불만족 상태이다. 문제는 대다수의 기업들이 실제로 직원들을 따르게 만들려고 노력하는 경우가 종종 있다는 점이다. 고객사들

은 나에게 직원들이 충분히 혁신적이지 않고 아이디어를 낼 생각이 없다고 말하지만 사실 기업 문화와 관행을 파고 들어가보면 직원들에게 결코 가능하지 않은 요구를 하고 있음이 분명해진다. 대신에 기업은 소수의 사람들에게 기대거나 제한적인 활동을 고수하면서 그 결과가 많은 도움이 되거나 추가적인 작업을 더할 필요 없이 여과되어 작용하기를 바란다. 우리가 언론에서 접하는 변화의 역사와 속도 그리고 조직의 문제는 이러한 접근이 효과가 없다는 것을 확인시켜 준다. 부서 책임자가 추천한 '일약 스타' 직원이나 참가자들 몇 명에게 집중하기 보다는 사업의 광범위한 부분을 확보하거나 기업이 이 일을 하지 않는다면 유사한 아이디어를 도출하거나 창의적인 부분에서는 회사의 침체를 예상할 수밖에 없다는 점을 설명한 후에 이상적으로는 직원들을 완전히 '자유롭게'하는 접근법을 고객들에게 추천한다. 직원들 모두에게 아이디어를 낼 기회를 주기만 하면 솔루션을 찾아서 문제와 새로운 기술을 인식하고, 기술 격차를 메울 수도 있다. 다만 올바른 점검 프로세스를 확보하는 것이 중요하다. 위에서 말한 명확한 다음 단계의 포인트를 참조하라.

심사 과정은 최대의 효과와 효율을 위해 다음과 같은 기준에 토대를 두어야 한다.

- 명료함 – 적용되는 절차에 대해 사람들이 분명하게 알고 있어야 한다.
- 현황 공유 – 과정 중에 참가자들이 어느 단계에 있는지를 알려야 한다.
- 정직함 – 모든 아이디어가 괜찮거나 시간 적절하거나 효과가 있는 건 아니다. 핵심은 좋은 소식과 나쁜 소식을 모두 전달하기 위한 정직한 기준과 피드백 매커니즘을 갖추는 것이다.

- 기준에 근거함 – 모든 아이디어를 동일한 기준으로 판단하면 안 되지만 공정한 평가를 위해 각각의 아이디어에 대한 정확한 근거를 적용해야 한다.
- 보상 – 장·단기적으로 추가적인 아이디어 생성을 강화하기 위해서 과정은 공개해야 한다.

Activity | 회사 죽이기 Kill the company

불화를 만들어 내는 가장 좋은 방법은 직원들의 족쇄를 풀고 상상도 못해 본 질문을 던지는 것이다. 바로 회사를 부숴버리는 것에 관한 질문이다. 다음은 혁신 훈련 회사인 퓨처싱크Futurethink의 리사 보델Lisa Bodell의 전자책2012에서 채택한 활동이다. 이 활동은 직원들에게 매우 구체적인 업무를 부여하여 직원들이 대담해질 수 있게 만들고 그들의 고정관념을 깨트리며 주기적인 브레인스토밍 문제나 솔루션을 확대하는 한편 회사가 새로운 기회, 위험 및 번영의 영역을 발견하게 한다. 이 활동이 효과가 좋은 이유는 직원들이 부정적이거나 회사를 싫어해서가 아니라 이 활동을 통해 직원들이 진솔할 수밖에 없는 상황에 처하고 효과가 없는 것이 무엇인지를 들여다 볼 기회를 가지기 때문이다.

이런 전략으로는 어느 바쁜 기업에서든지 거의 효과가 없다. 대신, 계획은 보통 무언가 새로운 것을 시도하는 방법과 새로운 요소 혹은 더 많은 특정 요소를 포함한다. 이 활동은 이런 생각을 완전히 뒤집고 직원들이 효과가 있을 새로운 개념이나 아이디어를 위한 공간을 확보하기 위해 현재 효과가 없는 것에 대해 확인할 수 있도록 한다.

소요 시간 2시간 30분

활동 팀별 브레인스토밍

준비물

- 적당한 규모의 공간
- 참가자 5명 ~ 최대 10명

- 조력자 1~2명
- 벽 공간
- 접착식 메모지 노트 혹은 화이트보드 마커

1단계: 과제를 설정한다10분 소요. 3~4명을 한 팀으로 구성하며, 탁자가 있는 방을 조성하거나 탁자를 이용할 수 있는 공간으로 이동한다. 그러고 나서 그룹에게 브레인스토밍 과정을 설명해주고 생성된 아이디어로 어떤 일이 일어날지에 대해 논의한다. 참가자들에게 시간을 내어 참가해주어 고맙다는 말과 함께 과제를 즐겁지만 진지하고 혹독하게 진행할 것을 당부한다.

2단계: 결정적 질문을 한다5분 소요. 주요 과제는 그룹이 토의해야 할 내용을 포함하며 답변을 구성해야 한다. 45분간의 브레인스토밍 시간으로 직원들은 회사를 죽일 새롭고 다른 방식을 생각해 볼 기회를 가질 수 있다. 이 시점에서 직원들에게 더 가감없이 참여하라고 되풀이하여 말할 수도 있다. 여기서 핵심은 '가감없이'이다. 이 활동을 하면서 어정쩡하게 표현하는 것은 훌륭한 결과를 도출하지 못한다. 모든 참가자들이 인정사정 없는 태도로 참여하게 해야 한다.

결정적 질문 당신이 [경쟁 기업사를 여기에 적어보자.] 경쟁 기업사의 직원이라고 생각해보자. 우리 회사를 망하게 할 방법을 가능한 한 떠올릴 수 있는 생각을 모두 동원하여 적어보자. 정답은 없다.

3단계: 브레인스토밍을 한다30~40분 소요. 두드러진 부분을 기술한 뒤에 경쟁 업체가 이용 가능하고 실제로 이용할지도 모르는 회사의 잘못된 점을 모두 찾아보는 작업을 시작한다. 결정적 질문을 한 번 크게 소리내어 읽고 수정할 수도 있다. 더 짧은 게 낫긴 하지만, 어떤 방식으로든 예시나 틀에 박힌 솔루션을 제공하지 않는다. 그래야만 가장 정직하고 가장 광범위한 아이디어를 끌어낼 수 있다.

추가 아이디어 및 옵션 더 나은 결과를 얻을 것이라고 생각하거나 그렇게 하는 게 사업적으로 특정한 이유가 있다고 판단되면 직원들이 하는 일, 부서 및 기능별로 팀을 구성할 수도 있다.

참고 틀을 피하라. 아이디어가 '크다'거나 최상의 아이디어를 보상해야 한다는 생각을 버려라. 모든 아이디어는 유효하며 어떤 아이디어도 '베스트'일 수 없다. 대신에, 직원들을 인정해주고 중요 주제를 끌어내라. 이는 과제가 끝날 즈음 그룹의 화합을 증명해준다. 물론 예시가 필요한 직원들도 있으므로 필요시에는 활동을 시작하기 전에 한 가지 정도 생각해 둔다. 하지만 그룹별로 얼마나 많은 생각이 도출되는지 알게되면 깜짝 놀랄지도 모른다.

🌀 TOP TIP

예의바름과 눈치 보기는 이 활동에 낄 자리가 없다! 대신 참가자들의 거친 발언과 아이디어와 피드백이 기대되는 분위기를 조성하라. '회사가 피를 볼'기회를 참가자들이 생각하도록 허용한다. 이는 참가자들에게 카타르시스와 해방감을 누리게 하고 표면 문제보다는 더 깊은 생각을 인지할 수 있는 시간이 된다. 활동을 하는 방은 소란스럽고 아이디어는 자유롭게 교류되어야 한다. 이 활동은 경쟁이 적고 아이디어를 증명하고 지식을 과시할 기회가 더 많다. 시간이 지남에 따라 시간이 얼마나 경과했는지 알려주고, 5분을 남겨두고는 팀에게 아이디어를 검토하고 모든 아이디어를 빠트리지 않고 설명할 수 있도록 독려한다.

4단계: 아이디어를 수집하고 분석한다20~30분 소요. 브레인스토밍이 끝나면, 팀은 나머지 그룹들과 함께 아이디어를 의논해야 한다. 그러고 나서 아이디어는 벽에 붙이고 아이디어가 동일 부서나 동일 문제 등으로 중복되거나 연관성이 있다면 그룹화한다. 중복되는 영역이 여러개 있어야 한다.

5단계: 아이디어를 검토한다20~30분 소요. 먼저 아이디어 그룹을 검토하며 마음속으로 주제가 있는지, 무엇을 이야기하는 것인지, 현재의 사업과 기업 문화에 대해 가리키는 바가 무엇인지를 살펴본다. 그러고 나서 그룹과 함께 가능한 솔루션에 대해 생각해보고 아이디어 중 우선순위를 정하도록 한다. 심각한 정도, 비용, 영향을 미칠 시간을 모두 고려한다. 그리고 당신이 선택한 최종 기준을 모든 참가자들이 알게 한다. 사업마다 모두 다를 것이다. 이제 어떻게 진행할지, 어떤 아이디어혹은 더 가능성이 높은 아이디어에 집중해야 할지를 결정한다. 접착식 메모지 노트나 즉석에서 만들 수 있는 구글 폼을 활용하여 모든 참가자들에게 비즈니스를 위해 가장 중요하거나 시급하다고 생각하는 상위 아이디어 3가지에 투표하도록 한다. 이 방식은 집단사고와 다수가 선택한 곳으로 표가 몰리는 현상을 방지할 수 있다. 그렇지 않으면 보다 과학적으로 보델Bodell의 『킬 더 컴퍼니Kill the Company, 2012』에서 제안한 매트릭스를 이용하여 아이디어를 우선순위로 정할 수 있다.

〈그림 7.1〉 심각성 vs. 발생가능성 매트릭스

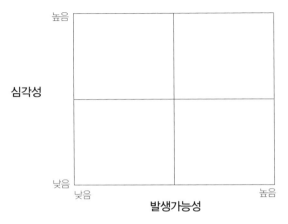

비즈니스에 미칠 영향의 심각성과 발생가능성 이렇게 두 가지 기준을 사용한다. 축의 상단과 우측 지점에 '높음', 축의 좌측과 하단 지점에 '낮음' 을 표시한다.

이제 각 테마를 사분면 안에 배치한다. 가장 시급한 문제는 비즈니스에 가장 큰 여파를 미치고 발생가능성이 가장 높기 때문에 상단 우측 사분면에 위치하는 것이 좋다. 각각의 위치 배정과 그 이유에 대해 신중하게 생각해야 한다. 결정하기가 어렵다면, 의사결정 매트릭스에서의 결과를 참고한다(기억이 나지 않는다면 4장을 참고한다.

참고: 이 과정은 단순히 문제의 우선순위를 정하는 것이기 때문에 문제가 오른쪽 하단 구석에 있다고 해서 해결할 필요가 없다는 의미는 아니다. 문제마다 충분히 이해하고 시간이 지남에 따라 문제가 바뀐다면 평가를 해야하므로 완화 및 모니터링 솔루션을 만들도록 한다. TBD는 그저 단기적으로 빙산을 발견하기 위해서가 아니라 장기적인 사고에 관한 것이라는 점을 기억하라.

이제 마지막 사분면을 계획할 때이다. 뒤로 물러서서 장·단기적으로 비즈니스에 영향을 가장 많이 미칠만한 문제가 무엇인지를 살펴보라.

TOP TIP

이 단계에서 잠시 멈추고 비즈니스 측면이나 기업 문화나 사업의 미래에 대해서 방향성, 정신 및 소비자 신뢰에 관한 어떤 메시지를 당신에게 던지는지 생각한다. 강조한 문제를 변경하면 이러한 문제나 기타 문제엔 어떤 영향을 미칠까? 긍정적인 결과만 발생하게 하려면 어떻게 해야 하는가?

〈그림 7.2〉 시행 vs. 영향력 매트릭스 ──────────

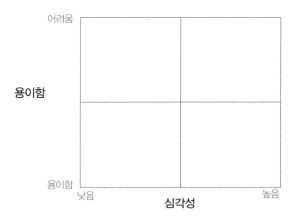

6단계: 문맥 잡기|20분 소요 마지막으로, 결정적 문제에는 전후관계가 조금 필요하다. 경쟁 업체가 이러한 문제를 얼마나 시행할 수 있을까? 다른 매트릭스를 그려서 시행 정도를 용이함에서 어려움으로 구분하여 수직으로 표기하고 비즈니스에 미칠 영향의 심각성도 발생할 정도를 낮음과 높음으로 수평축에 표기한다.

7단계: 이제는 경쟁 업체를 죽일 차례다|30분 소요 가장 인기 있는 아이디어를 발견하면, 남은 시간을 활용하여 브레인스토밍으로 이러한 문제를 상쇄하거나 약화하거나 완화시킬 수 있는 방법을 모색한다. 다시 말해서, 경쟁 업체가 알고 있는 효과가 없는 부분과 약점을 이런 아이디어로 멈추게 하는 방법을 궁리해야 한다. 다음과 같은 단어나 표현으로 그룹을 약간 정리할 수도 있다.

- 우리가 실행할 수 있는 전략은 무엇인가?
- 우리가 어떻게 할까?
- 우리에게 무엇을 추천할 수 있는가?
- 그들을 멈추게 하는 것은 무엇인가?
- 우리의 차별화를 위해서는 무엇을 해야하는가?
- 어떻게 하면 우리를 ～로부터 보호할 수 있을까?

이러한 단어와 표현은 과제를 하는 개인과 그룹을 동시에 집중하게 만들 수 있다. 공동의 목표를 성취하기 위해 사람들을 하나로 묶을 수 있는 중요한 순간이다.

해당 아이디어 옆에 각 솔루션을 적어 넣는다. 아이디어나 시행이 완전히 명확하지 않은 경우가 아니라면 순위를 매기지도 말고 더 명확하게 하라고 요구하지도 않아야 한다. 이 단계에서는 모든 세부사항을 갖추지 않아도 괜찮다.

8단계: 결과물을 전달하고 다음 단계를 정확하게 설명한다10분 소요. 모든 아이디어가 다 고갈되거나 휴식을 취할 때가 되었다는 생각이 들면 전체 활동에 대해 검토한다. 참가자들에게 다시 한 번 시간을 내서 참석하고 솔직하게 의견을 내준 것에 대해 고마움을 전한다. 그리고 과정의 다음 단계에 대해 알려준다. 회사마다 다를 수는 있지만 보통 검토 과정을 진행한다. 이 시점에서 당신 혹은 다른 사람이 참여하는 조건일 때 그룹에 정보를 제공하는 역할에 자원할 사람이 1～2명 있을지 물어보는 것이 좋다. 필수적인 부분은 아니지만 사람들을 계속 참여시키고 불필요한 곳에서의 계급 심리를 피하고 있는지 확인한다는 점에서 좋은 방법이다. 당신의 기업 문화에 기반하여 필요하다고 생각되는 만큼 이 단계에 시간을 할애하여 진행하도록 한다. 이 때가 더 넓은 비즈니스로의 변화를 '납득시킬' 중요한 순간이다.

🖐 TOP TIP

이때야 말로 좋은 행동을 축하하고 감사를 전하고 식별할 수 있는 좋은 순간이다. 때로는 '가장 기발한 아이디어' 또는 '가장 가능성이 높음' 등과 같이 재미있는 가짜 상을 수여 하는 이벤트가 재미를 줄 수 있다. 이 활동의 장점은 광범위하다. 직원들이 사업에 영향을 미치는 크고 작은 아이디어를 생각할 수 있도록 자유롭게 할 뿐만 아니라 아이디어가 확인되고 인정받을 때 이어지는 토론에서 자신감과 몰입감을 불어넣는다.

당신에게 필요한 것은 그저 한 가지뿐이다.
바로 다른 사람!

· · · · · · 고객들이 나에게 변화, 와해성 또는 이머징 기술을 주제로 놓고 이야기를 할 때, 고객의 말에 따르면 고객이 조직 전반에 걸쳐 보지 못하는 높은 수준의 따스함을 나는 종종 마주할 때가 있다. 고객들은 이것이 얼마나 좌절감을 느끼게 하는지 토로하고 그럴 때마다 '혼자가 아닙니다. 많은 회사들이 같은 패턴이죠, 꼭 나쁜 건 아니에요'라거나 비슷하게 말을 해주곤 한다. 기업은 이전에 제기되거나 문서화되었던 문제에 대해 상황을 파악하고 잘못될 위험을 줄이기 위해서 단순하게 다른 사람의 이야기를 들을 필요가 있다. 이 시나리오가 당신에게 익숙하게 들린다면, 다음 몇 장은 미래 전략을 세울 때 실제로 도움이 될 것이다.

항상 그렇지는 않지만 그러나 종종 외부 전문가, 업계의 유명인사, 비즈니스 리더나 컨설턴트의 능력을 한껏 활용한 기업들은 최상의 결과를 보여준다. 이 사람들을 활용하는 것은, 기업이 바라는 결과를 진지하게 받아들이는 것처럼 보이는 진전을 이룰뿐 아니라 기업이 여러가지 관점에서 절차를 살펴볼 수 있다는 것을 의미하기도 한다. 일부 CEO는 외부 인력을 끌어오는 것이 불편하게 느껴진다고 토로하기도 한다. 그럴 때마다 나는 선 마이크로시스템Sun Microsystem CEO 빌 조이Bill Joy의 유명한 말을 인용한다. '당신이 누구든지 간에 똑똑한 사람들 대다수는 다른 사람을 위해서 일한다.'

와해성 기술에 관한 외부 조언 활용하기

이미 TBD+라는 좋은 시스템은 있지만 필요한 경우 전문가에게 추가 견해를 얻거나 전문가를 교체할 수도 있다. 이 경우, 기업의 이익을 극대화하기 위해서는 외부 사람들의 노력에 집중하는 것이 좋다. 다음은 외부 전문가 및 컨설턴트와 협력하기 위한 조언이다.

- 요점에 집중하라. - 당신은 직원이나 팀이 무엇을 성취하기 원하는지를 명확하게 해야 한다. 일반적인 코칭, 계획 세우기 또는 감동 기능이 될 수도 있는데 각각에 매우 다른 요점이 필요하다.

- 추가로 소개받을 수 있는지 생각하라. - 전문가를 추천받는 계단식 방법 **5장 참조**을 활용하여 소개 및 연락처 등을 통해 네트워크를 활용하면 외부 관계자들로부터 많은 가치를 얻을 수 있다. 참고로 이 과정은 계약을 맺지 않았을 때 가장 효과적이지만 이 분야에서 약속을 지키지 않는 사람들을 조심해야 한다.

- 교육을 추가한다. - 많은 기업들이 단일 프로젝트에 전문가와 컨설턴트를 고용하여 진행하면서도 명확한 이해가 필요한 직원들에 대해서는 잊어버린다. 이제껏 보아왔을 때 최상의 결과를 도출한 팀은 분명한 목표를 두고 그들에게 필요한 것을 어떻게 이행할지에 대한 실용적인 조언과 추가 개발을 위한 기회를 창출했다.

결론

· · · · · · 이미 살펴보았듯, 와해성 기술과 혁신은 일터에서의 속도와 비즈니스에 미치는 파급효과 때문에 사람들을 두렵게 한다. 역사적 근거, 현상 유지를 위한 개인적인 이유들 및 임박한 문제 상황에 대한 지식 부족으로 이런 사고방식을 바꾸기는 쉽지 않다. 그러나 변화는 불가능하지 않다.

고객들은 변화의 속도가 그들의 조직 안팎에서 가속화되면서 변화가 점점 더 어려워지고 있다고 말한다. 변화에서 쉬운 것은 하나도 없지만 한 가지는 쉽게 바꿀 수 있다. 바로 변화를 향한 당신의 태도이다. 빙산을 피하는 것 이상으로 사업적인 큰 기회가 많은 경우가 종종 있다. 자문해 보자. 10점 만점에서 '전혀 성공하지 못함'은 0점, '가장 크게 성공함'은 10점으로 설정한다. 작년에 얼마나 성공적으로 새로운 아이디어를 추진했는가? 다른 방법으로 말하면, 지난 1년간 고급 제품에 대해 몇 번이나 승인을 받았는가? 만일 6점 이상이 아니라면, 다음 장을 통해 잠재적인 문제를 발견하고 더 나은 성공의 기회를 만들어 냄으로써 당신의 이러한 능력을 향상시킬 수 있다.

7장은 최고의 품질과 서비스를 만들고 만족하는 기업 환경을 갖추기 위해서 개방성과 명확함, 책임감 등 진행되고 있는 움직임의 극치를 살펴보았다. 다음 장에서는 당신이 직면하리라 예상되는 문제들을 구체적으로 살펴보고 주의해야 한다.

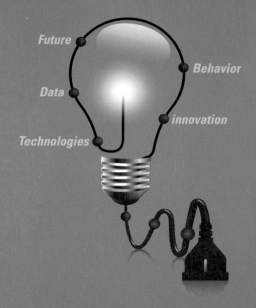

Future
Behavior
Data
innovation
Technologies

08 주의해야 할 점

08

주의해야 할 점

8장에서는 앞으로의 여정에서 마주하게 될 난관, 속도 장애 및 여러 문제를 살펴본다. 구체적으로 다음과 같은 내용을 설명하고자 한다.

- 와해성 기술이 실패할 수 있는 이유를 살펴보고 대처하기
- 와해성이 당신의 기업에 위협을 가할 때 무엇을 해야 하는지 이해하기
- 빙산을 이해하고 다양한 방식으로 항해하는 법 이해하기
- 변화를 수용하도록 회사를 설득하기
- 와해성, 혁신과 혁신적인 사고를 독려하기 위해 검증된 방식을 살펴보기

이전 장에서 설명한 것처럼, 여러 가지 이유로 인해 와해가 발생하지만 대체로 상황이 좋지 않거나 기업이 현상 유지에 만족하는 경우가 많다. 수많은 기업들이 다음과 같은 다양한 이유로 계속 변화하지 못하고 있다. '큰 배는 뱃머리를 돌릴 시간이 필요하다'거나, 변화가 다가오는 것을 지

켜보기를 거부하기도 하고 '우리 직원들은 그 일을 하지 않을 것이다' 등과 같이 대부분 공통적인 반응을 보인다. 이러한 시나리오를 피하는 데는 TBD가 최적이지만, 당신이 TBD를 사용할 때 조차도 놀라운 점과 문제점이 발생할 수 있고 앞으로도 그럴 것이다. 8장에서는 이러한 문제가 나타났을 때 어떻게 해야 할지를 다룬다.

예상치 못한 일을 예상하라. 그들은 그럴 것이다

· · · · · · 엔터테인먼트, 교통, 음악, 미디어 및 제조. 이 모든 분야는 기술과 변화하는 소비자의 기대 때문에 거대한 변화를 겪었거나 또는 변화로 향하고 있다. 폐업했거나 3D 프린팅과 같은 기술로 타격을 입고 있는 회사와 이야기를 나눠본 적이 있는데 많은 기업들은 전설의 '그 기술'이 다가오는 것을 보지 못했다. 전설이라고 표현한 이유는 '그 기술'이 대부분 한 가지의 일이 아니라 오히려 '공모'한 사건이나 요소들의 집합체이기 때문이다. 옳고 그름을 떠나서, 이런 태도는 누구에게도 도움이 되지 않는다. 기업들은 일이 일어났을 때 와해성을 기대하지 않았기 때문에 그 여파는 훨씬 심했다.

와해성은 세력이 미약하거나 스타트업 창업에서, 혹은 거절만 당한 경우와 같은 산업의 한 측면이나 외곽에서 종종 발생하곤 한다. 이 사람들을 살펴보다가 나는 공통점이 있다는 것을 발견했다. 이들은 변화를 예상했고, 변화를 일으키며 차이를 찾는다. 대부분의 회사는 이와는 반대다. 당신의 기업도 그러한가? 대신에 혼란이 예상된다면, 그에 맞춰 계획을 세워서 부정적인 영향을 줄일 수도 있고, 완전히 모면하거나 유리하게 바꿀 수도 있다. 같이 일했던 어떤 고객들은 이런 생각을 다른 수준으로 업그레이드 시키기도 했다. 새로운 모델이 현재의 비즈니스를 대신할 거라고 효과적으로 가정하고 만일의 사태에 대한 시나리오 계획을 작성한다. 이는 새로운 아이디어를 창출하고 중요 문제를 부각시켰을 뿐만 아니라 자신들에게 열려 있는 다양한 경로와 선택을 확인할 수 있었다. 변화를 두려워하는 대신, 문제거리가 실제로 문제되기 전에 이들은 능동적으로 문제에 직면하기로 결정했다. 이 기업들은 혼란을 일회성 사건이 아니라 비즈니스의 일부로 여겼다. 이렇게 생각하는 것은 과장이나 순진한 것이 아니다. 상황을 재구성하기 위한 전략이며 최대한 활용하는 전략이다. 여기에서 핵심은 혼란에 대한 사고방식으로, 와해성에 직면했을 때 반드시 해야 할 일은 아니지만 와해성이 다가오기 전에 무엇을 했느냐에 따라 와해성의 힘이 궁극적으로 성공인지 실패인지를 판가름한다.

'탈성숙화Dematurity'는 인공지능, 3D 프린팅, 나노 기술과 같은 신기술 덕분에 현재 와해되고 있거나 와해될 예정이거나 와해 시기가 도래한 과거의 산업을 위해 만들어진 위대한 용어이다. 당신의 기업이 새로운 산업이든 오래된 산업이든, 소비자에게 접근하는 방법은 변화하고 있으며, 기술 플랫폼은 해마다 바뀌고 있고, 새로운 행동은 신제품에 대한 수요를 증가시키고 있을 뿐 아니라 전례 없는 속도로 기존 제품에서 혁신을 끌어내고 있다. TBD가 이러한 변화를 식별하고 예측하고 장점으로 활용하는 방법을 증명해왔지만 역사에서 우리가 배울 점이 있다면, 모든 것을 예측할 수는 없다는 것이다. 그렇기 때문에 TBD와 같이 유연한 접근이 가장 적절한 전략이며 유연성, 오픈 비즈니스가 종종 외부의 힘에 가장 탄력적으로 대응할 수 있기도 하다.

항상 여러 선택지가 놓여있고 모든 혼란이 나쁘거나 부정적인 영향을 끼치는 것이 아니라는 점을 기억해야 한다. 새로운 파트너, 더 현명하게 일하는 방법, 사람들을 도울 수 있는 추가적인 제품과 수입과 일자리 창출 등을 확인할 수도 있고 혹은 새로운 아이디어를 단순히 자신의 방식으로 복제할 수도 있다. 비즈니스가 다양하고 점점 예측하기 어려워짐에 따라, 상황에 적응하고 교훈을 얻는 태도는 당신이 배운 그 어떤 기술보다 최고의 기술이 될지도 모른다.

경영진이 '그런 일은 일어나지 않을 거야'라고 말한다면 도망쳐라

・・・・・・ 상황이 가장 좋을 때에도 예측은 어렵다이전에 살펴 본 내용을 다시 참조할 것. 하지만 다양한 편견이 우리에게 작용하기 때문에 예측이 더 어려운 경우가 종종 있으며 3D 프린팅이 우리에게 개인적으로 무엇을 의미하는지 예측하는 것과는 다른 류의 압력을 가한다. TBD 프레임워크는 이미 알고 있는 내용을 활용하는 것 대비 예상하고 있는 일이 발생하는 것을 기반으로 만들어진다. 하지만 와해는 기업들의 허를 찌를 수 있다. 수치가 이상한 부분을 예리하게 지켜보고 TBD 방법론을 적용하는 독불장군같은 기업뿐 아니라 강력한 모니터링과 경계 전략과 더불어 분기별로 신속하게 발전하는 기업을 눈여겨 보는 것은 중요하다. 안타깝게도 일부 산업은 상호의존성이나 전통적인 구조 때문에 다른 산업에 비해 그 여파나 와해성을 더 빠르고 더 심하게 느낄 것이다. 다음은 기술, 플랫폼 분야와 사람들이 잠 못드는 밤에 시도해 볼 만한 사례들로써 이러한 산업계에 대한 지침이다.

이미 와해의 영향을 받고 있는 업계는 다음과 같다.

- 자동차 − 새로운 경쟁자, 사람들의 소유 욕구가 낮아짐, 공동 소유 및 우버

- 소매 – 아마존, 온라인 가격 확인
- TV/미디어 – 인터넷, 넥플릭스, 페이스북, 구글 뉴스, 증강현실, 가상현실, 스냅챗
- 통신 – 인터넷 전화, 메신저, 도전적인 브랜드, 구글
- 보험 – 자동화, 표준화, P2P 네트워크, 텔레매틱스[13], 가격 비교 웹 사이트

현재 와해의 영향을 받고 있는 업계는 다음과 같다.
- 금융 – 새로운 도전적인 브랜드, 결제 기술, 블록체인 기술, 이윤 창출 센터의 제거
- 제조업 – 3D 프린팅, 배포, 주문형, 장기 보유 가능한 새로운 자재
- 통신 – 메신저, 구글 피버Google Fiber, 인터넷 전화VoIP
- 식료품 – 아마존, 딜리버루Deliveroo, 식품 배달
- 건설 – 3D 프린팅, 그래핀, 나노 기술

와해의 영향을 곧 체감할 업계는 다음과 같다.
- 의료 분야 – 3D 프린팅, 연결성, 소셜 네트워크, 빅 데이터, AI
- 교육 – 소셜 네트워크, 린다Lynda, 무크MOOCs
- 법률 – P2P 네트워크, 온디맨드 경제on-demand economy[14], AI

---

13) 편집자 주. 텔레매틱스telematics. 자동차와 무선 통신을 결합한 새로운 개념의 차량 무선 인터넷 서비스. 네이버 지식백과 참조 http://terms.naver.com/entry.nhn?docId=1216377&cid=40942&category Id=32358
14) 편집자 주. 플랫폼과 기술력을 가진 회사가 수요자의 요구에 즉각 대응하여 제품 및 서비스를 제공하는 경제 전략. 네이버 백과사전 참조 http://terms.naver.com/entry.nhn?docId=3560861&cid=4 0942&categoryId=31819

- HR – AI, 머신 러닝, 자동처리
- 자산 관리-AI, 머신 러닝, 암호 화폐

스스로에게 다음과 같은 질문을 해 보자. 당신의 기업이 이 목록에 있는가? 목록 어디쯤 위치한다고 생각하는가? 리스트에 없다면, 어떻게 분류되어야 한다고 생각하는가? 이유는 무엇인가? 이것이 무엇을 말해주는가?

빙산을 두려워하는 것은 어리석다는 것을 기억하라!

· · · · · · 흔히 자연적으로 생성되거나 더 큰 얼음에서 떨어져 나온 빙산은 아름답고 위험하며 더 큰 문제를 알려주는 신호가 될 수도 있다. 위험은 수면 아래에 있는 80~90%의 얼음에서 비롯된다. 그래서 빙산이 혼란이나 와해성 기술 혹은 이머징 기술에 대한 비유의 대상이 된다.

두려움이나 경고의 비유 대신 나는 이 빙하에 대한 비유가 혁신과 와해의 '챔피언들'에게 도움이 되는 부분을 발견했다. 어떤 용어를 사용하든 다가올 도전을 이해하는 것과 비즈니스 마인드 혹은 회사가 나아갈 방향을 바꾸기 위해 필요한 것이 무엇인지 아는 것이 중요하다.

머릿속에 빙산을 그려보자. 자 이제 단면도를 볼 수 있게 빙산을 수면에 대해 수직으로 잘랐다고 상상해보자. 10~20%는 수면 위에 있고 80~90%는 수면 아래에 있는 것을 볼 수 있을 것이다. 수면 위에 있는 것이 성공한 모습이다. 이 부분이 사람들이 볼 수 있는 곳이다. 빙산의 윗 부분이 무엇일지 생각해 본다. 늘어난 수익일 수도 있고, 더 많은 직원일 수도 있고, 새로운 제품일 수도 있다. 무엇이건 그 지점을 시각화한다.

이제 수면 아래에 있는 80~90%를 생각해 본다. 이 부분이 할 일이다. 사람들이 못 보는 부분이 이 부분이다. 그래서 이 부분에 해당하는 것은 힘들고, 당신의 전념과 헌신을 필요로 하는 분야이다. 이 부분은 좋은 습관을 필요로 하고 좌절감을 불러 일으킬 것이다. 지금부터 종이 위에 이런 부분을 적어본다. 과정을 지나오면서 혹은 과정을 진행하는 동안 무엇이 당신을 답답하게 만드는가? 구체적으로 하나 하나 이름을 적어본다. 인정사정 없이 해야 한다. 그리고 이 종이를 안심할 수 있는 곳에 둔다. 이 과정에서 실망할 수 있는 부분과 '한계를 넘는' 변화를 위해 필요한 희생이 무엇인지 생각해 본다. 무엇이 잘못될 것인가? 실패할 것은 무엇이고 방해물은 무엇일까? 계속 지속해야 할 것은 무엇인가? 이 모든 것을 종이에 적어둔다.

이제 당신에게는 두 가지 부정적인 목록이 나왔다. 극복할 수 있는 문제인지, 적어 놓고 보니 문제가 작게 보이는지, 발생하길 기다리는 실행 목록처럼 여겨지는지, 즉시 완화할 수 있는 것은 있을지, 당신은 그럴 용의가 있는지를 살펴본다.

이 활동은 문제가 발생하기 전에 시각화하기에 좋다. 이를 통해 완화 전략 세션의 일부를 구성하거나 간단히 별표를 작성하여 수시로 확인할 수 있다. 목록에 있는 일이 모두 발생하지는 않겠지만, 숙지하고 있다는 것만으로도 영향력의 정도에 대해서나 관련 분야에서 하고 싶은 일이 있는지를 생각해 볼 수 있다. 안타깝지만 큰 변화에 관한 한 배짱이 없다면 대부분 영광을 누릴 수 없다. 이 점을 이해하는 것은 다른 사람들과 당신의 감성과 지성을 이기기 위한 전쟁에서 가장 중요한 부분이다. 이렇게 하는 것이 그만한 가치가 있을 것이라는 사실을 알고, 난관을 극복하면서 나아가라.

해야 할 일과 하지 말아야 할 일

•••••• 내 경험상, 와해가 예상되고 기업들이 이에 따른 계획을 수립할 때 세 가지 핵심 사항이 발생한다. 좋은 것이 있고 덜 좋은 것이 있다. 핵심적으로 해야 할 일과 하지 말아야 할 일은 다음과 같다.

1 | 변화하는 사람을 구원투수로 영입하라

최고변혁책임자, 디지털전환책임자, 최고변화책임자, 혁신부장, 와해성의 전문가, 혁신최고기술전문가, 최고성장책임자, 혁신해커, 기술해커전문가 등 직함은 상관이 없다. 아무튼 문제를 해결하고 전투를 전면 담당하는 사람이 영입되거나 승진된다. 이 접근법에 특별히 잘못된 것은 없다. 이전에는 효과가 있었다. 이 어려운 일에 참여한 사람들 중에 큰 성공을 거두기도 했지만, 대다수의 사람들은 좌절감을 맛보았고 거의 일을 성취하지 못한 채 1~2년 정도 만에 그만두는 경우도 종종 있었다.

권고사항 초기 검토를 확실하게 마친 후 집중한다.

한 사람에게 집중해야 하는 상황이라면, 산출물을 신중하게 검토한다. 개인이나 회사가 기준과 관련한 문제를 모두 고려해보기도 전에 그 기준이 너무 높게 설정된 경우가 종종 있다.

금지사항 다른 직원들을 무시한다.

유명인사, 세간의 주목을 받는 인물 및 외부 컨설턴트를 고용하는 방법은 하룻밤 사이에 사라지지 않을 재원을 영입하는 검증된 방법이다. 하지만 자신들에게 도움이 될 기존의 직원들이나 회사 자체에 힘을 실어주지 못하는 사람들은 주의해야 한다. 이 재원들이 오자마자 마주할 첫 번째 문제이기 때문이다. 일부 기업 문화는 '개인' 해결사가 영입되는 방식으로 이러한 '충격'을 견딜 수도 있지만, 다른 기업은 양극화될 수도 있고 심하게는 피해를 입을 수 있다. 직원에게 감사하고, 약점을 보완하며 직원의 대다수가 관심을 가질 수 있고 역량을 높일 수 있는 정기적인 기회를 마련해야 한다.

금지사항 직함 뒤로 숨기

직함을 이해하는 것은 사람들이 개인에게 어떻게 접근하고 생각하는지를 알 수 있는 핵심이다. 이해하기 쉬운 직책을 갖는 것은 당신이 새로운 것을 시도하고 있다는 사실에도 불구하고 모든 사람들이 평소처럼 비즈니스의 일부가 되는 방법에 초점을 맞춘 약삭빠른 행동이다. 직함이 아니라 의사소통이 관건이다.

2 │ 회사는 실제적인 약속이 부족하다

약속은 크건 작건 계획initiative이 실패하는 핵심적인 이유가 된다. '한계를 넘게' 또는 '장외를 벗어나게' 추진하는 능력 혹은 단순히 약속을 지키는 태도는 전진하는 회사와, 중립에 머물거나 심하게는 퇴보하는 회사와의 차이점이다. 약속을 발전시키는 능력은 쉽지 않고 시간이 걸리는 일이지만 일단 약속을 하면, 가장 어려운 일은 그 약속을 지키는 일이다.

권고사항 약속을 지키지 못하면 어떻게 될지 이야기를 나눈다.

고객들에게 건네는 조언은 모든 단계에서 약속에 대한 의문을 제기하고 다른 문제가 발생하기 전에 미리 논의함으로써 어떻게 대처할지를 확실히 해 두라는 것이다. 물론 여기서 당사자들은 고위급 의사결정자만 포함될 때도 있으나, 늘 그렇지는 않다. 파생된 결과 및 도미노 효과나 파급력은 모두 좋은 동기부여 요소가 된다. 적절한 예측과 더불어 기대치를 일찌감치 설정한다면 준비되고, 경험이 많고, 통제력 있는 모습으로 보일 수 있다. 뿐만 아니라 좀 더 통제력이 커진다고 느끼게 되고 문제를 일찍 발견할 수 있다.

금지사항 좌절하고 의욕을 상실한다.

가장 쉬운 길이지만 가장 올바르지 못한 선택이다. 이 선택보다는 왜, 어디서, 언제, 어떻게, 누가 이 상황을 해결할 수 있을지를 궁리하고 당신이 고칠 수 있는 것은 무엇인지를 들여다본다. 당신이 적어도 80~90%의 성공을 보고있다는 것을 기억하라. 본격적으로 다시 노력을 집중하고 전진하라.

3 │ 우리의 비즈니스는 변화에 적절한 _____가 없다.

고객들은 태도, 이해, 정신력, 지식 및 경험 등으로 위의 빈칸을 채우곤 하지만 실제로는 일반적으로 형편없는 기업 문화나 환경일 때가 많다. 요즘 기업들은 여러가지 이유로 직원들에게 동기를 부여하는 데 어려움을 겪고 있고 변화는 모든 연령층의 직원들에게 불확실성과 두려움을 야기할 수 있기 때문에 중요한 영역이다. 현재의 기업 환경에도 불구하고, 많은 사람들은 직장이 만족스럽지 않고, 기업 문화 활동은 이런 직원들의 사기를 꺾거나 직원들에게 부족함을 느끼게 만든다. 기업 문화는 바꾸기가 쉽지 않지만 당신의 노력에서 80~90% 이상을 쏟아부으면 할 수는 있다.

권고사항 단기적인 공식 성명과 장기적인 입장을 만든다.

내용이 크건 작건, 발표를 해야 한다. 많은 기업들은 진취적인 의사소통을 줄이려고 한다. 하지만 이런 행동은 의사소통의 영향력을 약화시킨다. 어떤 일을 어떻게 발표하느냐가 그 일을 인식하고 추진하는 방식에 커다란 영향을 미치기 때문이다. 이 외에도 아이디어와 새로운 계획을 강화하는 것에 무성의하게 참여할 수 있으므로 1주일 정도의 활동 계획이나 포스터 캠페인이 아니라 장기 캠페인을 계획해야 한다. 사업에 근본적인 것은 시간과 비용을 들여서 단기적인 것은 물론 특히 장기적인 혜택을 더 잘 파악할 수 있게 해야 한다는 점이다.

금지사항 영향력이 있는 직원을 무시한다.

큰 '쇼'가 좋고 필요하지만, 대부분의 문화적 변화는 다른 사람들이 따르고 배우려고 하는 좋은 행동을 보여주고 북돋는 사람들에게서 비롯된다. 모든 사람들이나 기업이 양치기와 양의 비유를 따르는 것은 아니지만, 모든 기업에는 다음에 어디로 가야 할지, 무엇을 해야 할지 힌트를 얻기 위해 다른 사람들이 우러러 보는 사람들이 있다. 다른 직원들이 의존할 수 있고 관계를 신중하게 활용하며, 정치적 상황을 정확하게 평가하고, 다른 이들의 신념을 지켜주며 장기간 근무를 해온 문제 해결사 목록을 조용히 확인해 두고 이 정보를 장점으로 활용해야 한다.

주요 영역을 활용하라. 시행 첫 날, 모든 사람들이 함께 모여 사진 촬영을 하고 아이디어를 다시 납득시키고, 성공 아이디어에 자신들의 얼굴을 붙여 둠으로써 개별적인 책임감을 갖게 한다. 내가 일했던 어떤 회사는 영상이 보이는 벽을 만들어서 매일 일의 과정을 보여주었고 모든 직원들의 배지에 있는 RFIDradio-frequency identification 태그를 사용하여 직원들이 오갈 때나, 가장 바쁜 시간을 피해서 개인화한 메시지를 각 직원들에게 전송하였다. 이로 인해 조직 내 개인과 그룹에 의해 달성되는 책임, 기억력recall 및 목표가 증가하는 것을 확인했다.

일이 잘못될 것이라고 예상하라

‥‥‥‥ 이제 당신 앞에 놓인 불확실한 미래에 대해 조금 괜찮다고 느낄 것이다. 3D 프린팅, 나노 기술, 인공지능 등 다양한 시장을 와해시킬 여러 기술에 대해 알았고 이해도 했고 TBD와 같이 문제를 평가하는 데 도움이 될 의사결정 프레임워크도 알고 있고, TBD+로 상황을 주도하는 사업에 대한 방법론도 갖추었다. 하지만 상황이 더 나쁠 수도 있다. 그렇지 않은가? TBD 프로세스를 활용하면서 몇 년간 관찰하고 또 고객들이 나에게 말해준 내용을 보면 이 모든 도구를 사용하더라도 몇 가지 공통적인 문제가 있다. 다음은 가장 일반적인 문제의 목록과 그에 대한 조치를 담고 있다.

문제 1 첫 세션 이후 TBD를 결코 반복하지 않는다.

TBD는 처음에 상당한 시간이 소요된다. 하지만 이후에는 일이 훨씬 빠르게 진행되고 사람들은 상시 접근을 통해 알림과 캘린더 알림을 설정한다.

수류탄이 터지기 전에 폭파시켜라. 의지가 실제 문제라고 생각한다면, 문제가 되기 전에 관련 당사자들을 모두 호출해야 한다. 의지를 테스트 하기란 쉽지 않지만 사람들에게 도움이 될만한 표현은 다음과 같다.

- 당신이 _____ 하는 것을 막을 수 있는 방법이 있는가?
- 이런 일이 생긴다면, 내가 어떻게 하면 좋겠는가?
- 경험상 이런 일은 _____
- 그것이 문제가 될까? 그것에 대해 이야기를 하고 싶은가?

TOP TIP

프리랜서를 고용하여 분기별로 업데이트를 하는 것은 죄가 아니다. 모두가 바쁘고 자원은 유한하다. 시간을 들여 직접 하는 것이 장기간 혹은 단기간에 보통 더 좋은 결과를 보여줄 수 있겠지만, 한 분기동안 그 과정을 잊어버리거나 무시하기보다는 확실하고 간략하게 검토하는 프로세스를 통해 잠재적 위협을 파악할 수 있어야 한다.

문제 2 경영진이 '그것'을 이해하지 못하거나 보지 못한다.

와해성 기술은 어느 정도의 이해를 필요로 하고 당신이 전력질주하고 있다는 느낌이 없다면 종종 그 과정이 임의적으로 느껴질 수도 있다. 이 시점이 이 과정을 완료하기 가장 좋은 시기이다. 핀리 피터 딘Finley Peter Dunne이 신문에서 직업에 대해 이야기했듯Shedden, 2014, 당신의 일은 '고통받는 사람들을 위로하거나 안주하는 사람들에게 고통을 주는' 것이다. 회사가 고통을 당할 때까지 기다리지 말고 미연에 방지하라.

이번 일은 어려울 수 있다. 부정이나 긍정의 의견을 가진 사람들의 마음을 움직이게 하는 것은 쉽지만 중립적인 사람들로부터 움직임을 만들어 내는 것이 가장 어렵다. 당신이 낙담하기 전에, 일찌감치 중립적인 사람들을 이사회에 참석하게 해서 문제를 해결하는 데 드는 비용이 얼마일지, 이전에는 어떻게 해결했는지 개인적으로근무 시간 연장, 스트레스, 건강상의 문제, 불만족 등 이 문제가 어떤 의미가 있는지를 물어본다.

문제 3 다가오는지 눈치채지도 못했던 기술에 들이받히다.

와해는 다양한 형태로 다가오고 종종 지름길로 가지 않는다. 우버, 딜리버루, 테슬라Tesla, 에어비앤비와 스냅챗Snapchat이 대표적인 예가 된다. 주요 기사를 장식하고 여러 시장을 흔들어놓기 전에는 대부분 기존의 업계에서 볼 때 성가신 대상으로 보이기 마련이다. 많은 CEO들과 경쟁사들은 그 파괴력을 되돌아보면서 너무 성급하게 무시했다고 말한다. 이런 점 때문에 겉 보기엔 무해하나 향후 위협이나 기회를 제공할 수 있는 기술을 주시할 수 있도록 비즈니스를 위한 검토와 완화 단계를 TBD에 구축했다. 해결책은 준비중이다.

해결책

7장의 '회사 죽이기' 활동을 실행하거나 이미 실행했다면 다시 실행해본다. 이번에는 특히 기술에 집중하여 미래에 문제가 될 부분을 포착하고 추가적으로 연구하여 유사한 영향을 피하거나 상쇄시키거나 완화시킨다. 그 어떤 기업도 와해를 면할 수는 없다. 임박한 대세에 대비하거나 유연성을 가지고 있지 못하기 때문에 결과적으로 와해가 발생할 때 혼란을 면할 수 없다고 생각하는 것이 더 빨리 와해가 일어나게 만든다.

문제 4 최초 TBD 프로세스를 완료한 후 탄력을 잃다.

와해성 기술에 있어서 흔한 일이다. 이른바 '우와' 하고 깜짝 놀라는 순간이 지나고 계획을 짜고 나면, 가시적이거나 놀랄만한 일이 사실상 거의 즉시 일어나지 않기 때문이다. 많은 연구와 다음 단계가 있을 뿐이다. TBD를 완료하는 데 충분한 시간을 겨우 확보하는 방법을 이미 확인했지만 열정을 유지하고 사람들이 최신 정보를 업데이트하게 하는 일은 힘들고, 더 많은 시간과 의지가 필요한 일이다. 이 외에도, 사람들은 바쁘고 시간은 늘어나지 않는다.

해결책

소강 상태를 위한 계획을 세운다. 고객들은 나에게 종종 현실보다 인식의 문제라고 말하곤 한다. 당신에게는 많은 선택지가 있다. 심플 TBD를 실행해볼 수도 있고, 빠르게 회의를 소집할 수도 있으며 메신저를 이용하거나 회사 어딘가 눈에 띄는 곳에 회사 전체를 위한 강력한 시각적 업데이트 장치를 만들어 낼 수도 있다이메일의 받은편지함 말고!. 선택은 당신 몫이다.

문제 5 회사가 충분히 혁신적이지 않고 대규모 기관을 감당할 여력이 없다.

기업에서만큼이나 기관에서도 TBD를 운영하고 있다. 둘 다 점수가 높기도

하고 낮기도 하며 다양한 전문 지식이 있지만 진행 과정에서 다른쪽보다 더 낮거나 더 나쁜 경우는 없다. 일부에서 단지 더 개방적인 경우는 있다. 기관과 브랜드 기업 모두 낭비할 예산이나 시간이 무제한으로 준비되어 있는 것은 아니지만 최대한 활용한 경우는 TBD가 제공하는 가치와 성취하고자 하는 바를 이해한 쪽이다. 함께 일했던 많은 사업체들이나 기업들은 투자를 받기 전에 아이디어를 경영 수준까지 끌어올리도록 요구하다가 혁신을 억제하는 결과를 낳았다. 때로는 의도적으로, 때로는 모르고 그럴 때도 있다. TBD를 시작하기 전에 기업에서 이렇게 일을 진행하는지 고려하는 것은 중요하다. 결과적으로 조금 다르게 접근해야 할 수도 있기 때문이다.

해결책

창의성은 한 사람이나 어느 부서의 보루가 아니다. 심지어 창의적인 기관들도 칸 영화제나 TED 같은 콘퍼런스에서 이 같은 이야기를 한다. 대신에 창의력은 형태와 방향을 잡고 이끌어낸다. 어도비Adobe는 이러한 사실을 알고 직원들에게 킥박스Kickbox를 만들어서, 아이디어를 가진 직원들에게 이 키트를 제공하게 했다. 이에 대해서는 아래에서 설명하고자 한다. 당신의 기업도 유사한 툴키트toolkit를 만들길 원할지도 모른다.

혁신 도구

······ 이전 장에서는 새로운 사고방식과 기업 행동을 만드는 법에 대해 이야기했다. 이것은 쉽지 않을뿐더러 결과도 천천히 나타날 수 있다. 잘 추

진된다면 때로는 새로운 행동을 촉발하고 없애기 힘든 열정을 북돋을 수 있는 큰 계획이 필요하다. 이에 대한 가장 좋은 예는 어도비가 직원을 위해 제작한 '킥박스'이다. 킥박스는 그 이면에 큰 아이디어가 들어있는 실제 종이 상자이다. 어도비의 어느 고위 임원이 어느 날 떠올린 생각으로, 큰 도박을 하는 것을 좋아하지 않기 때문에 시작되었다고 한다. 한 아이디어에 1백만 달러를 투자하여 위험을 감수하는 것보다는 1천 개의 킥박스를 만드는 것이 실행 가능하기 때문에 어도비는 훨씬 더 높은 확률로 단기 또는 장기적으로 큰 성과를 낼 수 있는 1,000건의 작은 시험을 해볼 수 있다. 어도비 킥박스 웹사이트 Kickbox.adobe.com에 따르면, 이 키트는 '혁신의 효율성을 높이고 혁신의 속도를 가속화하며 혁신 성과를 현저히 향상시킨다.' 종이 상자에는 다음과 같은 항목이 들어있다.

- '단계'로 알려진 지시 카드
- 볼펜 한 자루
- 타이머
- 접착식 메모지 노트 2권
- 공책 2권
- 초콜릿 바 1개
- 스타벅스 기프트 카드 10달러1만 원 권
- 약 1,000달러약 100만 원 정도 선불 신용카드

1,000달러의 선불 신용카드가 들어있는 상자를 소유한 사람은 타당하게 행동하든 허락을 구하든 문제가 생길 것을 걱정할 필요 없이 어디에든 이 금액

을 사용할 수 있다는 내용을 정확하게 확인할 수 있다. 어도비가 이러한 방식을 택하는 것은 통상적으로 '그냥 비용만 드는' 방식이 아니라 답답한 행정 업무와 승인을 받기 위한 마찰을 피할 수 있고 받는 이에게 굉장한 신뢰를 제공할 수 있기 때문이다. 죄책감을 유발할 정도의 신뢰라고 말할 수도 있겠다. 그러나 아무도 돈을 낭비하고 싶어하지 않는다. 그렇지 않은가? 카드 금액이 다 소진된 후에는 상위 조직에서 사용자에게 아이디어를 발표해야 한다는 신호를 전달한다.

참고로 아이디어를 검증하기 위한 비용에 대한 약속은 또 다른 방법이지만, 여기서는 신용카드를 제공하는 방법의 신뢰 요소가 핵심이다. 무언가를 즉시 제공함으로써 어도비는 심리학자들이 말하는 호혜성의 규범Reciprocity Norm 혹은 호혜성의 원칙을 육성한다. 즉, 누군가 우리에게 무언가를 준다면 우리도 그들에게 그것과 유사하거나 좀 더 괜찮은 가치로 보답해야 한다고 생각하게 되는 것이다.

킥박스의 과정에서 혁신적인 사고와 제품 또는 서비스 개발을 위한 세부적인 절차는 6단계가 있고 각 단계는 다음 단계로 넘어가기 전에 완수해야 한다. 6가지 단계를 살펴보기에 앞서 몇 가지 중요한 사항은 다음과 같다.

- 어느 직책의 직원이건 박스를 요청할 수 있고 해당 관리자는 거부권을 행사할 수 없다.
- 카드는 어느 용도로든 사용할 수 있으며 직원들은 심사를 거치거나 비용 내역서를 작성할 필요가 없다.
- 이 아이디어는 승인보다 개인적인 허가를 제공한다.

각 단계는 이 과정에서 중요한 부분이고 창의성을 억압하기 위한 것은 아니지만 대신 사용자가 과정을 통해서 자신들의 성공 기회를 극대화할 수 있도록 지원하는 프로세스이다.

1단계 시작하기 Inception 목적, 동기, 성공으로 이끌어 줄 수 있는 경로에 대해 이야기 한다.

2단계 생각하기 Ideate 세상이 어떻게 변해야하는지, 또 세상이 어떤 모습이면 안 되는 것인지에 집중하면서 상자 소유자가 창의력을 발휘할 방법을 익히게 한다.

3단계 개선하기 Improve 상자 소유자는 모든 아이디어가 다 좋은 것은 아니며 무엇이 좋은 아이디어인지 결정하는 방법을 이해하게 된다.

4단계 조사하기 Investigate 상자 소유자는 간단한 실험을 통해 아이디어를 평가할 수 있다.

5단계 반복하기 Iterate 4단계에서 얻은 데이터를 이해하고 아이디어를 바꾸거나 '아이디어의 진정한 본질'을 발견할 수 있다.

6단계 설득하기 Infiltrate 최종 단계는 '기업 전투'에 관한 것으로 사용자는 조직이 보고자 하는 데이터를 사용하여 사용자가 승리의 결과물을 만들 수 있도록 돕는다.

킥박스에 대해 인터뷰를 할 때 고위 임원들이 언급했듯, 어도비는 전체 프로젝트 비용을 지불하는 데 한 번만 투자하면 된다. 천 개가 넘는 상자를 나눠 준 후로 어도비는 20개 이상의 완료된 상자가 고위 경영진에게 '판매' 되었다고 보고했다. 이전에 잠재되어 있거나 생각조차 하지 못했던 20가지 이상의 아이디어였다. 아이디어 중 하나는 무려 8억 달러 이상의 이미지 사이트 포토리아Fotolia 인수로 이어졌는데 어도비 크레이에티브 클라우드Adobe's Creative Cloud라는 더 큰 제품으로 접합시켜 시장을 차지했고 전 세계 디자이너 관객의 다양한 부분에 대한 접근성을 확보했다.

👍 TOP TIP

여러분의 고유 버전으로 키트를 만들어 보자. 어도비는 이런 시도를 위해 킥박스를 여러분의 조직에 맞춰 사용하도록 권장하고 있다. 더 자세한 정보를 위해서는 어도비의 킥박스 링크인 kickbox.adobe.com을 참조한다.

결론

8장에서는 와해가 필연적이지 않다는 인식을 바꾸는 데 초점을 두었다. 가능한 한 많은 것을 준비하는 것은 비즈니스 감각을 잘 활용하게 하므로 부정적인 영향은 최소화될 것이다. 적절한 사람을 참여시키는 것이 관건이며 개방성뿐 아니라 선입견을 깨부수는 것도 단지 살아남기 위해서가 아니라 군중에서 벗어나 한 걸음 떨어진 사업을 위해 필수적이다. 다음 장에서는 여러분의 기업이 2020년까지 살아남기 위해 필요하고 또 최소한으로 와해의 여파를 감당할 수 있게 도와줄 추가적인 요소에 집중한다.

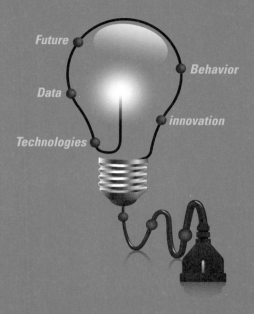

Future

Behavior

Data

innovation

Technologies

09 반反 혁신

09

—

반反 혁신

9장에서는 비즈니스의 미래와 와해성 기술 전략에 영향을 미칠 더 큰 주제를 중점에 둔다.

- 다르게 생각하는 방법이 여러분을 구하지 못하는 이유
- '큰 변화가 어렵고 작은 변화가 쉽다'라는 말이 틀린 이유
- 2020년을 준비하기 위한 기업의 변화 방법

지금까지 우리는 이 책에서 와해를 둘러싸고 몇 가지 주요 지표인 유통 변화, 생산 효율성, 소비자 행동의 변화, 정면이 아닌 측면에서 시작되는 경쟁, 새로운 법률이나 규정 등에 대해 언급했다. 이러한 개별적인 것들이 지닌 변화는 여러분이 속한 산업과 소유하고 있는 문화의 유형에 따라 달라질 수 있는 의미와 반응을 가지고 있다. 일찌감치 포착하는 것 외에 알맞게 반응하는 것이 관건이다. 앞의 내용에서 우리는 빙산을 보았고 형편 없는 기업 문화가

다른 문제에 대처하는 방법을 살펴보았다. 이번 장에서는 특히 '다르게 생각하기'에 대해 살펴보며 여러분의 기업이 전진하는 것을 집중적으로 논의한다.

'다르게 생각하는 것'이 효과가 없는 이유, 그러나 다르게 생각해야 하는 이유

· · · · · · 애플은 IBM의 간단한 '생각하라Think' 슬로건에 대항하고자 광고 대행사 TBWA/Chiat/Day가 만든 1997년 애플 광고 캠페인 '다르게 생각하라Think Different'를 자사 슬로건으로 사용해 유명하게 만들었다. 이 슬로건은 기업들이 모든 사물을 어떻게 생각해야 하는지를 보여주는 전형으로 역사에 남았지만, 대다수 기업들은 잘못 알고 있다.

'다르게 생각하기'가 애플에겐 효과가 있었다. 그야 애플이니까 그렇기도 하고, 근본적으로 이 기업이 상징하는 것이 '다르게 생각하기'이기 때문이다. 애플은 기술을 뛰어 넘어 기술을 사용하는 손과 마음에 더 관심을 둔다. 현재 그리고 가까운 미래에 가장 많이 그리고 자주 인정받는 브랜드 기업 중 하나일 애플은 다르게 생각하기가 자신들의 정체성과 동의어라서 효과가 있었다. 다른 기업도 마찬가지일 수 있을까? 아마도 그렇지 않을 것이다. 아직 기회가 없었다면, 지금이라도 사이먼 사이넥Simon Sinek의 애플에 관한 TED 강연http://bit.ly/DTsinek을 보기 바란다. 그러면 애플이 하는 일을 왜 애플이 하는지를 알 수 있을 것이다. 여기서 열쇠는 당신이 품은 '왜Why'를 이해하는 것이다. 대다수 기업의 목표는 애플이 되는 것도 아니고 애플과 비슷해지는 것도 아니다. 애플을 배워서 당신의 기업 내부와 주변에 효과가 생길만한 행동을 만드는 데에 목표가 있다.

다른 사람에게 효과가 있는 방법을 따라 한다고 해서 성공하는 경우는 드물다. 성공을 이루기 위한 최적의 길은 어떤 방법을 채택해서 당신의 요구에 맞게 완벽하게 구성하는 것이다. 그러므로 이번 장에서는 그저 애플의 원칙이 당신의 기업이 가야할 길이라고 말하기보다는 실제로 다르게 사고하는 데 도움이 될 방법에 대해 이야기하고자 한다.

벤치를 수리하는 방법만 봐도 당신과 당신의 기업에 대해 많은 것을 알 수 있다

• • • • • • 와해는 늘 존재하고 사방에서 발생하며 이 세상에서 지속된다. 와해가 없다면 우리는 더 느리게 전진할 것이고 산업, 경제와 같은 분야를 추진할 수 있는 완전히 새로운 필요를 거의 만들어 내지 않을 것이다. 하지만 대부분의 기업들은 근본적인 쟁점 사안이나 혹은 부패한 문제를 해결해 줄 것이라는 희망으로 표면적인 문제만 계속해서 해결하려고 한다. 나는 이를 벤치 이론Bench Theory이라고 부른다.

어떤 사람들은 벤치를 일평생 '정상적인' 방법으로, 즉 앉는 용도로 사용한다. 다른 사람들은 벤치를 작업대로 사용하여 물건을 만드는 용도로 선택한다. 또 다른 사람들은 벤치를 물건을 보관하는 용도로 사용하기도 한다. 실상 벤치를 사용하는 데 옳고 그른 방법은 없다. 하지만 벤치에 자국이나 틈이 생겼을 때, 어떻게 반응하고 어떤 결정을 내리는지가 핵심이다. 당신은,

- 광택제를 한 겹 더 칠하겠는가?
- 상한 부위를 잘라내고 교체하겠는가?

- 기존의 벤치를 버리고 더 괜찮은 벤치를 가져오겠는가?
- 벤치로 사용하는 것을 포기하고 다른 것을 위한 재료인 좋은 나무로 사용하겠는가?
- 그냥 내버려 둔다. 그저 틈이 생겼을 뿐이니까.

정답은 없지만 당신의 선택은 당신에 대해서, 또 기업이 문제에 대처하는 방식에 대해 많은 것을 말해준다. 자신이 선택한 답을 보고 종이를 가져와 생각해보자. 종이 한 가운데에는 결정 사항을 적어 놓고 다음과 같은 질문에 답하는 스파이더 다이어그램으로 적어본다.

- 나는 왜 _____하기로 결정했는가?
- 나는 무엇때문에 이 특정 행동의 과정이 일어날 것이라고 믿는가?
- 이 선택은 고장이 났거나 수리가 필요한 부분에 대해 접근하는 내 방식에 대해 어떤 의미를 가지고 있을까?
- 앞으로 내가 주의해야 할 것은 무엇인가?

많은 사람들은 일상생활에서 선택을 하고 일과 관련한 선택에서는 실용성으로 감춰진 두려움에 밀려 점점 더 많은 선택을 한다. 이 두려움은 '쉬운 선택'이나 '지금 당장은 괜찮아' 또는 '괜한 문제를 일으키지 말아라' 등으로 알려져 있다. 다시 말하지만 상황이 좋지 않기 때문에 문제를 일으키게 되는 것이다. 상황이 괜찮다는 생각이 든다면, 이 책의 서문을 다시 읽어라. 변화는 급격히 빠르게 진행되고 있다.

안일함은 독이 되고 몰입은 약이 된다

･･････ 흔히 올바른 행동 방침이나 원하는 결과는 알고 있지만 당신은 처음 이행해야 할 실용적인 단계가 너무 부담스럽거나 대처할 수 없을 것 같아서 변화를 일으키지 않거나 변화가 없는 일을 수행한다. 변화가 미미한 경우엔 거의 눈에 띄지 않다보니 확인한다는 의미 외에 다른 효과는 없다. 종종 우리에게 무엇이 요구되거나 우리가 하고 싶은 일은 사람들이 시도조차 하지 않는 '저 먼 곳에' 있거나, '불가능하게' 또는 '우리가 아닌' 것처럼 보이고 결국 사업에 치명적으로 작용한다. 그러나 요구하는 사람들은 실제로 그 일을 가능케하는 경우도 종종 있다. 말하건대, 요구하라. 요구하는 사람은 올바른 지원과 태도와 확신으로 일이 성사되게 만든다. 당신이 스티브 잡스 혹은 유명한 누군가가 될 필요는 없다. 그저 인지하고 집중하라. 일을 가능케 할 권한이 당신에게 있다. 단단히 작정하고 일을 추진하고 변화를 만드는 데 전념하라. 이렇게 '그것'이 무엇이건 간에 곧장 일어나지 않을 일을 하고 있는 사람들은 전반적으로 더 행복감을 느끼고 만족감이 크며 주위 사람들에게 자신감을 불어넣어 주곤 한다. 적어도 이들은 자신들이 원하는 것을 놓고 싸우고 있으며 무언가가 어떤 영향을 끼치는 것을 기다리지 않는다. 기회를 잡아라. 영원한 직업은 거의 없다. 노동 인구에 들어올 젊은 세대들에게는 특히나 그렇다다음 장을 참조하라. 그러므로 모든 변화가 중요하다.

다르게 생각하기의 단점은 행위 자체에 있는데 종종 단기간 동안에만 전념한다는 사실이다. 브레인스토밍에 활용하거나 하루동안 워크숍을 가거나 시범을 보이거나 짧은 테스트 등에 활용되어 그 어떤 결과를 도출하지 못하므로 모든 아이디어가 폐기된다. 나는 이 문제가 몇 번이고 반복되는 것을 보앞지만 특히나 이해할 수 없는 이유로, 개인의 우선순위 문제나 당면한 가치에 밀려서 혹은 슬프게도 욕심 때문에 와해성 기술에서 더 자주 이러한 문제를 보아왔다. 이러한 문제를 막을 수 있고 심지어 어렵지도 않지만, 조금 생각해 볼 필요가 있다.

모든 변화에 대해 맞춤식으로 접근해야 한다

· · · · · · 변화와 혼란을 겪는 금융 분야의 고객을 돕는 것과 기관이나 자동차 제조업체를 돕는 것 사이에는 엄청난 차이가 있다. 각 산업은 저마다 독특하면서도 교차되는 점이 많지만, 모든 기업은 본질적으로 성질이 다르다. 그러나 직면한 문제를 이해하기 위해서 동원하는 프로세스와 활동, 도구는 같을 수 있다.

이전에 언급했듯이, 애플의 '다르게 생각하라'는 실제 애플 외에는 아무에게도 해당하지 않는다.

이 말은 크고 복잡한 방식으로 생각하는 것을 중단하라거나 작은 변화가 차이를 가져올 수 없다고 말하는 것은 아니지만 이러한 영감을 통해 새로운 방식으로 생각해야 한다. 점점 더 복잡해지는 문제에 대해서 '케케묵은' 방식은 최고로 좋은 혹은 참신한 해결책을 제시하지 못하는 경우가 자주 있었다. 내 고객들은 현장에서 현실적인 문제를 해결하기 보다는 '일부러 반대 관점을 취해서' 교묘한 비평으로 너무나 자주 좋은 아이디어를 죽이고 있다고 말한다.

미국의 디자인 이노베이션 컨설팅 기업인 아이데오IDEO 공동창업자 톰 켈리Tom Kelley는 일부러 반대 의견을 말하는 이 행태가 비즈니스계에서 큰 문제라고 생각하며 이를 어떻게 다루면 좋을지 자신의 두 번째 출판물인 『이노베이터의 10가지 얼굴The Ten Faces of Innovation, 2007, 한국어판』에서 다루었다. 켈리는 일부러 반대 의견을 말하면 '취약한완성되지 않은' 아이디어는 부정적인 의견에 묻혀 버리기 때문에 이같은 일이 너무 자주 일어나는 것을 막고싶다고 생각했다. 그는 비즈니스의 다양한 조합과 형태를 10가지 유형의 예시로 분류하여 각기 다른 비즈니스가 서로 어떻게 변화와 와해성을 진화 및 적응시키고 확산할 수 있을지를 다루었다.

무엇을 시작하기 전에 여러분 기업의 유형을 고려하는 것이 중요하다. 단순히 기업의 특색이나 이미지를 고려하는 것 외에 기업의 근로자들이 추진력을 키우고 고무될 수 있는 방법이 무엇인지 이해하는 것은 새로운 계획과 아이디어를 얻기에 현명한 방법이다. 켈리의 10가지 유형은 다음과 같다.[15]

학습 유형 아무도 현실에 안주할 수 없다.

1 문화인류학자 Anthropologist − 사람들의 행동을 관찰하고 제품이나 서비스에 어떻게 상호작용하는지 깊이 이해하여 새로운 기술을 비즈니스에 도입한다.

2 실험자 Experimenter − 정기적으로 새로운 기본형을 생각한다. 시행착오의 핵심 지지자.

3 타화수분자 Cross-Pollinator − 다른 문화와 산업계를 살펴보고 자신의 조직에 맞게 창조하는 사람을 일컫는다. 유추적 사고로 설명할 수 있는 이 접근법은 이 장의 마지막 부분에서 자세히 다룬다.

---

15) 편집자 주. 각 유형의 이름에 대한 번역은 한국어판 『이노베이터의 10가지 얼굴2007』을 참조했다.

조직 유형 아이디어는 체스 게임이다. 모든 사안을 다 고려해야 한다.

4 허들러 Hurdler – 혁신을 이루기 위해서 회사 내에서 극복해야 할 장애물을 이해하고 있다.

5 협력자 Collaborator – 고유하고 심사숙고한 새로운 해결책을 얻기 위해 서로 다른 그룹을 구성한다.

6 디렉터 Director – 적합한 사람들을 함께 모으는 것 외에도, 이 유형의 사람은 팀에 활력을 불어 넣기 때문에 혼자 진행할 때 가능한 범위보다 더 많은 것을 이룰 수 있게 독려한다.

구축 유형 아이디어는 사람들이 권한을 부여 받고 코드가 맞을 때 일어난다.

7 경험건축가 Experience Architect – 니즈와 경험, 그리고 사람들이 최종 결과에 어떻게 연결되는지에 집중한다.

8 무대연출가 Set Designer – 주위의 환경을 올바르게 조성하여 사람들이 최선을 다 할 수 있도록 돕는다.

9 케어기버 Caregiver – 표준 서비스는 이 유형의 시작점이다. 사람들의 니즈를 예상하고 서비스를 제공하기 위해 방법을 만들어 낸다.

10 스토리텔러 The Storyteller – 근본적인 가치, 신념, 특성을 가볍게 활용함으로써 활동에 활력을 불어넣는다.

계속해서 진행하기 전에 자신의 회사에 대해 생각해 보자. 어느 유형으로 구성되어 있는 회사인가? 10%의 케어기버와 90%의 무대연출가인가? 아니면 그 반대인가? 향후 프로그램 출시에 어떤 의미가 될까? 채용 정책에는 어떤 의미가 있을까? 교육 요구사항은 어떠한가? 자신의 초기 본능적 반응 외에,

자신의 기업을 구성하고 있는 유형의 진정한 구성 비율을 알기 위해서 어떤 방식으로 이런 가정에 도전할 것인가?

👍 TOP TIP 1

일부러 반대 의견을 말하는 것은 기업에도 나름의 이유가 있다. 때로는 그 반대가 옳았을 수도 있다. 모든 우려사항을 귀담아 듣는 것이 중요하지만 긍정적으로 또 열린 자세로 듣는 것도 중요하다. 우려를 일축하는 것은 직원이나 집단의 사기에 좋지 않다. 대신에 켈리의 조언대로 혁신 유형에게 '제가 협업자가 되어 보겠습니다. 우리 소비자들은 좋은 가치와 환경을 믿고 있습니다. 그러므로 결정을 내리기 전에 설득하고 홍보를 하도록 합시다' 하고 말해보자.

👍 TOP TIP 2

'다르게 생각하기 thinking differently' 프로젝트에서 어떤 방식으로 소통할 것인지 오래 두고 심사숙고해야 한다. 각기 다른 산업 분야에서 일해보니 한 가지는 분명하다. 사람들은 새로운 기회를 좋아하지만 알 수 없는 것은 두려워한다. 기업이 성공했다고 가정하고, 직원들이 쓰는 휴게 공간에 대해 질문하고 어떻게 전개될 것인지를 물어보면 고객들은 나를 우습다는 듯이 바라볼 때가 많다. 우습게 보는 대신에 나는 고객들에게 기업의 문화, 현재 전반적인 분위기나 말투에 대해 평가하고 생각할 것을 요구한다. 이 3가지 요소는 성공에 있어 필수적이며 향후 프로젝트에 대한 선호도를 증가시켜 예산을 승인 받을 수도 있다. 새로운 프로젝트는 시작도 하기 전에 실패하는 경우가 종종 있는데 도입에 관련된 방법이 잘못되어서 그렇다. 도입에 대한 생각을 빠뜨려서는 안 된다.

7장에서 빌 조이가 한 말을 기억하는가? "당신이 누구든지 간에 똑똑한 사람들 대다수는 다른 사람을 위해서 일한다." 이제 저 밖에 새로운 30억 명이 있다고 생각해 보자. 이 수치는 향후 10년간 온라인에 유입될 사람의 숫자이고 만일 현재의 채택률이 증가하면 10년 이내가 될 것이다. 이들 중 많은 사람들이 정규직으로 일자리를 구하지 못할 수도 있고 많은 사람들이 온라인으로 기술을 배우고 온라인에서만 일할 것이다. 잠시 당신의 일이라고 생각해보자. 정말 많은 사람들이 이미 유입되고 있다. 사람들은 다른 관점과 경험, 네트워크, 자원 그리고 아이디어를 갖게 될 것이다. 여러분의 회사를 도울 수 있는 이러한 비전을 결실로 이끌 가능성을 상상해보자.

다른 생각은 당신뿐만 아니라 다른 사람에게도 필요하다

・・・・・・ 항상 그런 것은 아니지만 와해성 기술은 대부분 완전히 새로운 기술이다. 다시 말하면, 와해성 기술은 대개 대단히 잘 알려져 있지는 않다. 그러므로 와해성 기술이 여러분에게 또 여러분이 출시할 기술에게 어떤 영향을 줄지 파악하는 것이 어렵다고 추론할 수 있다. 많은 기업들이 복잡한 모델링을 운영하고 여러가지 다양한 데이터 소스를 검토하지만 추론하는 것은 불가능한 경우가 흔하다. 그보다도 기업들은 사실상 시행착오를 시도하는 것 외에는 별다른 선택지가 없다. 와해성 기술과 세력에서 비롯된 새로운 제품과 서비스에 대한 최선의 선택은 그저 시작하고 배우는 것뿐일지도 모른다.

유추적 사고는 이러한 문제에 대한 해결책이다. 조직과 부서에서 유추적 사고의 이점을 누리면서 이 새로운 관행은 점점 더 보편화되고 있다. 스타트업 기업뿐 아니라 중소기업 및 대기업에서도 이 방법을 사용하고 있다. 비유 및 유추적 추론은 생물학, 적응 시스템, 소프트웨어 및 컴퓨팅과 같은 분야에서는 이해를 돕고 문제를 해결하기 위해 오랜 기간 사용해왔지만 최근에는 유추적 사고를 통해 비즈니스의 세계로 발전해왔다. 유추적 사고는 알려진 문제를 참조하고 잠재적으로 유사하지만 알려지지 않은 문제와 연결하여 한 영역에서 다른 영역으로 학습한 내용을 전달하고 조정함으로써 답을 구하는 과정이다. 관심이 증가하는 이유는 두 가지이다. 첫째로 유추는 어디에나 있으며 형태를 만들기가 다소 쉽다. 더 중요한 두 번째 이유로는, 리더, 전략가와 같은 사람들이 유추를 통해 상황을 더 광범위하게 보고 새로운 방법이나 새로운 관점으로 결정을 평가할 수 있다는 점을 들 수 있다. TBD 프레임워크를 통해 살펴보았듯, 결정을 내리는 과정을 이해하는 것은 중요하다. 의사결정자는 유추를 통해 좀 더 정확한 정보를 바탕으로 결정을 내릴 수 있다. 특히 잘 알려지지 않은 대상인 이머징 기술이나 와해성 기술에 직면해 있을 때 동등하거나 유사한 교훈으로 이전의 경험에서 혹은 의사결정자가 들어본 적이 있는 경험을 적용함으로써 해결책을 내놓을 수 있다. 안타깝게도, 사람들이 실제 이런식으로 결정하는 경우는 거의 없으며 이는 매우 큰 문제다.

물론 비즈니스계에 잘못된 유추가 만연해 있기도 하다. 그러므로 잘못된 유추를 하지 않도록 스스로 멈추는 것이 1단계로 할 일이다. 2단계는 자신만의 혹은 기업의 신념을 확정짓는 데 뒷받침되는 정보를 찾는 자신의 경향성에 의문을 품는 것이다. 심리학자들은 이를 '확증 편향'이라고 부른다. 이 편견과 싸우는 것은 만만치 않지만 가능하다. 첫째, 여러분이 사용하는 자원을 면밀히 살펴보고 문제와 얼마나 연관이 없는지를 생각해본다. 직관에 어긋나는 것처럼 들리겠지만 반드시 시도해보고 유추를 끼워맞추지 않도록 노력해야 한다. 이렇게 해야만 해결책을 위해 양질의 투자를 활용할 수 있고 양질의 산출량을 얻을 수 있다. 차이점을 찾을 때 하나도 못 찾을 것 같겠지만 만일 하나도 못찾아 낸다면 이것은 정말 괜찮다는 뜻이다. 이 다음 작업은 발견한 차이점을 조정하는 것으로써 차이가 나는 부분, 시나리오 혹은 사건 등을 매핑하거나 교훈을 끌어낼 수 있다. 일단 하고 나면, 직면한 문제에 대한 해결책을 정확하게 들여다볼 수 있게 되고 여분의 조정이나 덧붙여지는 지식 및 요소에 근거하여 마무리 지을 수 있다. 평가하는 항목이 당신의 문제와 연결되는 정확한 이유 혹은 연결되지 않는 이유에 대해 정당화하는 데 집중하는 것이 관건이다. 엄격하게 이 과정을 수행함으로써 장기적으로는 도움이 되지 않는 겉치레에 불과하거나 설득력이 없는 유추 사고를 피할 수 있다.

연구에 의하면 같은 분야의 사람이 내놓은 아이디어와 비교해 봤을 때 유사하지만 다른 분야에 있는 사람이 제공하는 해결책이 즉각적인 유용성은 종종 떨어질지라도 독창성, 창의성 및 참신함은 현저히 높다는 것을 알 수 있다. 사실, 더 좋은 품질의 창의적인 해결책은 자신에게서 먼 분야에서 되돌아온다.

5장에서는 다른 전문가에게 또 다른 전문가를 추천받음으로써 점점 더 정보가 풍성해지는 계단식 방법을 소개했다. 이 방법을 약간 적용하면 경험이 있는 다른 분야를 식별하는 데 사용할 수 있고 사업상 이점으로 활용할 수 있는 유추가 존재할지도 모른다.

먼저 해결하고자 하는 문제에 대해 생각해보자. 위에서 읽었듯 모든 유추 사상 과정의 처음이 구체적이어야 성공을 여는 열쇠가 된다. 일단 문제가 있거나 도움이 필요한 영역이 있는데 혼자서 해결해야 한다면 가장 먼저 도움을 요청할 사람이 누구인지 확인해야 한다. 성공의 최대 잠재력을 위해서는, 뇌에서 다른 연결 구조를 열어야 하는 것과 마찬가지로 동일한 것을 여러가지 방법으로 설명하는 것이 도움이 된다. 세 번째 단계는 전문가의 탁월한 지식이나 견해의 도움을 통해 올바른 방향으로 나아갈 수 있도록 도움을 요청하여 질문의 틀을 갖추는 것이다.

해결하려는 문제와 유사한 상황이나 산업에 대한 초기 목적을 요청할 것이라면 잠시 멈춰라. 이 만남은 일회성이 아니다. 좋은 설명과 함께 불필요할지라도 관련된 대화나 정보를 통해 당신의 문제에 대해 생각해야 하는 사람을 찾아서 이들이 고민해야 하는 부분에 정확하게 접근할 수 있도록 한다.

즉석에서 질문에 답하는 것을 잘 하는 사람들도 있지만 대부분은 그렇지 않기 때문에 정말 묻고 싶은 질문을 하기 전에 가벼운 질문을 던지는 시간을 갖도록 한다.

그런 다음, 원하는 질문을 던질 좋은 타이밍이라는 생각이 든다면, 다음 방법 중 하나를 채택하거나 활용하여 질문의 틀을 잡는다.

- [조건]과 관련한 문제를 생각할 때 어떻게 생각하는가?
- 비슷한 문제를 안고 있는 두 회사는 어디인가?
- 이와 비슷한 문제를 안고 있는 사람 중 누구를 알고 있는가?
- [문제]로 누가 가장 고통받겠는가?
- [제품]과 유사한 기능을 사용하는 사람은 누가 있는가?

당신이 묻는 질문과 당신이 가진 문제에 따라 현재 단계에서 다른 사람을 요청해야 할 수도 있다. 자연스러운 대화가 끝날 즈음 이 질문을 던지고 원하는 답을 얻었다고 생각될 때까지 반복해서 물어본다. 얻어낸 아이디어는 어이가 없을 정도로 믿기 어려워 보인다.

일단 이 일을 마쳤다면, 답을 발전시키기 위해서 정보를 줄 사람을 찾는 등 조사를 좀 더 진행한다.

TOP TIP

가능한 이메일로는 이 방법을 수행하지 않도록 한다. 질문할 사람에게 미리 대비시키고 싶을 수도 있지만 질문의 목적을 비밀스럽게 유지하면 최고의 결과를 도출하는 경우가 많기 때문이다. 기억하라. 일반적으로 당신이 가지고 있는 연락처의 범위를 넘어 올바른 분야를 살펴보면 근본적인 아이디어를 발견할 수 있다. 링크드인, 페이스북 그룹, 커뮤니티 포럼, 대학 교수, 앱 개발자, 아무에게나 접촉하라. 이 작업은 모든 사용자가 수행할 수 있다.

프랑케Franke, 포에즈Poetz 및 슈레이어Schreier의 2011년 논문에 의하면, 이 방법은 좋은 시작이긴 하지만 친구나 동료가 아니라 새로운 사람을 찾겠다는 불굴의 의지와 산업 외부로 뻗어 나가고 더 깊이, 더 넓게 나아가려는 노력과 의지가 관건이라고 지적하고 있다. 예를 들어, 원래 연구에서 의뢰인은 마스크 제조 업체였고 스케이트 보더, 지붕 업체 및 목수들을 포함한 사람들의 요구를 받았다. 있을 법할 것 같지 않은 이 세 분야의 조합을 통해 동일한 문제에 대해 각각의 독특한 관점으로 바라볼 수 있었다. 새로운 답을 찾고 있으므로 폭넓게 보아야 한다.

주의 유추가 무조건 확실하지는 않다. 관심도 많이 필요하고 문제를 해결하기 위해 억지로 끼워 맞춰지는 것도 많다. 이를 경계하면서 맞서 싸워야 한다. 유추 사고는 불완전하지만 올바른 답을 찾기 위해 고군분투하는 기업에게는 혁명적일 수 있다. 신속한 방법론적인 접근법을 사용하고 효과가 없는 것은 멈추거나 재정비한다.

누군가 결정을 내리는 데 도움이 되는 방법은 마땅히 칭찬받아야 하지만 우리는 무의식 중에 이전의 경험에 근거하거나 외부 압력 때문에 우리 스스로를 설득하곤 했다. 하지만 당신이 어떻게 결정을 내리는지 집중한다면, 더 나은 결정을 내릴 수 있게 되고 실수는 더 줄일 수 있다. 전략가들은 잠재의식 추론에 엄청난 책임이 있지만, 도전받는 것을 싫어하는 경향이 있는 반면 최고의 전략가들은 자신들의 속도대로 행할 것이고 자신들의 가설에 도전하고 유추적 사고에 관여할 것이다. 결점은 받아들이고 포용해야 평범해 보이는 발상을 혼란으로부터 당신의 사업을 구할 구원투수로 바꿀 수 있다.

결론

9장은 전략을 밀고 나가기 위한 올바른 사고방식을 갖추는 데에 도움이 되는 중요한 내용을 다뤘다. 이 외에도 마주하게 될 문제를 예측하고 해결하는 데 도움이 되는 현실적인 내용이다. 따라서 결과적으로 당신은 덜 불안하게 될 것이다. TBD 완료라 함은 3단계에서 끝없는 단계를 반복한다는 의미이다. 여기서 무슨 일이 일어나게 하는 것은 어렵다. 유추를 통해서나 택한 방향과 세밀한 계획을 지속적으로 경계하는 방법은 성공을 위한 좋은 전략이다. 다음 장에서는 전략법에서 살짝 벗어나서 생산 가능 인구에 등장하는 '밀레니얼 세대'로 알려진 젊은 인구 구조에 대해 구체적으로 집중하여 와해의 인간적 측면에 대해 논해보고자 한다. 우리는 당신의 비즈니스 미래에 이 젊은 인구 구조가 핵심인 이유를 살펴보고 이 세대가 주는 기회가 무엇인지를 알아보고자 한다.

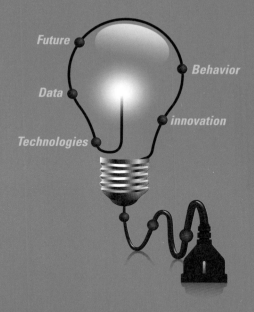

10 와해와 밀레니얼 세대

10

|

와해와 밀레니얼 세대

밀레니얼Millennial 세대는 이제 막 노동력 부분에서 가장 큰 규모를 차지하는 세대가 되기 직전이며 이 사실은 고용주와 기업들에게 독특한 기회와 위협을 제기한다. 밀레니얼 세대는 고용, 직원 유지, 직원 훈련 및 구매력의 변화에 대해 다시 쓰고 있다. 이렇게 와해적인 세대는 전에 없었는데 이 세대가 원하는 대로 쓸 수 있는 힘, 도구와 능력 덕분이다. 와해성 기술은 이 세대가 자라난 바탕이며 당신이 이 세대와 소통하는 방법에 따라 성공이 좌우될 것이다.

다음 장에서 구체적으로 배우게 될 내용은 다음과 같다.

- 당신의 사업에 밀레니얼 세대의 힘을 활용하는 법
- 밀레니얼 세대 노동력의 미래

역사상으로 유일하게 가장 큰 세대는 아닐지라도, 이 젊은 세대는 역사에서 가장 큰 세대 중에 한 세대로써 이제 이들이 주요 소비자가 되는 시대로 막 옮겨가고 있다. 밀레니얼 세대는 이전 세대와 다른 단지 단순한 소비자 그 이상이다. 이 세대는 이미 경제를 재편하기 시작했다. 이들의 독특한 경험으로 사람들이 물건을 사고 파는 방식은 지속해서 변화하고 기업은 계속해서 그에 적응해야 하는 상황이 발생하게 된다. 이 세대는 아마 '이제 그만! 우리가 있어야 할 곳은 여기야, 도착하는 방법은 이렇게 할거야!'라고 말할지도 모른다. 오해하면 안 된다. 다른 세대의 사람들처럼 이 모습과 다소 차이를 보이는 다른 그룹 및 요소가 있겠지만 이미 가동 중인 시스템이 허용하는 상황이라는 전제 하에, 혹은 그렇지 않다 하더라도 대규모의 변화를 가능케 할 완벽한 기술, 행동, 데이터 폭풍이 필요했던 적은 일찍이 없었다.

이 시점에서 기업이 던져야 할 중요한 질문은 '바통을 이어 받을 다음 세대는 누구인가?'이다.

나에게 여러 세대들은 늘 매혹적이면서도 불쾌하고 성가셨다. 대략, 이전 세대는 다음 세대에게 '이름을 부여하고' 어딘가에 있는 누군가는 그 과정에서 부유해진다. 세대의 이름은 수년간 유지되는데 전문가들과 이야기를 나누다 보면 왜 이름이 그렇게 붙었는지 아는 사람이 아무도 없다. 다음은 오늘날 가장 많이 사용되는 세대 명칭이다. 세계가 팽창하고 변화의 속도가 증가함에 따라 확실히 더 많은 세대 명칭이 생겨나고 있다Sanburn, 2015.

- GI 세대: 1901~1924년
- 침묵 세대: 1925~1946년
- 베이비붐 세대: 1946~1964년
- X 세대: 1965~1979년

- 밀레니얼 세대: 1980~2000년
- Z 세대: 2000~2020년다른 점을 보이지는 않고 있다. 아직까지는!?

'밀레니얼'이라는 용어는 우리가 곧 알게 되겠지만, 좋은 의미로 전 세계 정부 기관이나 브랜드 기업의 회의실이나 사무실 복도, 또 여기저기에서 울려 퍼지고 있다. 이 세대에 대해 자세히 알아보기 전에 이 용어가 어떻게 생겨났는지 주목해야 한다. 닐 하우Neil Howe와 윌리엄 스트라우스William Strauss는 1999년경에 '밀레니얼Millennial'이라는 용어를 만들어 냄으로써 유명세를 얻었다. 따라서 이 세대에 관련된 특성을 고려하여 결정하게 되었다. 1980년대 ~2000년대에 태어난 사람이라면 '밀레니얼 세대'라고 불린다.

구글 빠른 검색으로 대부분의 언론 매체 게시글을 획획 넘기다 보면 이 세대를 정의하는 것에 대해 상당히 많은 합의점을 발견하게 된다. 이 결과물을 요약하면, 밀레니얼 세대는 다음과 같은 특징으로 이루어진 인구 세대 간의 부분집합이다.

- 게으르다.
- 기술에 빠져 있다.
- 부모와 함께 산다.
- 자아도취형이다.
- 지나치게 야심차다.

문제는, 밀레니얼 세대가 실제로는 존재하지 않는다는 것이다.

왜 '밀레니얼 세대'가 도움이 되지 않는다고 말하는가?

· · · · · · 다른 세대의 이름도 그렇겠지만 '밀레니얼 세대'라는 단어를 말하는 사람은 나이가 들어 보이는 데다 대개는 현명해 보이지 않는다. 세대는 그냥 존재하지 않는다. 고정관념을 위해 만들어진 이름이며 흔히 전 세계 다른 나라는커녕 같은 국가 내에서도 매우 다른 사람들의 그룹화일 뿐이다. 비록 1980년~2000년도 사이에 출생했음에도 위에 열거한 특징을 보이지 않는 사람이 한 명도 없을 가능성은 희박하다. 이는 1950년~1970년에 태어난 사람에게도 마찬가지일 것이고 다른 어떤 기간에 태어난 세대도 그럴 것이다. 세대를 일반화하여 사용할 때에는 고려할 사항이 많이 있다. 전부는 아니더라도 대부분의 인구조사국은 세대를 정의하지 않는다. 그 외에도, 일반화를 사용하는 것은 제기되는 질문이나 해결될 것처럼 보이는 문제에 도움이 되지 않는다. 종종 그 반대의 경우가 발생하고 우리는 그저 우리가 묘사하고자 하는 사람들에 대해 갖고 있는 편견과 의견만을 드러내는 경향이 있다.

TOP TIP

5분간 연령별 인구통계나 표적 그룹을 표현할 때 더 나은 용어를 다섯 가지 생각해보자. 다음 두 가지 방법으로 시작할 수 있다.

- ~ 이전 / 이후에 태어난 사람
- 부모님의 부모님
- _____
- _____
- _____

역사는 우리에게 모든 '신세대들'이 대개 현 세대 때문에 다소 부정적으로 인식된다고 말해준다. 특히 기술에 대한 신세대들의 태도가 그렇다. 많은 마케팅 담당자들은 대개 새로운 인구통계가 등장할 때 고군분투하지만 밀레니얼 세대는 이들이 제공한 기술과 이념적이고 변형적인 본질 때문에 특히나 더 난감해 한다.

이러한 분류의 문제점은 아무에게도 도움이 되지 않고 종종 정확성보다는 속도를 위해서 행동을 정상화시키고자 사람들을 한 곳에 묶는다는 점이다. 미국 텔레비전 진행자 애덤 코노버Adam Conover는 마케팅 콘퍼런스 '딥시프트Deep Shift'에서 '세대란 늙은 사람들이 젊은 사람들에 대해 독설을 퍼붓는 것'이라고 요약한 바 있다. 이 관행은 나이든 사람이 정의내릴 수 있는 젊은 사람들이 있기 때문에 계속되어 왔다는 것이다. 이 같은 발상은 진실을 알고 정확한 결정을 내리기 위해서 우리가 가진 편견과 예정된 태도 및 계획을 이해하고 도전하는 데 핵심적이다.

당신이 가지고 있는 밀레니얼 세대 신화에 도전하라

･････ 와해성 기술에 대해 가진 신념과 누가 이 기술을 사용하는지에 대해 반드시 도전해봐야 와해성 기술을 완전히 이해할 수 있다. 좋든 싫든 비즈니스의 미래 전략과 성공 여부가 밀레니얼 세대를 이해하는 데 상당히 큰 부분을 차지한다. TBD 중 B 영역은 노동 인구에 들어오는 새로운 물결의 젊은 사람들이 자란 바탕이기도하고 그들이 그 영역을 만드는 데 일정 부분 도움을 주기도 했으며, 손끝에서 이뤄지는 기술을 기반으로 대단히 다른 아이디어와 이상을 가지고 있기 때문에 현재 엄청나게 중요하다. 글로벌

통찰력, 브랜드 및 혁신 컨설팅 회사 C 스페이스C space의 상무 샬럿 버지스 Charlotte Burgess는 이 그룹에 집중하라는 요청을 받았다.

이전 세대들이 교회나 주정부에서 의미와 목적을 얻게 되어 매우 만족했던 반면, 오늘날의 밀레니얼 노동 인구는 이러한 만족감을 일자리에서 기대하고 있다. 그렇기 때문에 더 큰 사회적 영향을 미치는 기업에 합류하기를 원하거나 더 큰 목적이 주어지는 기회를 바라고 이 부분이 밀레니얼 세대들에게 실존적 의미를 부여하고 있다Burgess, 2016.

정보를 공유하고 물건을 구매하는 방식의 전례없는 변화와 앞으로 몇 년 안에 현존하는 기술이 될 다른 기술들 때문에 이 세대에 집중하는 것은 중요하다. 미래에 이 세대가 왜 그렇게 중요한지 살펴보기 전에 이들을 둘러싼 커다란 신화를 중점적으로 정체를 파헤쳐보자.

밀레니얼 세대는 이전 세대들보다 더 게으르지 않다

타임지 커버표지 제목: The Me Me Me Generation에서 퓨Pew 리서치 센터와 다른 기관의 주요 사회통계학 보고서에 이르기까지 밀레니얼 세대는 게으르다고 평가받지만 이는 이 세대의 대표적인 이미지가 아니다. 이를 사실로 믿고 말고와는 상관없이 기업 소유주의 최대 관심사는 이 세대가 노동 인구에서 가장 큰 규모의 인구 비율을 차지할 것이라는 데에 있다. 이제 노동 인구의 변화가 극적으로 변화할 것이므로 이 변화를 어떻게 처리하느냐에 따라 비즈니스 과정에 근본적인 영향을 주게 된다.

밀레니얼 세대는 자아도취적인 성향을 공개적으로 표현하지만 이들이 반드시 자기애가 더 강한 것은 아니다

'자아도취'라는 꼬리표는 셀피selfie[16]와 상태 업데이트와 트위터의 시대에서 반박하기는 어렵다. 트레즈니에프스크Trzesniewsk와 도넬란Donnellan은 2010년 논문에서 이 내용을 살펴보았지만 '우리는 Me 세대의 평균적인 사람들이 이전의 세대들과 자아도취라는 점에서 극적으로 다르다는 결론을 내릴 이유를 거의 찾지 못하고 있다'라고 지적했으며 특별히 다른 점을 발견하지는 못했다. 즉, 행동은 다른 방법으로 신념을 나타낸다. 이전 세대들보다 젊은 세대가 팔로잉, 콘텐츠, 연결성과 같은 기능을 더 많이 활용하고, 앞으로 만들어낼 기술이 많이 있겠지만 인생의 단계가 동일하게 발생하고 그에 따라 태도는 변화한다.

다른 모든 세대와 마찬가지로 밀레니얼 세대는 기술을 사랑한다

적어도 지금은 무리한 요구이겠지만, 밀레니얼 세대가 아니라 우리가 사는 사회와 세상에서 기술이 변한다는 점을 기억하고 식별하는 것이 중요하다. 우리가 주변의 비디오 카메라나 컴퓨터, 휴대용 계산기 등을 들여다보면 이 기기들은 '고유의' 기술을 보유하고 있다. 즉, 이 세대는 기술의 속도가 현저하게 발전함에 따라 더 많은 기술을 누리게 되었고 우리가 오늘날 보고있는 기술을 토대로 더 많은 기술이 가까운 미래에 현존 가능하게 되리라는 점은 의심할 여지가 없다.

---

[16] 편집자 주. 옥스퍼드대학교출판사가 선정한 2013년 올해의 단어로, '자가촬영사진'의 줄임말이다. 네이버 지식백과 참조. http://terms.naver.com/entry.nhn?docId=2044945&cid=43667&categoryId=43667

더글러스 애덤스Douglas Adams 작가는 2002년 저서에서 기술에 대한 다양한 태도를 다음과 같이 요약했다.

사람이 태어나서 마주하는 세상에 있는 모든 것은 모두 평범하고 일상적이고 그저 세상이 돌아가는 데에 자연스러운 일부분으로 느껴진다. 15~35세 사이에 발명된 것이라면 무엇이든 새롭고 흥미롭고 혁명으로 여겨지며 관련 분야에서 일을 할 수도 있다. 하지만 35세가 지나 발명된 것은 무엇이건 자연의 섭리에 반하는 것으로 여겨진다.

밀레니얼 세대는 부모와 함께 산다

밀레니얼 세대의 대단히 많은 사람들이 부모와 함께 살고 있으며 그 이유에는 여러가지 요인이 있으나 주로 경제적인 이유 때문으로, 선택보다는 필요에 의한 것이다. 밀레니얼 세대 이전의 사람들도 '독립'은 언제나 통과의례였지만 이전 세대 중에 주로 현재의 윗세대가 내린 결정 때문에 1980~2000년대에 태어난 사람들은 최근 역사에 있어서 경제적으로 가장 힘든 시기를 보내고 있다. 이런 사실은 소비 동향과 태도에 막대한 영향을 끼치기 때문에 모든 기업 소유주와 브랜드 기업이 다루어야 한다.

밀레니얼 세대는 지나치게 야심차다

나는 함께 일을 하다 보면 브랜드 기업의 관리자들이나 대표들이 이 말을 정말 많이 한다는 것을 흥미롭게 지켜본다. 일부는 나도 동의한다. 밀레니얼 세대 중 많은 사람들이 자신들의 수준이나 역할에 대해 지나치게 야심차다. 하지만 밀레니얼 세대가 처한 환경을 들여다 본다면 당신은 다를 것 같은가?

밀레니얼 세대는 막대한 금융 불확실성에 직면하고 있으며 일과 삶의 균형을 이루고 싶은 욕구가 강하고 다양한 근로 행동 계획에 관한 선택지가 있다. 다양한 연구에 의하면 초기 성공을 위한 동력은 주요 동기를 암시하는데 가족에 대한 강력한 헌신과 가족을 위해 장기적으로 가족을 부양하고자 하는 열망이 함축되어 있다.

야심 그 자체는 나쁘지도 부정적이지도 않지만 이 행동을 점검해 두지 않는다면 문제가 될 수도 있다. 하지만 그게 이전 세대들과 어떤 점이 다른가? 그렇지 않다. 모든 세대는 시작부터 '자격이 있고', '야심찼다'. 야망이 없는 노동 인구를 선호하는 사람이 있는가? 야망이 별로 없는 노동 인구를 고용하면 5년 내에 회사가 번창하거나 혹은 같은 위치라도 확보할 수 있다고 생각하는가? 이런 실수를 주의하도록 하라. 야망에 마음을 열고 장려하라. 새로운 정책의 변경이나 신설을 의미할 수도 있다.

이런 내용을 토대로 보면 세대에 관한 고정관념은 점성술 수준의 유용함을 가지고 있다고 결론을 지을 수 있다. 이 말에 동의하든 그렇지 않든 그리 특별하게 중요하지 않으나 1980~2000년대에 태어난 사람에게 접근하는 방식은 다양한 이유로 프로젝트와 새로운 계획, 그리고 궁극적으로는 기업의 성공을 결정짓게 될 것이다.

댄 켈센Dan Keldsen은 자신의 저서 『The Gen Z Effect 2016, 국내 미번역』에서 비즈니스의 미래를 결정짓는 6가지 요소를 다음과 같이 요약했다.

밀레니얼 세대에 관한 최고의 신화는 더 어린 세대나 나이 든 세대보다 이들이 더 낮거나 더 못하다는 것이다. 1960년대에 마거릿 미드 Margaret Mead가 대중화 한 '세대차이Generational Gap'를 배경으로 한 철학 전체가 부적절한 논평이었다. 이는 결코 '두 세대가 서로를 이해하는 것은 고사하고 견딜 수 조차 없다'는 정신이 우리 마음에 집단적으로 새겨져 있다는 것을 의미하는 것이 아니다.

그렇다면, 1980~2000년대에 출생한 사람들이 그토록 중요한 이유는 무엇인가?

・・・・・・ 1980~2000년대에 출생한 이 세대에 대해 당신이 말할 수 있는 단 한 가지는 이들이 적어도 100년간 특정 시기에 태어난 집단 중에 가장 다양하다는 점이다.확실히 대부분의 서구 문화에서는 그렇다.

이 젊은 사람들은 그 이전의 세대들보다 47% vs. 19% 수치로 인종과 집단에 더 관대하다. 45%는 소수 민족의 지위를 향상시키기 위한 특혜 대우에 동의하고 있다. 이는 이 세대 자체의 다양성에서 기인한 것일 수도 있는데 침묵 세대the silent generation를 생각나게 한다. 인구 변화는 비 히스패닉계 백인으로 분류된 18세~29세의 60%에 비해 30세 이상은 70%라는 사실로 입증된다. 이는 히스패닉은 19%, 흑인은 14%, 아시아인은 4% 그리고 혼혈이 3%인데다 백인의 비율이 기록적으로 낮은 상황을 반영한다. 게다가 11%의 밀레니얼 세대들은 적어도 부모 중 한 사람이 이민자 부모이다.미국상공회의소 재단, 2012.

인종의 다양성은 와해성 기술에서 거대한 요소이다. 각양각색의 배경과 가정 교육과 상호작용으로 새로운 발상과 전략이 형태를 갖출 것이다.

이 다양성 그 자체는 오늘날 사회에 현존하는 기술적, 문화적, 국제적인 많은 문제를 바꿀 엄청난 힘이 있다. 그러나 젊은 사람들은 말할 것도 없고 그누구도 이 힘을 완전히 깨닫거나 충분히 실현하지 않았다는 점을 주목하는 것이 중요하다. 모든 사업주는 이런 변화가 급진적으로 이뤄질 것이라는 사실을 알아야 한다. 기업이 다음으로 올 시대와 바깥 세상, 그리고 새로운 물결의 후보자들에게 관심을 끌고 싶다면 정책과 관행에 이 다양성을 반영해야 한다.

2015년, 미국에서는 이미 다른 나라에서는 일어난 티핑포인트tipping point[17]가 발생했고 이 책을 읽고 있는 지금도 다른 곳에서는 일어나고 있다. 이제미국 노동 인구에서 밀레니얼 세대는 그 이전 세대보다 인구수가 더 많다. 1980~2000년대에 태어난 많은 사람들이 이전 세대에 비해 더 많아졌고 노동시장에서 가장 강력한 영향력을 행사할 수 있게 되었다. 다양성과 노동력 외에도, 밀레니얼 세대는 세계 인구 중에 몇 가지 흥미로운 점이 있고 그 중에 빠르게 문제로 떠오르고 있는 것은 정치적인 권력이다.

인구통계학 변화는 단순히 숫자와 인적 자원의 문제를 떠나서 비즈니스계에 큰 영향을 미친다. 이 세대는 자신들이 자란 세상 덕분에 사고방식이 다르기 때문이다. 이전 세대는 물리적인 전쟁으로 정의되었지만 이 세대는 기술적인 전쟁을 치르고 있다. 기술 변화의 속도로 인해 힘을 얻고 정말로 원하는 것을 이룰 잠재력이 증가하고 있다. 와해성은 이 세대가 살아가는 평범한 삶의방식이므로 이들은 정적인 사업과 구조를 시대에 뒤떨어진 것처럼 보고 새로운 방법을 위해서 반발하거나 회피한다. 1980~2000년대에 출생한 이 세대는

---

17) 편집자 주. 단어 그대로 풀이하면 '갑자기 뒤집히는 점'이라는 뜻으로, 때로는 엄청난 변화가 작은 일에서 시작되어 한순간 폭발적으로 번질 수 있음을 의미한다. 네이버 지식백과 참조 http://terms.naver.com/entry.nhn?docId=3390591&cid=58345&categoryId=58345

지금까지 가장 학력이 높은 만큼 이전 세대보다 빚도 많지만 70% 이상이 벌써 은퇴를 위해 어떤 식으로든 저축을 하고 있는 미래를 가장 잘 계획하는 세대 이기도 하다.

아담 스마일리 포스월스키Adam Smiley Poswolsky는 자신의 저서 『The Quarter-Life Breakthrough: Invent your own path, find meaningful work, and build a life that matters 2016, 국내 미출간』에서 밀레니얼 세대가 중요한 이유를 다음과 같이 적고 있다.

보통의 미국인들은 딱 5년 정도 직업에 머물러 있다. 일반적으로 밀레니얼 세대는 약 2~3년 정도 근무한다. 이미 34%의 미국 노동 인구는 프리랜서이고 이 수치는 증가할 것으로 예상된다. 전통적인 기업 경력 직급 체계는 죽었다. 일반적인 밀레니얼 세대들에게 직업이란 간단한 실험과 학습 경험의 장이다Poswolsky, 2016.

포스월스키는 계속해서 기업이 밀레니얼 세대에게 접근하는 방법을 다음과 같이 설명하였다.

최고의 밀레니얼 인재를 유치하고자 하는 기업은 직원들을 짧게 2~5년간의 학습 여정에 참여하게 하고 직원 훈련을 진행하고 이 세대가 다음의 위대한 기회를 찾도록 조력해야 한다. 밀레니얼 세대는 아무도 한 회사에서 계속 근무하는 것을 원하지 않는다는 사실을 이해하고 받아들여야 한다. 고용주는 직원들이 독립 계약자일뿐만 아니라 장기적인 경력과 개인적인 야망을 가진 역동적인 개인으로 생각할 수 있다. 만일 회사가 전에 일했던 직원을 더 나은 조건을 제시하는 직장으로 이직하도록 돕는다면, 이 직원은 계속해서 브랜드 충성도를 유지할 것이고 심지어 자신들의 친구들을 자신이 그만둔 회사에 추천할지도 모른다. 이는 인재를 공유하고 투자하는 훨씬 유연한 시스템이 될 것이다.

이러한 이야기는 사업주가 관심을 가져야 한다. 이는 사고방식이나 자원, 그리고 현상유지에 있어서 거대한 변동이기 때문이다. 이는 와해성 기술의 잠재력을 극대화할 뿐만 아니라 와해성 기술에 기습당하지 않고자 올바른 사상가와 인재를 당신의 기업에 유치하는 것이 얼마나 중요한지를 강조하고 있다. 당신의 기업이 이 변동을 어떻게 준비하느냐는 만반의 준비를 갖출 수 있는지 없는지를 판가름하게 한다. '밀레니얼 세대'라고 하면 그 이름과는 무관할 수 있겠지만 이 세대가 지속해서 야기할 행동과 변화는 결코 그렇지 않다.

하지만 이러한 변화 너머에 이 세대의 미래가 있다. 전쟁이나 경제적인 위기가 아니라 급진적으로 전혀 다른 요인에서 기인한 미래이다. 전쟁과 경제적인 위기는 이미 이 세대에겐 일반적인 일이다. 급속히 성장해온 과학과 기술이 허용하는 이 세대의 미래는 은행 업무에서 커피를 구매하는 것까지 모든 것에 혁명을 일으킬 수 있는 암호 화폐에서부터 테슬라의 태양 에너지 계획에 이르기까지 정말 환상적일 것이다. 이러한 기술만으로도 신뢰할 수 있는 온라인 구매 덕분에 고객 지출이 증가하고 청구 금액이 낮아서 더 많은 소비가 가능해지므로 비즈니스에 영향을 줄 가능성이 있다. 향후 20년은 이전에는 불가능했던 도약의 큰 부분을 성공할 가능성이 매우 높고 이는 밀레니얼 세대에 의해 만들어진 부분이 많다. 벤자민 F 존스Benjamin F Jones의 논문 「Age and Great Invention 2005」에 의하면, 노벨상 수상자에 기초할 때 최고 혁신 연령은

30~40대라고 한다. 여기서 논쟁은 적어도 옛 속담에서 말하는 것처럼 나이가 지혜를 가져오는 반면, 그 반대로 혁신과 와해에 대한 개방성에 대해서도 해당될 수 있다는 것이다. CEO의 연령과 혁신적인 행동에 대한 연구 자료에 의하면, 젊은 연령의 CEO들이 나이가 있는 CEO보다 더 많은 특허를 출원하고 젊은 혁신가들을 고용하고 있는데 이는 고령의 노동력에 막대한 영향을 끼치는 동향이다. 당신의 기업이 젊은 인재를 유치하지 못한다면 즉각적인 손해를 볼 뿐만 아니라 미래에도 곤경에 처하게 된다.

비즈니스에는 IQ가 아니라 EQ가 필요하다. 밀레니얼 세대의 사고방식을 형성하라

• • • • • • 밀레니얼 세대는 인터넷을 일상적으로 접하며 자라난 첫 세대이다. 잠시 생각해보자. 밀레니얼 세대에겐 오픈 소스, 컬래버레이션, 무한한 지식과 이러한 접근성은 이들이 키보드가 뭔지 알게 된 나이에 이미 하나의 '권리'였다. 이렇기 때문에, 밀레니얼 세대는 자신들이 원하는 목표를 성취하는 데 도움이 되는 기술에 있어서 패스트 어답터fast adopters 혹은 포기자이다. 단순히 현상을 받아들이기보다는, 조상들의 허물을 처리하면서 더 나은 길이 있다고 또는 있어야만 한다고 말하고 있다. 이게 바로 감성지수EQ로 함께 일하고, 서로를 이해하고 서로에게 동기를 부여하는 능력이다. 이 세대에게는 IQ도 중요하지만 EQ는 밀레니얼 세대를 구별짓는 특징이다. EQ는 밀레니얼 세대의 다양성에 부분적으로 기인하지만 이 세대가 마주한 문제가 많기 때문이다. EQ는 TBD와 와해성 기술을 생각할 때 중요한 요소인데 TBD의 행동 요소에 해당하기 때문이다. 와해성 기술을 활용하여 기회를 포착하거나 창출한다

는 점에서 다른 사람들의 욕구를 이해하는 마음 가짐은 중요한 능력이기 때문이기도 하다.

기업의 파급 효과는 다음과 같이 명백하다.

- 직원들이 서로를 이해할 수 있도록 새로운 교육이 필요하다.
- 사람들이 효율적으로 함께 일하기 위해 전혀 다른 관리 스타일과 구조가 필요하다.
- 밀레니얼 세대의 관심을 끌고 유지하기 위해서는 투명성이 더 많이 필요하다.
  - 당신이 얼마나 개방적일 수 있으며, 그 사실을 이 세대에게 어떻게 입증할 수 있을지 생각해 봐야한다.
- 이 세대의 관심을 끌기 위해 컬래버레이션, 잡 셰어 및 역량 강화의 기회가 필요하다.
- 인사부 관행을 새롭게 만들고 개발해야 한다. 이 세대는 기회로부터 배울 것을 다 배우고 나면 회사를 그만둘 수 있는 것만큼이나 회사를 위해 직원을 채용하는 것을 좋아한다.
- 이 세대는 허용만 된다면 자신들의 새로운 일처리 방식을 당신의 회사에 도입할 수도 있다. 혁신을 다루는 열린 시스템과 정신이 개발되어야 한다.

여기서 핵심은 이들을 허용하는 것이다. 이 영역에서 안팎으로 여러 문제를 마주하고 있는 다양한 규모의 기업과 함께 일한 경험을 바탕으로 볼 때, 나는 기업들이 밀레니얼 세대, 그리고 앞으로 올 세대와 마주할 문제에 대해 눈을 뜰 수 있었다. 이 세대가 일으킬 수 있고 일으키게 될 내외부적인 혼란을 일축하면 안 된다. 직원들을 행복한 인력으로 확보함으로써 기업은 적절한 기술을 활용하고, 올바른 기술 투자를 선택하는 의사결정을 내리면서 더 큰 문제에 집중하고 대담한 조치를 취할 수 있으며 불확실한 시기에 전략적 진보를 이룩할 수 있다.

TOP TIP

애뉴얼 리포트를 없애는 방법을 검토해 보자. 그보다는 분기별 점검을 시행한다. 아메리칸 익스프레스American Express에 따르면, 48%의 기업만이 실제 연간 실적을 점검하고 있으며 젊은 직원들은 주변에서 일어나는 속도로 인해 1년이 영원같은 답답함을 점점 더 많이 느낀다. 더 작고 달성 가능한 목표를 세움으로써 1년 내내 동기부여를 증가시킬 수 있고, 밀레니얼 세대를 포함하여 모든 직원들이 가지고 있는 문제나 좌절감이 곪아 터지게 두기보다 사전 대책을 강구하며 문제를 해결하게 만드는 효과도 있다.

의미와 가치있는 일을 향한 열망을 무시하지 마라

이미 우리는 밀레니얼 세대에 관한 신화를 이야기했듯, 그들은 의미있는 목표나 고용주를 위해 일 하는 것을 가장 큰 동기부여로 여긴다. 엑스프라이즈재단XPRIZE Foundation의 회장인 피터 디아만디스Peter Diamandis는 이를 '거대한 변화를 불러오는 목적Massively Transformative Purpose' 또는 MTP라고 일컫는다. MTP에 대해 생각해 볼 수 있는 좋은 방식은 기업·조직의 강령이 아니라 임무 중심의 업무이다. 그보다 대다수의 MTP는 단순히 좋은 소제목이라기 보다는 기업 이행 원칙이라는 점을 이해해야 한다.

다음 예를 살펴보자.

테드TED - 알릴 가치가 있는 아이디어ideas worth spreading

퀄키Quirky - 발명품이 세상에 나올 수 있게 만들자make invention accessible.

테슬라Tesla - 세계가 지속 가능한 에너지로 전환하는 것을 가속화하자 accelerate the world's transition to sustainable energy.

구글Google - 세계의 정보를 조직화하자organize the world's information.

에어비앤비Airbnb - 전 세계의 독특한 숙박 시설을 내놓고, 발견하고, 예약 가능하며 신뢰할 수 있는 커뮤니티 마켓이 되자become a trusted community market place for people to list, discover and book unique accommodations around the world.

시스코Cisco - 모든 사람과 사물을 언제 어디서나 연결한다connect everyone and everything, everywhere, always.

싱귤래리티대학교Singularity University - 10억 명에게 긍정적인 영향을 미치다 positively impact one billion people.

독특하고 원대하며 대담하고 신뢰할 만하다. 이러한 MTP는 공통점이 많고 대기업이 이같은 기조를 말하는 것은 쉽기도 하지만 디아만디스가 지적한 대로 이런 노력의 집중, 목표 또는 큰 그림을 그리는 신념의 상징은 노동력으로 투입되는 많은 사람들을 움직이게 하는 원동력이 된다. 디아만디스와 코틀러Kotler는 2015년에 출판한 저서 『볼드, 새로운 풍요의 시대가 온다Bold: How to go big, create wealth and impact the world, 2016, 한국어판』에서 기업의 MTP를 알맞게 정립하는 방법을 설명하고 사람들이 기업의 목적을 정확히 이해하는 것이 중요한 이유를 다음과 같이 말한다.

우리 자신의 배를 조종하고자 하는 욕구가 자율성이며 한 분야에 정통한 것은 배를 잘 몰고 싶은 욕구이다. 그리고 이 여정에 의미를 부여하기 위해 목적이 필요하다. 다른 사람의 임무라면 당신은 전진하지 않을 것이다. 임무는 당신의 임무여야 한다.

밀레니얼 세대를 유지하는 것은 비즈니스 트렌드가 바뀌고 사람들이 발전하며 새로운 기술로 진로와 기회가 변화함에 따라 기업주들의 핵심 관심사가 되었다. 또한 앞으로도 오랫동안 관심의 주요 영역을 차지할 것이다. 불가능하다는 것을 뜻하지는 않는다. 여러 회사와 크고 작은 브랜드 기업에서의 내 경험을 비춰보면 수월한 승리를 얻는 곳이 있다. 밀레니얼 세대에게 휩쓸리기보다 밀레니얼 세대를 유지하고 자원을 활용하는 법은 다음과 같다.

- 환상적인 환경이 아니라 적합한 환경을 만들어라. 실리콘 밸리와 언론 매체때문에 사무실에는 스케이트 경사로skate ramps, 테이블 축구대, 바리스타가 있어야 한다는 고정관념이 생겼다. 있으면 좋지만 분명한 점은 모든 사람이 창고에서 일할 수 있거나 창고에서 일하길 원하는 것이 아니라는 점이다. 밀레니얼 세대는 책상에 앉아서 일하기 보다 자유롭게 움직여도 되는 분위기를 수용하는 고용주를 찾고 있다.
- 밀레니얼 세대에게 도전하라. 당신에게 도전할 수 있게 하여 이 세대의 특성을 유리하게 활용하라. 역효과로 보일 수도 있지만 당신 뜻을 따르는 전문가를 고용하는 것보다 어떤 일을 다른 방식으로 진행했을 때 더 잘된다는 사실을 증명하는 것이 더 좋은 시간이 될 수 있다는 것을 보여주기 위해 밀레니얼 세대나 소규모 그룹에게 도전의식을 북돋아주어라.
- 자유혁신팀을 만들어라. 이 팀은 깊은 인상을 주고 싶어하고 기술적으로 진보한 그룹을 가리킨다. 새로운 기술을 테스트할 수 있도록 자유와 재

능을 허락하고 무엇을 이행할지 당신에게 제안하도록 하라. 증강현실 혹은 3D 프린팅이든 머신 러닝이든 간에 당신보다 더 많이 알고 있으며 심지어 자신들의 광범위한 '삶' 네트워크를 통해서 전문가에게 당신을 소개할 수도 있다.

- 탄력 근무는 우스갯소리가 아니라 삶의 방식이다. 요즘도 여러 회사에서 정확한 기준 없이 오전 9시 출근, 오후 5시 퇴근이라는 근무 시간을 그저 지속하고 있는데, 이는 다분히 위험하다. 이보다는, 근무 시간 보다 업무 완료 시간을 측정하는 방식을 생각하는 것이 더 나은 방법이다. 훌륭한 젊은 지성인들은 새벽 1시에 나에게 메일을 보내는데 현재 그들의 근무 방식이 이와 같거나 또는 이렇게 될 것이라고 말하기 때문이다. 이 세대에게 어떤 방법이든 합리적인 반경 내에서 자신들이 원하는 방법으로 일할 자유를 주고 방해하지 않는다면 이는 당신이 내린 최고의 결정이 될지도 모른다.

- 원앤던one-and-done[18]과 사투하라. 직원 개발 프로그램은 언제나 상시 가동 상태여야 한다. 잡 셰도잉Job Shadowing[19] 이든 잡 셰어링[20]이든 공동 작업이든 당신은 일의 역할을 바꾸면서 이 그룹이 앞을 내다보기 위해 도전 의식을 가지고 미래를 예측할 수 있도록 활력을 얻게 해야 한다.

---

[18] 편집자 주. 대학에서 1년 동안 농구를 하고 NBA 드래프트를 선언하는 농구 선수. 여기서는 비유적인 표현으로 쓰였다. 네이버 사전 참조 http://endic.naver.com/enkrEntry.nhn?sLn=kr&entryId=caac79578f5245cf8b88c20146e1ae36

[19] 편집자 주. 다양한 커리어 기회를 제공하기 위해 부서 내 다른 업무 혹은 타 부서의 업무를 직·간접적으로 체험해볼 수 있는 프로그램. 이코노빌, "[2017 해피컴퍼니] 역량 개발 기회 제공 개인·기업 함께 성장 '해피 경영'", 2017. 12. 15 참조 http://www.econovill.com/news/articleView.html?idxno=327940

[20] 편집자 주. 하나의 업무를 시간대별로 나눠 2명 이상의 파트타임 근로자가 나누어 하는 것 네이버 백과사전 참조 http://terms.naver.com/entry.nhn?docId=931745&cid=43667&categoryId=43667

- 임금과 더불어 올바른 방향으로 동기부여를 하라. 밀레니얼 세대는 이전 세대만큼 혹은 그 어떤 세대보다 더 원리원칙과 임무가 이끄는 삶을 살지만 여전히 그들에게 지불해야 할 청구서가 있다. 간단하게 임금으로 보상하기보다 당신이 그 외에 무엇을 제공할 수 있을지 생각해보라. 시상식부터 친선경기까지 기존의 낡은 수법도 새로운 방법으로 활용하면 꽤나 효과가 있다.

결론

사람들이 용인하는 한 밀레니얼 세대는 웃음거리로 남게 된다. 고정관념을 이용하고 영구화하는 것에 맞서 싸우면서 작가들은 그들이 이름 붙인 세대를 통해서 막대한 부를 얻는다는 것을 기억하라. 자유로운 이 세대는 잠재력과 원동력, 그리고 야망이 있어서 우리가 길을 비켜주기만 하면 큰 변화를 일으킬 수 있다. 트위터 게시글 하나에 브랜드 기업 전체가 무너질 수도 있고 동영상 한 편이 1달러짜리 주가를 62센트나 하락시킬 수도 있는 이상한 세대에 우리는 살고 있다. 이 이야기는 주기적으로 인용하는 편인데 TBD의 절체절명의 초대형 악재를 보여주기 때문이다. 도미노피자는 직원 두 명이 고객이 주문한 피자에 불미스러운 행동을 하는 영상이 고스란히 유튜브에 게시된 후 주가가 10%나 하락하고 곤욕을 치렀다Kim 외, 2015.

밀레니얼 세대는 많은 기대를 하고 있다. 왜 그것을 막아야 하는가? 이 세대는 많은 것을 대가로 줄 준비가 되어 있고 불확실한 시대에 자신들에게 무엇이 주어지는지도 알고 있다. 밀레니얼 세대가 큰 문제라고 말하는 회사 중역에게 나는 질문했다. '만일 밀레니얼 세대처럼 성장했는데도 다른 방식으로 행동할 수 있습니까?' 불분명하고 파도가 일렁이는 바다같은 앞날을 나아가야 한다면 흔들림 없는 손, 지도 한 장 그리고 목적지까지 더 효율적으로 도달할 수 있도록 당신에게 도전의식을 불어넣는 사람들같은 올바른 팀을 갖추는 것이 타당하다. 당신이 열린 마음이라면, 밀레니얼 세대가 당신을 단순히 뭔가 배울 수 있을 자리로만 대하지 않을 것이라는 사실을 알 수 있다. 사업이 계속 순항하도록 도울 수도 있고 오랫동안 함께 동행하기를 원할 수도 있다.

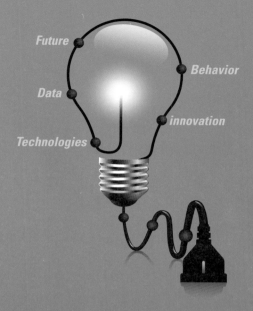

11 TBD의 미래와 와해성 기술

11

—

TBD의 미래와 와해성 기술

마지막 장에서는 모든 것을 한 곳에 모아서 앞날을 생각해본다. 11장을 다 읽고 나면 특히나 다음과 같은 부분을 이해할 수 있을 것이다.

- 미래의 성공이 현재의 융통성을 의미하는 이유
- TBD가 당신과 동행하는 이유
- TBD에 추가될 미래 요소
- 미래를 두려워해서는 안되는 이유

미래로 나가기 전에, 현주소를 확인하는 것은 무척 중요하다. 그래야 어디로 가고 싶은지, 도달하기 위해서는 무엇이 필요한지 알 수 있다.

우리는 다음과 같이 불확실성의 거대한 기간을 살아가고 있다.

- 사회, 정치적 생태계 시스템 구조상의 변화

- 혼란스럽고 혼잡한 언론 매체 생태계 시스템
- 여러 국가에서 일어나고 있는 전쟁
- 다양한 방법으로 정보를 제어하는, 대부분의 국가보다 큰 다중 디지털 플랫폼
- 이전에는 들어본 적 없는 규모의 기후 변화

이런 조합은 보통 어떤 비즈니스든 단단히 자리매김하게 하고 재점검하기에 충분하지만 와해성 기술 때문에 점점 더 위치를 고수하기 어려워진다. 기술이 몹시 빠르게 발전하다보니 사업적 리스크를 남기고, 시장을 점유한 기술에 밀려 자리를 잃는데다 떠오르는 신기술과 홀로 경쟁에 맞서게 된다. 세계는 12개월 전만큼 안정적이지 않다. 그리고 이런 상황은 최근 여러 사건들의 광범위한 영향으로 향후 24개월 동안 크게 변할 것 같지도 않다. 기술로 시작된 와해 및 정치적 변화와 경제적 변화는 전혀 새로울 것이 없지만 신흥 기술 덕분에 영향이 더 빠르게 확산되고 있다. 기술은 경제나 정치뿐 아니라 간단하게 정보를 확산시키는 일에도 상관없이 중요한 역할을 해왔고 대부분의 기업이 성장을 바라보고 미지의 세계로 나아간다는 점에서 향후 몇 년간은 매우 중요한 시기이다.

미래는 매우 불안정하고 달갑지 않다고 말할 수도 있지만 책을 덮고 동요하기 전에 잠시 멈춰보자. 우리는 사상 처음으로 우주 여행이 현실적으로 가능해지고, 재생 에너지가 드디어 화석 연료보다 더 저렴해지고, 스마트폰 보급으로 그 어느 때보다 대륙 간에 밀접하게 연결되어 있으며, 빈곤 격차가 줄어드는 시대에 살고 있다. 이런 시대가 우리에게 요구하는 단 하나의 조건은 바로 융통성이다. 이유는 간단하다. 앞으로 올 것이고 그 이후에는 신나고,

두렵고, 기하급수적인 시대가 오고 있기 때문이다.

이러한 불확실성이 어렴풋이 나타나고 있으므로 최고의 조언은 당신이 보다 민첩하게 행동할 수 있고 충격을 흡수할 수 있는 결정을 하라는 것이다. TBD는 유연한 프레임워크로 그 자체로 사용할 수도 있고 어떤 일이 생기건 당신의 현재 혹은 미래 사업의 필요에 따라 변경할 수도 있다. 와해 혹은 요즘엔 점차 파괴라고 부르는 이 현상은 전방위적으로 일어나는 듯 하지만 많은 사람들이 제대로 구별하지 못하고 있다. 차이를 분명히 알아야 한다. 사용자는 프레임워크와 TBD 두 가지 버전으로 통제력을 가질 수 있고 미래지향적인 접근 방식을 갖출 수 있다. 이 통제력과 역량으로 민첩하게 다른 기업과 당신의 기업을 차별화할 수 있다.

미래는 거의 대부분 불확실하지만 최근 사례를 보면 이 말이 오늘날보다 더 정확한 적은 없었다. 지각변동이 일어나고 있고 그 영향에 따라 계속 움직임이 발생할 것이고 당신의 대처법과 바라보는 시선에 따라 성패가 갈린다. TBD 프레임워크는 이러한 시나리오를 반영하여 최상의 유연성에 초점을 두고 개발되었다. TBD 두 가지 버전은 전략적인 결정을 보다 신속하게 내리고 민첩성을 유지해서 현재의 상황을 고려하여 조정할 수 있게 설계되었다.

TBD는 프레임워크이고, TBD를 작동하게 하는 것은 당신이다

••••••• 나는 직업을 얻기 위해 미국 서부 해안으로 가기로 결심했었는데, 이 결정을 심사숙고하고 내리지는 않았으나 결정적인 선택이었다. 고객이나 친구들, 가족들은 내가 로스앤젤레스에서 얻은 원동력과 에너지에 대해

많은 이야기들을 하지만 사실 기술을 향한 내 애정은 아버지와 할아버지 밑에서 싹텄다. 컴퓨터가 업그레이드 중이었거나, 새 차가 집에 있을 때 혹은 조부모를 뵈러 갔을 때나 커리스Curry's PC에 기기를 둘러보러 갔을 때 나는 어떻게든 그것을 평가할 방법을 찾으려 했다. 내가 와해를 바라보는 시선에는 두 가지 요소가 영향을 미쳤다고 확신한다. 실제 내 문제나 고객의 문제를 해결하는 방법에도 동원하는데 그 두 가지는 바로 제한된 시간과 선택이다.

2장에서는 시간을 잘 관리하는 법에 대해 이야기를 했지만 많은 사람들은 무엇 때문에 시간을 관리하고 있는지 모른다. 나는 당신이 지금 하고 있는 일에 대해 신중하게 생각해 보길 권한다. 그 이유가 있어야 내가 계속 제한된 시간에 대해 설명할 수 있다.

이런 관점으로 생각해보자. 끈이나 줄을 하나 손에 쥐고 바라보자. 시작과 끝이 있는 연속적으로 연결된 선이다. 이 끈은 당신의 삶을 나타낸다. 이제 가위를 들고 자를 준비를 해보자.

이 끈의 1/3을 잘라내라. 이는 평균적으로 수면 시간에 해당한다. 남은 끈의 1/4을 잘라내라. 어린시절과 교육에 쓴 시간이다. 이제 남은 끈은 운동이나 여가 시간은 포함하지 않은 근로 기간과 퇴직 기간을 의미한다. 한번 더 남은 끈의 1/3을 잘라내라. 이 부분은 1년에 3번 정도 영화관을 갔다면 2.5년으로 계산되고 영화관에서 보낸 시간, TV 시청 시간과 모든 여가 활동을 의미한다. 이제 당신의 삶에서 21년이 남았다. 괜찮지 않은가? 21년간 당신은 무엇을 하고 싶은가? 잠깐, 먹고 마시는 데 8년, 줄 서서 기다리는 데 5년, 집안일 같은 일은 6년 등이 소요된다. 이러한 활동들을 합치면 절반에 해당한다. 끈의 절반을 싹둑 잘라라. 나머지가 당신이 일할 수 있는 시간이다. 눈 앞에 있는 끈이 대부분 사라지고 이제 손에 남은 끈을 어떻게 할지 결정해야 한다.

차이를 만들고 이름을 떨치며 당당히 일어서서 변화를 일구며 더 나은 세상을 만드는 데 당신에게 주어진 시간은 대략 10.3년이다. 그런데 당신은 그럴 의지가 있는가?

여든까지 산다고 치자. 더 오래 살 수 있다고 말하기도 하고 그보다 적다고 할 수도 있겠지만 평균적으로 영국 사람들의 수명은 80세다. 이를 종이에 나타낸다면 〈그림 11.1〉과 같다. 한 축은 나이를 나타내고 다른 축은 인생의 매 주를 의미한다.

현재 당신이 어디 있는지 확인하고 이미 지나간 시간은 선을 그어라. 그리고 마지막 10년을 지워라. 이 시기에 보통 사람들은 그리 생산적이지 않다. 이제 시간을 쓰는 모든 방법에 대해 생각하고 선을 그어라. 확실히 금방 지나간다. 이미 지나갔거나 생산적이지 않을 시간일 수 있고 또 만에 하나 주어진 시간을 당신이 모두 쓰기도 전에 이 세상을 하직할 수도 있다. 음영 처리된 부분에서 중간 부분이 이 책을 읽는 사람들에게 중요한 부분인데 최소한 당신이 하고 싶은 일을 하는데 가장 큰 영향을 미칠 수 있을 시기이기 때문이다.

시간이 얼마나 남았는가?
변화를 만들려면 몇 주가 걸리는가?
모두 계산에 넣기 위해서는 어떻게 할 것인가?

당신을 침울하게 만들려는 목적이 아니다. 오히려 이 세상에서 시간을 현명하게 쓸 수 있도록 집중하게 만들고자 한다. 신의 존재에 대한 신념과는 상관없이 모든 사람은 이 땅에서 정해진 시간에 살아간다. 무엇에 집중하면서 시간을 보낼지 선택은 순전히 당신 몫이다.

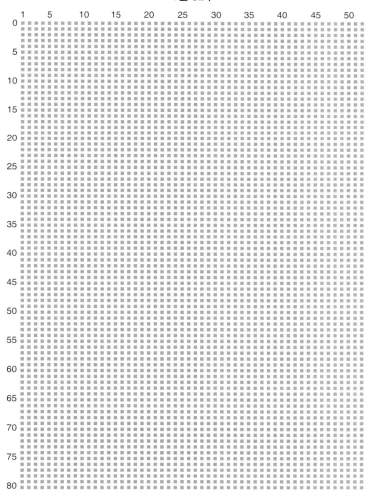

1년 52주

나이

TBD가 당신과 평생 함께 하는 이유

• • • • • • 이전 장은 실제로 와해성 기술을 이해하고 시간을 만들어 내고 이에 대해 어떤 태도를 취해야 할지를 핵심적으로 다루었다. 이 땅에서 주어진 시간이 짧다는 것을 아는 것과 변화를 일으키고 삶에 영향을 줄 가능성이 얼마나 짧은지 이해하는 것은 또 다르다.

개별적으로 직장에서 보내는 시간은 특히 젊은 세대에게 두드러지게 짧아지고 있다. 변화하고 아이디어를 실현하는 시간이 언제나 줄어든다는 것이 당신을 낙담시켜서는 안된다는 사실을 알아야 한다. 되려 대담하고 스마트한 선택을 내리는 동기가 되어야 한다. 우리가 시간 안에서 살아가고 시간은 우리에게 영향을 미치는 변수이기 때문에 와해성 기술이 요구하고 또 필요로 하는 거대한 부분이다. 이 모든 것을 아는 것은 근사한 일을 시도하고 성취할 시간에 온 힘을 다해 집중하게 만든다. 나에게도 그랬고 나와 함께한 고객에게도 확실히 도움이 되었다. 매 순간을 소중히 하라.

고객들은 일상적인 선택에 스스로 더 간단한 TBD 버전을 사용하게 된다고 말한다. 그러다 어떤 고객은 결정을 내리기 전에 아이디어와 플랫폼을 평가하고 구간을 세 개 작성하는 대신 노트를 만드는 데 이르렀고 아예 습관이 되었다고 말하는 경우도 있다. 이 외에도 심플 TBD로 단순한 작업을 한 가지 수행할 수 있는데 바로 행동에 옮기는 것이다. 고객들은 그저 모양새만 보이는 움직임이 성공에 중요한 요소가 되기도 하고 가시적인 성과를 만드는 데 큰 도약을 이룰 수도 있다고 말한다. 또 쉽게 이해하고 의견을 주고 받는 것이 중요하다고도 말한다. 상황이 요구하는 대로 간단하고 유연한 TBD가 도움이 된다.

TBD+ 또한 유연한 프레임워크지만 초점이 다르다. 설정된 방법 때문에

TBD+는 기업을 긴밀하게 협력하도록 만들 뿐 아니라 탄탄한 결과를 도출한다. 고객마다 결과는 다양하지만 정말 좋은 효과를 내는 경우가 있는가 하면 새로운 길을 모색하거나 오래된 경로를 수정하기 위한 힘을 모으는 훌륭한 방법을 찾게된 경우도 있다. 이 이상 TBD+를 잘 활용한다면 참신한 사고방식과 일하는 방식을 계속해서 얻을 수 있다. 사람들은 TBD가 유연하고 지속적으로 참신한데다 상승세로 발전하는 자체 진행 확인 프로세스라고 말한다.

TBD 프레임워크 외에, 성공은 업무와 일과 집중의 비중을 그 전과 다르게 하기로 마음 먹는 것에 달렸다. 이 점을 이해하는 것은 블록체인과 3D 프린팅 같은 와해성 기술이 당신에게 효과가 있도록 만드는 데 큰 역할을 차지한다. 현상을 유지하려고 하고 '늘 그렇게 해 왔다'고 말하거나 풍파를 일으키는 것과는 거리가 먼 사람은 점차 새롭게 부상하는 세상에서는 적응하기가 힘들다. 그렇다고 지평선 너머로 떠오르는 기술에서 가치를 얻기 위해 첫 번째로 움직이는 사람이 될 필요는 없다.

미래를 두려워해서는 안 된다

····· 정치적으로나 경제적으로 불확실한 이 시대에 예상되는 한 가지는 바로 두려움이다. 알 수 없는 것에 대한 두려움은 전혀 새로울 것이 없지만 이에 대해 인식하고 대하는 것은 매우 중요하다. 두려움은 많은 방법으로 드러나지만 3가지만 예를 들면 분노, 일시 정지, 그리고 부정이다. 두려움에 관한 문제는 피하지 말고 헤쳐 나가거나 해당 문제가 야기되기 전 혹은 진행 중에 문제를 완화해야 한다. TBD는 괜찮은 유연한 프레임워크로써 기업이 여러 상황을 안전하고 긍정적인 방향으로 탐구할 수 있도록 그에 맞춰 운

영된다. TBD를 본보기Guiding Light 삼아 와해가 당신을 위해 효과가 있게 만들어라. 우리는 기하급수적인 변화의 시대에 살고 있고 이는 축하해야 할 일이다. 앞서 우리는 잠재적인 문제를 예상하고 피하는 방법을 살펴보았음에도 예상하고 피할 수 없다는 사실을 아는 것으로 평온함을 얻을 수 있었다. 적어도 그 사실만은 예측할 수 있는 안전한 범위에 들어왔으니 말이다.

두려움이란 자연스럽고 생존 본능 때문에 발생하기 가장 쉬운 감정이다. 최근 일들로 인해 두려움이 많이 야기되었고 30년 전에는 존재하지도 않았던 인터넷이나 모바일 같은 강력한 기술은 혼란, 불안감, 우려만을 더하기 때문에 두려움이 사라지지 않는다. 이런 기술의 잠재력은 우수하지만 논증을 전방위적으로 고려하지 않는다면 잘못 판단할 수도 있다. 그리고 이 점이 바로 TBD 프레임워크와 방법론의 핵심 기능이기도 하다.

인공지능AI을 예로 들어보자. AI가 어떻게 '진화'할지는 알 수 없지만 거대한 변화의 초기 단계에 있다는 것은 많은 사람들이 동의한다. 좋은 변화일 것이고 일자리가 바뀔 것이다. 「MIT 테크놀로지 리뷰MIT Technology Review」의 편집인 겸 발행인 제이슨 폰틴Jason Pontin과 AI의 미래에 대해 이야기를 나눈 적이 있는데 다음과 같은 말을 했다.

2017년~2018년 사이에 다수의 디지털 지향 비즈니스에서 가장 중요한 신기술은 '딥 러닝deep learning'이라 불리는 인공지능의 영역이다. 많은 산업 분야에서 매우 광범위하고 중요한 응용 분야이다Pontin, 2015.

딥 러닝은 인간 뇌의 신피질에서 일어나는 일, 특히 뉴런층 사이에서 일어나는 활동을 모방하는 소프트웨어에 적용되는 용어다. 디지털 이미지나 소리

패턴을 인식할 때 '학습'하고 컴퓨터로 정확하게 식별할 수 있다. 폰틴은 다음과 같이 덧붙였다.

이미 여러 분야에서 딥 러닝의 영향이 발견되고 있는데 모두가 긍정적인 것은 아니다. 딥 러닝의 완전한 영향이 어느 정도일지는 가늠하기가 어렵다. 이미 이미지 인식이나 음성 인식, 번역 그리고 예측 모델링 분야에서 유례없는 진보를 일궜다. 놀라운 돌파구를 불러오는 영역은 '자율학습'이 될 수도 있다. 이렇게 진보한 인공지능과 자율 학습이 불러 일으킬 어마어마한 잠재력은 많은 일자리를 자동화하게 되어 전 세계의 중산층 노동자의 임금이 하락하도록 지속적인 압력을 가하는 한편 기업에 많은 혁신을 안겨줄 것이다.

블록체인은 또 다른 예가 된다. 이 기술을 '주류'로 고려하거나 '완전한 영향력'을 목격하기 전에 많은 영향과 표시가 나타날 것이다. 기술을 보유한 특정 나이의 많은 사람들에게 최대 관심사는 실업이다. 당연히 공포심은 그 자체로 드러나므로 모든 변화에서 인간적인 요소를 절대로 잊지 않는 것이 중요하다. 이런 이유로 태도가 중요하다.

우버는 이제 〈포천 500〉에 선정된 기업보다 더 가치 있는 기업이라고 말하지만 만일 우버가 상장 기업이었다면, 500대 기업에 선정되지 않았을 것이다. 이게 바로 스타트업 기업의 묘미이자 위험성이다. 장밋빛 스타트업 기업이나 잘 알려진 스타트업 기업이라 할지라도 제대로 연구하고 비판적으로 평가하는 것이 중요하기 때문이다. 우버는 파란만장한 과거와 흥미로운 미래를 앞둔 회사이다. 하지만 회사 그 자체가 아니라 우버가 생성하고 가능케 한 생태계를 주목해야 한다. 그러나 헤드라인을 장식하는 것과 관계 없이 장기적으로는 우리가 휩쓸려 사는 현재 경제 시스템에서는 결국에는 수익과 이익이 훨씬 더 중요하다. 우버가 그 자체로 와해의 훌륭한 본보기가 될 수는 없지만 곧 와해에 처할 회사의 좋은 예가 된다. 법률적인 문제와 여론 덕분에 여러 국가에서 우버의 긍정적인 면과 부정적인 면 양쪽에 대해 면밀히 조사하고 있다. 규제 문제를 넘어서 물론 우리가 마음에 들어할 다른 쟁점은 바로 '인간 요소는 무시될 수 없다'는 것이다.

중요한 이슈가 바뀌고 있다. 기업과 플랫폼이 구축되는 반면 그 플랫폼과 기업을 기반으로, 또한 그 기반 덕분에 무엇이 구축될 수 있을지를 지켜보고 있다. 스마트폰이 실제로 할 수 있는 것에 대해 우리는 더 이상 우려하지 않는다. 기본은 변함이 없고 점진적 변화는 더 이상 의미가 없기 때문이다. 그러나 개발 중이라는 점을 고려하면 GPS 같이 소프트웨어와 기술을 통한 기기의 잠재력은 매우 크다.

우리는 사람들이 한번도 학교에 가지 않고도 평범한 대학교 졸업자보다 더 많은 업무 경험을 쌓을 수 있는 시대를 살아가고 있다. 새로운 능력을 활용하는 스마트한 사람들은 신기술, 열린 마음 그리고 새로운 절차를 요구한다. 물론 이들이 당신과 일하기를 원할 때 그렇다는 말이다. 참신한 재능, 정치적인 반란, 열린 마음, 새로운 시스템과 기존 시스템은 와해의 다채로운 태피스트리tapestry[21]에서 모두가 저마다의 역할을 한다. 우리가 여기에서 이야기 한 와해성 기술 외에도 와해가 진행 중인 기술은 더 많고, 다음과 같은 삶의 모습으로 형태를 갖출 때 어떠할지 몹시 기대된다.

---

21) 편집자 주. 여러 가지 색실로 그림을 짜 넣은 직물. 또는 그런 직물을 제작하는 기술. 네이버 사전 참조. http://endic.naver.com/enkrEntry.nhn?sLn=kr&entryId=32c1c258a5f94835bc5c8c5cf1c7af4f

- **차세대 배터리**Next-generation batteries 다이슨Dyson, 머스크Musk 및 관련 기업은 재생 에너지에 대해 낙관적이다. 비용 절감과 에너지 저장 장치의 개선, 새로운 미니그리드mini grid의 가능성으로 공급과 수요가 맞아 떨어지므로 전력 회사, 아니 어쩌면 전 세계가 와해될 수 있다. 가정과 사무실에 전원을 공급하는 것 외에도 슈퍼 충전기supercapacitor의 충전이 더 빨라지고 더 유연해져서 기존의 선택 가능한 제품 외에 휴대용 및 소형 기기에 적합하다.

- **나노센서**Nanosensors 수십억 대의 연결 기기가 있지만 나노센서가 주목받는 분야는 건강 관리와 건물 관리이다. 신체 내부에 센서를 부착하거나, 주택이 경고음을 내거나 또는 문제를 고치는 것은 여러 시장과 혁신하고 새로운 서비스와 솔루션을 제공하는 기업을 흔들게 될 것이다.

- **자율 주행 차량**Autonomous vehicles 자동 운전 차량에 대한 꿈을 가진 많은 사람들이 할리우드 영화로 만족하고 있지만 다른 사람들은 자율 주행 차량이 만들 미래의 사무실과 시스템, 도로, 다른 서비스 산업 분야에 대해 생각하고 있다. 우버, 테슬라, 구글 및 대부분의 자동차 제조업체는 와해를 피하고 시장을 독점하기 위해서 빠른 시일 내에 이 버전을 조속히 실현할 수 있도록 막대한 투자를 하고 있다.

- **퀀텀 컴퓨팅**Quantum computing[22] 실리콘 기반의 어떤 컴퓨터보다 상당히 빠르게 특정 계산을 신속하게 수행하는 잠재력이 있는 퀀텀 컴퓨터. 최근 초전도 양자 회로의 수명 개선으로 원자와 분자의 힘을 이용하여 메모리

---

22) 편집자 주. 원자의 집합을 기억 소자로 간주하여 원자의 양자역학적 효과를 기반으로 방대한 용량과 초병렬 계산이 동시에 가능한 컴퓨터. **네이버 사전 참조** https://search.naver.com/search.naver?sm=tab_hty.top&where=nexearch&query=Quantum+computing&oquery=fruition&tqi=TVKoVspVuEossuag0KKssssstwl-436253

와 처리 업무를 수행하게 되었다는 것은 그 어느 때보다 현실이 되어간다는 것을 의미한다. 마이크로소프트와 구글은 자사의 퀀텀 컴퓨터가 경쟁 우위를 차지하고 수익을 창출할 새로운 서비스를 제공할 수 있도록 만들기 위해 경쟁하고 있다.

전부는 아니더라도 대체로 이러한 기술은 공통점이 크게 두 가지 있다. 하나는 새로운 가치 체계를 만들기 위해 기존의 기술을 기반으로 한다는 것, 또 하나는 개인에게 직접 가치를 부여한다는 것으로 이 책에서 다루는 기술과는 구별되는 중요한 차이가 있다. 이들 중에는 브랜드 기업도 있는데, 신기술과 완전한 효과는 눈에 보이기는커녕 아직 가늠조차 할 수 없다. 개인과 가치의 연결은 성공적인 와해성 기술의 핵심으로 남을 것이다. 인터내셔널 비즈니스 타임즈International Business Times의 수석 테크놀로지 리포터인 매리-앤 러슨Mary-Ann Russon은 미래에 다가올 최대의 기술 와해는 인간의 삶에 직접적으로 타격을 가할 것이라고 말했다.

기술은 물질적인 인간 삶을 거들고 변화시키는 경우에만 '와해시킬' 수 있다. 가령, 공중에서 조사하기 위한 드론의 출현은 농업, 토지 측량, 건설, 산업 현장 및 역사 건물 보존 등에서 효율성과 안전성을 향상시킨다. 이와 유사하게 로봇 외골격 수트robotic exoskeleton suits로 공장 노동자들은 일터에서 다칠 일 없이 무거운 짐을 들어올리는 데 훨씬 수월하게 작업할 수 있게 된다Russon, 2016.

TBD의 미래

· · · · · · TBD는 고정된 방법이 아니다. 그리고 요즘의 나는 가장 열정을 느끼는 분야인 디자인을 어떻게 TBD에 적용할 수 있을지를 치열하게 고민하고 있다. 나는 형태와 기능이 정확하게 함께 작용하면 마법이 일어나는 디자인이라는 분야에 항상 관심이 있었다.

디자인은 주관적인 만큼 큰 주제지만 최근에 나는 디자인 사고가 유행하고 더 많은 촉감제시장치Tactile Devices가 시장에 넘쳐나는 현상에 대한 글을 점점 더 자주 발견한다. 데이터 시각화, 사용자 경험, 사용자 대화 방식User Interaction, 사용성, 인터렉션 디자인interaction design[23], 시각 디자인, 시스템 디자인 혹은 무수히 많은 다른 하위 구분 등이 우후죽순 나타나면서 디자인은 점차 중요해지고 있다.

소비자들은 처음에 이런 기능이 잘 작동하기를 원하는데, 이런 기능은 사용이 용이하고 직관적이다. 기업들이 최종 사용자를 만족시키는 것은 더 어려워졌지만혹은 쉬워졌지만 우리는 여전히 서툴러 보인다.

이전에는 비즈니스를 전쟁에 비유하거나 전문 용어로 정의해왔지만 유니레버Unilever, 구글 그리고 일반적인 스타트업 기업 문화에서 볼 수 있는 컬래버레이션의 새로운 물결, 학습 및 가치 기반 성과 덕분에 이제 전쟁에 비유하는 시대는 얼마 남지 않았다.

자체 하드웨어를 생산하는 테크놀로지 대기업인 구글, 아마존, 페이스북

---

[23] 편집자 주. 디지털 기술을 이용해 사람과 작품 간의 상호작용을 조정하여 서로 소통할 수 있도록 하는 디자인 분야. 네이버 시사상식사전 참조 http://terms.naver.com/entry.nhn?docId=934993&cid=43667&categoryId=43667

그리고 애플로 혼합된 현재 전 세계 모바일 시장의 사용자는 25억 명에서 50억 명의 시대로 향해가고 있으며 아이작 뉴턴Isaac Newton이 유명하게 표현한 이른바 '거인의 어깨 위에 올라선' 브랜드 기업들을 위한 유례없는 기회가 일어나고 있다. 구글Google, 아마존Amazon, 페이스북Facebook 그리고 애플Apple을 줄여서 GAFA라고 한다. 이 말을 앞으로 점점 더 자주 듣게 될 것이다. 새로운 하드웨어 기회가 있고 새로운 네트워크를 이용하고 활용하며 새로운 시장을 개척하고 새로운 콘텐츠를 개발하는 등 그 어느 때보다 경쟁할 방법이 많은 시대이다. 최근 머신 러닝의 발달로 음성 인식 혹은 시각적 인식과 같은 기술의 착오율은 한 자릿수로 떨어졌다. 컴퓨터, 인간과 초고속 계산 혹은 기술, 행동, 데이터로 혼합된 믿기 힘든 흥미로운 미래가 그 얼굴을 드러내고 있다. 여기서 유일한 변수는 당신이다. 당신은 어떤 영향을 주게 될까? 당신이 미래에 추가로 얻을 수 있는 것은 무엇일까? 당신이 얼마나 대담하게 변하고 다른 사람들을 그렇게 만들 수 있을까? 당신의 사업은 얼마나 시간이 흘러야 순조롭게 운영될까? 1년? 2년? 아니면 5년?

기업은 변화하거나 사람들의 삶을 더 나아지게 하고, 실제로 우리가 살아가는 바로 이 세계를 바꾸거나 새로운 세계로 이어지게 만들 수도 있는 놀라운 제품이나 서비스를 생산할 수 있는 더 큰 기회를 단 한 번도 가진 적이 없었다.

우리는 물리적으로, 정신적으로, 그리고 기술적으로 변하는 세상에 살고 있다. 비즈니스는 전에 없던 시나리오와 분위기에 대응해야 할 필요성을 막 경험할 참이다. 정부 기관들은 전에 만들어 본 적이 없는 것을 만들어 낼 것이다. 향후 10년에는 정부 기관과 기업들이 가상 현실 권리, ID 브로커, 스마트 연락처 개발자, 폐기용 데이터 관리자 그리고 혼합 현실 설계자architect와 같은 일들을 생각하기 시작할 것이다. 협업이 증가하여 기회를 창출하고 경계를 확장시키는 만큼 마찰을 일으킬 것이다. 웨어러블wearable 기술과 같은 기존 네트워크 및 신규 네트워크가 자고 일어나면 생겼다가 사라질 수도 있다. 그러나 충분히 준비되어 있고, 민첩하고 유연한 사람들에게는 기회가 될 것이다. 전문가들도 나타났다 사라졌다 하겠지만 궁극적으로 시대에 적응할 수 있고 비판적인 사고를 할 수 있는 사람이라면 가장 큰 성공을 거머쥐게 될 것이다. 솔직히 말해서 미래의 많은 모습이 어떤 모양이나 형태로 존재하지 않을 것이기 때문이다. 당신은 두려워할 수도 있고 준비할 수도 있다.

단기적인 성과만 생각하는 사고방식은 산업 콘퍼런스에서 점점 자주 논의되고 있지만 비즈니스 업계나 정부 기관 회의실에서는 우려가 될 정도로 거의 듣지 못하는 주제이기도 하다. 더 많은 데이터와 더 지능적인 툴의 가용성에도 불구하고 불확실성은 모든 지역에서 성장하는 듯 보인다. 나는 당신이 이 책을 기회로 삼아 단기 성과에 대한 생각을 멈출 수 있기를 강력히 권한다. 스스로 앞날을 미리 생각하고 계획을 세워야 한다. 계획은 언제나 바뀔 수 있다. 하지만 북극성이 낮아지면 손에 닿는 것은 더 쉬워질 수도 있지만 어느 누구도 만족시키거나 가치를 창출할 수 없을 것이다. 최고의 목표는 당신을 더 멀리 도달하게 만드는 목표이다. 대범해져라. 조직에서 지위고하를 막론하고 모든 사람들이 대체로 도전적인 상황과 더불어 이전보다 더 짧은 기간 동안 직위에 머무른다. 때문에 쉬운 승리나 단기적인 목표를 추구하는 것을 좀 더 선택하고 싶겠지만 그 길에 성공이나 위대함은 없다. 성공과 위대함은 항상 다른 사람들보다 더 치열하게 애써서 밀어붙이는 사람들에게 주어질 것이다. 위대함과 와해성에 관한 한 참가상은 없다. 결코 위험을 감수할 수 있는 다음 기회는 없다. 계획을 세우고 거침없이 실행하라.

TBD와 TBD+를 활용하여 장기적으로 생각하고 의사결정하라.

이 책은 와해성 기술이 어디에서 비롯되었고 왜 만들어졌는지를 알아보기 위해 거슬러 올라가면서 시작했다. 책장을 넘겨갈수록 우리는 단순한 기술 발전 이상의 행동적, 경제적 또는 정치적인 와해와 같은 더 많은 요소들이 미래 기술 진보의 요소가 되는 것을 보았다. 와해는 전방위적으로 오고 있는 것 같다. 기술 발전의 다음 기간은 인류에게 중요하다. 가령 소셜 네트워크, 생방송, 센서 네트워크 및 GPS와 같이 기술의 마지막 기간에 제공된 시스템 때문이다. GAFA와 와해성 기술 영역에서 강력한 여러 기업들은 자사의 독창적이고 새롭고 신나는 비즈니스 영역에서 계속해서 변화가 일어날 때마다 무서운 문제가 생겨날 것이다. 우리는 가능성을 찾고, 이러한 기업이 내린 선택의 결과를 이해하기 위해 개방적이지만 비판적인 사고가 필요하다. 그러므로 이 기업들이 일으킬 혼란을 즐겨라. 살고 있는 곳이 어디든, 변화하는 사회 계급 체제와 정치적 상황 및 경제적 격변의 커다란 부분에 따라 우리는 모두 믿을 수 없을 정도로 불확실한 시대를 살아가고 있다는 것은 자명하다. 와해성 기술을 다루기 위한 확실한 관점과 전략을 수립하기 위해 이보다 더 중요한 시기는 없었다.

이 책을 읽어 준 것에 대해 감사의 말을 전한다. 이 책을 활용하여 여러분의 기업을 한 차원 새롭게 끌어올리기를 바란다.

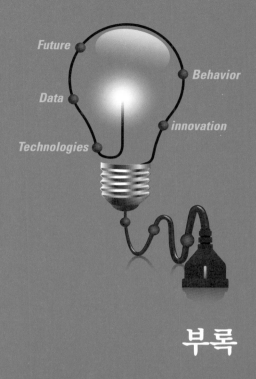

부록

참고문헌

Adams, D(2002) The Salmon of Doubt, Heinemann

Beckhard, R(1975) Strategies for large system change, Sloan Management Review, 16 (2)

Bodell, L(2012) Kill the Company: End the status quo, start an innovation revolution, Bibliomotion

Bower, J(2002) Disruptive change, Harvard Business Review, 80(5), pp 95–101

Bower, J and Christensen, C(1995) Disruptive technologies: catching the wave, Harvard Business Review, 73(1), pp 43–53

Burgess, C(2016) Interview with author, 12 July

Cady, S H, Jacobs, J, Koller, R and Spalding, J(2014) The change formula: myth, legend, or lore, OD Practitioner, 46(3)

CEB(2016) 'Risk management' is often synonymous with 'risk prevention' but it shouldn't be, Cebglobal [online] available at: https://www.cebglobal.com/riskaudit/risk-management/how-to-live-with-risks.html [accessed 11 May 2016]

Dearborn, J(2015) Data Driven, John Wiley & Sons

Diamandis, P and Kotler, S(2015) Bold: How to go big, create wealth, and impact the world, Simon & Schuster International

Diebold, F(2012) A personal perspective on the origins and development of 'Big Data': the phenomenon, the term, and the discipline, University of

Pennsylvania [online] available at: http://www.ssc.upenn.edu/~fdiebold/ papers/paper112/Diebold_Big_Data.pdf [accessed 1 November 2015]

Everything is a Remix(2015) [online] available at: http://everythingisaremix. info/watch-the-series/ [accessed 31 October 2015]

Finney, H(2006) Quiz: fox or hedgehog? Overcoming Bias [online] available at: http://www.overcomingbias.com/2006/11/quiz_fox_or_hed.html [accessed 10 December 2015]

Franke, N, Poetz, M and Schreier, M(2011) The value of crowdsourcing: can users really compete with professionals in generating new product ideas? Journal of Product Innovation Management, 29(2), pp 245–56

Gardner, J(1990) Personal renewal, PBS [online] available at: http://www.pbs. org/johngardner/sections/writings_speech_1.html [accessed 10 January 2017]

Goodwin, T(2015) The battle is for the customer interface, TechCrunch [online] available at: http://techcrunch.com/2015/03/03/in-the-age-of-disintermediationthe-battle-is-all-for-the customer-interface/#. f2ueb6:0sCd [accessed 1 August 2015]

Goyder, C(2014) The surprising secret to speaking with confidence TED talk YouTube [online] available at: https://www.youtube.com/watch?v=a2MR5XbJtXU [accessed 11 January 2016]

Hackman, R(1973) Group Influences on Individuals in Organizations, Yale University Press

India Daily Star(2012) Apply nanotech to up industrial, agri output [online]

available at: http://archive.thedailystar.net/newDesign/news-details. php?nid=230436 [accessed 26 November 2015]

Intel (2015) 50 years of Moore's Law [online] available at: http://www.intel. com/content/www/us/en/silicon-innovations/moores-law-technology. html [accessed 31 October 2015]

Ioannou, L(2014) A decade to mass extinction event in S&P 500, CNBC [online] available at: http://www.cnbc.com/2014/06/04/15-years-to-extinction-sp-500-companies.html [accessed 29 October 2015]

Jones, B(2005) Age and great invention, National Bureau of Economic Research [online] available at: http://www.nber.org/papers/w11359 [accessed 12 January 2017]

Keldsen, D(2016) Interview with author, 19 April

Kelley, T(2008) The Ten Faces of Innovation: Strategies for heightening creativity, Profile Books

Kim, H, Park, J, Cha, M and Jeong, J (2015) The effect of bad news and CEO apology of corporate on user responses in social media, *PLOS ONE*, 10(5)

Lux Research(2014) Nanotechnology update: corporations up their spending as revenues for nano-enabled products increase [online] available at: https://portal.luxresearchinc.com/research/report_excerpt/16215 [accessed 26 November 2015]

Maeda, J(2006) *The Laws of Simplicity: Design technology, business, life*, The MIT Press

Maslow, A(1943) A theory of human motivation, *Psychological Review*, 50, pp 370–96

Norton, S(2015) Internet of Things market to reach $1.7 trillion by 2020, The Wall Street Journal [online] available at: http://blogs.wsj.com/cio/2015/06/02/internetof-things-market-to-reach-1-7-trillion-by-2020-idc/ [accessed 1 November 2015]

Pontin, J(2015) Interview with author, 8 November

Poswolsky, A(2016) Interview with author, 12 July

Rogers, E(2003) Diffusion of Innovations, 5th edn, Free Press

Rotolo, D, Hicks, D and Martin, B(2014) What is an emerging technology? *SSRN Electronic Journal* [online] available at: https://papers.ssrn.com/sol3/papers.cfm?abstract_id=2564094 [accessed 8 January 2016]

Russon, M-A(2016) Interview with author, 13 July

Sanburn, J(2015) How every generation of the last century got its nickname, Time [online] available at: http://time.com/4131982/generations-namesmillennials-founders/[accessed 6 December 2016]

Shedden, D(2014) Today in media history: Mr Dooley: 'The job of the newspaper is to comfort the afflicted and afflict the comfortable', Poynter [online] available at: https://www.poynter.org/2014/today-in-media-history-mr-dooley-the-job-of- the-newspaper-is-to-comfort-the-afflicted-and-afflict-the-comfortable/273081/[accessed 14 January 2017]

Sinek, S(2011) *Start with Why: How great leaders inspire everyone to take action*, Portfolio

Sinek, S(2017) Interview with author, 4 January

Smith, R(2009) Nanoparticles used in paint could kill, research suggests, *Daily*

Telegraph [online] available at: http://www.telegraph.co.uk/news/health/news/6016639/Nanoparticles-used-in-paint-could-kill-research-suggests.html [accessed 1 March 2016]

Tetlock, P E(2015) *Expert Political Judgment*, Princeton University Press

Tetlock, P E and Gardner, D 2016 *Superforecasting*: *The art and science of prediction*, Random House

Tett, G(2015) *The Silo Effect: The peril of expertise and the promise of breaking down barriers*, Simon & Schuster

Trzesniewsk, K and Donnellan, M(2010) Rethinking 'Generation Me': a study of cohort effects from 1976–2006, Perspective on Psychological Science, 5(1), pp 58–75

US Chamber of Commerce Foundation(2012) The Millennial Generation Research Review [online] available at: https://www.uschamberfoundation.org/reports/millennial-generation-research-review [accessed 18 June 2016]

US Department of Defense(2002) DoD new briefing: Secretary Rumsfeld and Gen Myers [online] available at: http://archive.defense.gov/Transcripts/Transcript.aspx?TranscriptID=2636 [accessed 10 January 2017]

Vanderkam, L(2011) *168 Hours: You have more time than you think*, Portfolio

Vanderkam, L(2015) How to do your own time makeover [online] available at: http://lauravanderkam.com/wp-content/uploads/2013/05/How-To-Do-Your-Own-Time-Makeover.pdf [accessed 10 December 2015]

Wohlers (2015) Wohlers Report 2014 [online] available at: https://www.wohlersassociates.com/2015report.htm [accessed 11 November 2015]

추가 읽을 거리 목록

다음은 내가 읽은 책들로 영감을 얻기 위해 자주 펴보는 책들을 정리해 보았다. 독자들도 읽어 보길 추천한다.

Chomsky, N, Barsamian, D and Naiman, A(2012) *How the World Works*, Hamish Hamilton

Cialdini, R B(2007) *Influence: The psychology of persuasion*, HarperCollins Diamandis, P H and Kotler, S(2015) *Bold: How to go big, create wealth and impact the world*, Simon & Schuster

Dobbs, R, Manyika, J and Woetzel, J(2015) *No Ordinary Disruption: The Four global forces breaking all the trends*, PublicAffairs

Duncan, K(2013) *The Diagrams Book: 50 ways to solve any problem visually*, LID Publishing

Duncan, K(2014) *The Ideas Book: 50 ways to generate ideas more effectively*, LID Publishing

Eggers, D(2014) *The Circle: A novel*, Hamish Hamilton

Gneezy, U, List, J A and Levitt, S D(2013) *The Why Axis: Hidden motives and the undiscovered economics of everyday life*, PublicAffairs

Godin, S(2012) *The Icarus Deception: How high will you fly?* Portfolio Penguin

Goyder, C(2015) *Gravitas: Communicate with confidence, influence and authority*, Random House

Heath, C and Heath, D(2011) *Switch: How to change things when change is hard*, Random House Business Books

Keldsen, D(2014) *The Gen Z Effect*, Bibliomotion

Kelley, T and Littman, J(2008) *The Ten Faces of Innovation: Strategies for height-ening creativity*, Profile Business

Klein, G(2014) *Seeing What Others Don't: The remarkable ways we gain insights*, Nicholas Brealey Publishing

Krogerus, M and Tschäppeler, R(2010) *The Decision Book: Fifty models for stra-tegic thinking*, Profile Books

Leaf, R(2012) *The Art of Perception: Memoirs of a life in PR*, Atlantic Books

Levitt, S D and Dubner, S J(2009) *Superfreakonomics: Global cooling, patriotic prostitutes and why suicide bombers should buy life insurance*, Penguin Books

Maeda, J(2006) *The Laws of Simplicity: Design, technology, business, life*, The MIT Press

Mason, H, Mattin D, and Luthy M(2015) *Trend-driven Innovation: Beat accelerating customer expectations*, John Wiley & Sons

Nabben, J(2013) *Influence: What it really means and how to make it work for you*, Pearson Education

Nisbett, R(2015) Mindware: *Tools for smart thinking*, Allen Lane

Orwell, G(2013:1949) *Nineteen Eighty-Four*, Penguin Classics

Outram, C(2015) *Digital Stractics: Where strategy and tactics meet and bin the strategic plan?*, Palgrave Macmillan

Pink, D H(2014) *To Sell is Human: The surprising truth about persuading, convincing, and influencing others*, Canongate Books

Poswolsky, A(2016) *The Quarter-Life Breakthrough: Invent your own path, find meaningful work, and build a life that matters*, TarcherPerigee/Penguin Random House

Quartz, S and Asp, A(2015) *Cool: How the brain's hidden quest for cool drives our economy and shapes our world*, Farrar, Straus and Giroux

Rose, J(2016) *Flip the Switch: Achieve extraordinary things with simple changes to how you think*, Capstone Publishing

Saatchi, M(2013) *Brutal Simplicity of Thought: How it changed the world*, Ebury Press

Tetlock, P and Gardner, D(2015) *Superforecasting: The art and science of prediction*, Random House Books

Vlaskovits, P, Koffler J, and Patel N(2016) *Hustle: The power to charge your life with money, meaning and momentum*, Vermilion

색인

참고: 이탤릭체로 표시된 쪽수는 그림이나 도표를 의미한다.